投资项目评估

（第三版）

李晓蓉 编著

南京大学出版社

图书在版编目(CIP)数据

投资项目评估/李晓蓉编著. —3 版. —南京：南京大学
出版社,2017.8(2019.12重印)
(商学院文库/洪银兴主编)
ISBN 978 - 7 - 305 - 19192 - 3

Ⅰ. ①投… Ⅱ. ①李… Ⅲ. ①投资项目—项目评价
Ⅳ. ①F830.59

中国版本图书馆 CIP 数据核字(2017)第 184849 号

出版发行	南京大学出版社
社　　址	南京市汉口路 22 号　　　　邮　编 210093
出 版 人	金鑫荣
丛 书 名	商学院文库
书　　名	投资项目评估(第三版)
编 著 者	李晓蓉
责任编辑	府剑萍　　　编辑热线　025 - 83592315
照　　排	南京紫藤制版印务中心
印　　刷	常州市武进第三印刷有限公司
开　　本	787×960　1/16　印张 17.5　字数 340 千
版　　次	2017 年 8 月第 3 版　2019 年 12 月第 2 次印刷
ISBN	978 - 7 - 305 - 19192 - 3
定　　价	43.00 元

网址:http://www.njupco.com
官方微博:http://weibo.com/njupco
官方微信号:njupress
销售咨询热线:(025)83594756

第三版前言

当南京大学出版社编辑府剑萍联系我,提出希望再版《投资项目评估》的时候,我感到非常高兴,因为再版使我有了机会进一步与读者们交流心得。在教学和培训中,我经常谈到要"跳出评估看评估"。这一方面指的是作为经济管理工作者,要能够从具体方法上升到理论层面去理解项目评估在科学决策方面的地位与意义。从这个意义上说,项目评估是理论,它研究的是经济学中最核心的命题,即资源如何得到最优配置。另一方面指的是从事项目评估工作要胸有全局,要能够从项目、企业、经济整体及社会福利等几个层面,理解项目评估在科学决策中的作用。在这个意义上,项目评估是方法论,它为决策者研究资源配置提供了分析框架与基本原则。这些都值得读者好好思考与体会的。

另外,我还要借这个机会表达对读者们的感谢。感谢广大读者对这本书的认可和支持!

我还要特别感谢南京大学出版社府剑萍编辑和她的同事们长期以来给予我的关心和帮助!

李晓蓉

2017 年 7 月 15 日

第二版前言

　　无论是政府为主体的公共投资项目,还是企业为主体展开的投资活动,对拟建项目进行以成本收益为核心的经济评价是决策活动的一个重要环节,也是一个标准的工作程序,对提高资源配置效率有着基础性的作用和重大意义。

　　第二版保持了第一版的篇章结构和内容,系统地阐述项目评估的程序、内容与方法,因此特别适合于大、专院校经济、管理类课程教学使用,或者供从事项目投资决策与管理、经济咨询等专业人员参考。新版中增添了复习思考题的相关答案,并为教师提供了幻灯片版式的课件,以便广大师生使用。

　　使用本书可以根据授课对象的不同在章节上有所侧重。对于本科生或管理类专业的教学,一般均衡模型是重点,因此,第六章国民经济评价的内容可以简要选取,甚至可以忽略不讲;但是对于公共经济学专业的学生或者研究生的课程,第六章,特别是影子定价,则是必不可少的。另外,第八章中的精选案例也值得重视和利用。这些案例展示了在不同的行业部门、建设特点及投资主体等情况下,项目评估应具有的特点。特别是,这些案例均是全真案例,一定程度上也存在着实践标准与理论准则不一致等问题,可以引导学生进行案例改写,从而达到更好的学习效果。

　　由于作者能力有限,本书一定还存在着诸多失误及不足之处,望广大读者见谅,同时能不吝赐教,以促进提高!

李晓蓉

2009 年 10 月

第一版前言

项目评估是微观经济理论在投资决策与管理领域的具体应用,是投资决策科学化的前提条件。随着我国社会主义市场经济体制改革的不断深入,对投资项目的建设必要性、技术可行性以及经济合理性展开科学的分析与评价具有重大的微观及宏观意义。

本书吸收并借鉴了国内外投资项目经济分析与技术经济学的有关原理与方法,结合了作者多年的教学及工作经验,以新建工业项目为例,系统地阐述了项目评估的程序、内容与方法。全书共有 8 章,第一章导论主要介绍了项目评估的历史发展、基本程序及主要内容,目的是使读者对项目评估形成全面的认识;第二章与第三章是项目评估的理论基础,分别讨论了现金流量和资金的时间价值,对现金流量进行时间价值换算是计算评估指标的主要手段;第四章项目的财务预测与估算是数据的准备阶段,对项目财务指标进行预测和估算是项目评估的前提;第五章到第七章分别阐述了财务经济评价、国民经济评价与不确定性及风险分析,是本书及项目评估的核心内容;第八章讨论了项目评估报告的编制,并提供了若干精选的评估案例,为读者提供了项目评估的全局视野。

总结起来,本书主要有以下三个特点:

(1)在阐述过程中,与国际教学经验接轨,将项目评估方法与投资决策理论相结合,突出该学科的方法论作用。

(2)针对项目评估的实用性和操作性的特点,增加了评估方法由计算机实现的内容,并在每章都配有针对性的习题,有利于读者理解与掌握评估的理论与方法。

(3) 本书提供了丰富的全真案例。在实践部门提供的真实资料基础上,本书精选了若干典型性案例,为读者提供了比较全面的评估经验。

本书重点突出、体系完整、注重理论与实践相结合,既适合作大专院校经济、管理类专业教材,也适合于从事项目投资决策与管理、经济咨询等专业人员学习参考。

最后还应该强调的是,虽然从目前来看,项目评估已经成为一个程序化的操作过程,技术方法也已经相当成熟,但是作为一门实用的经济学科,与其他学科一样,其理论与方法也必然要随着经济、金融理论的进展以及经济形势的变化而不断地发展和创新。

李晓蓉
2005 年 7 月 20 日

目　录

第一章　导　论

第一节　投资项目评估与投资决策 ················· 1

第二节　项目评估方法的产生与发展 ················· 6

第三节　项目评估与可行性研究 ················· 10

第四节　项目评估的程序与主要内容 ················· 14

复习思考题 ················· 18

第二章　现金流量

第一节　投资项目的现金流量 ················· 19

第二节　固定资产折旧对现金流量的影响 ················· 25

复习思考题 ················· 31

第三章　资金的时间价值

第一节　资金时间价值概述 ················· 32

第二节　资金时间价值的换算与复利系数 ················· 34

第三节　复利系数计算公式及应用 ················· 36

第四节　资金成本 ················· 44

复习思考题 ················· 50

第四章　项目财务预测与估算

第一节　投资的预测与估算 ················· 51

第二节　资金筹措方案的分析与评估 ················· 60

第三节　成本费用的估算 ················· 67

第四节　基本财务报表 ················· 72

第五章　企业财务评价

第一节　企业财务评价概述 ················· 78
第二节　项目盈利能力分析 ················· 80
第三节　盈利能力指标与多方案比选 ········· 87
第四节　项目清偿能力评价 ················· 96
复习思考题 ····························· 103

第六章　国民经济评价

第一节　国民经济评价概述 ················· 104
第二节　国民经济评价中的费用与效益 ······· 107
第三节　影子价格与影子定价 ··············· 109
第四节　经济评价的基本报表 ··············· 124
第五节　国民经济评价指标 ················· 127
第六节　案例分析 ······················· 130
复习思考题 ····························· 134

第七章　不确定性及风险分析

第一节　不确定性及风险分析概述 ··········· 135
第二节　盈亏平衡分析 ···················· 136
第三节　敏感性分析 ······················ 140
第四节　概率分析 ······················· 144
第五节　风险决策的基本原则与方法 ········· 149
复习思考题 ····························· 160

第八章　项目评估报告的编制及案例

第一节　项目评估报告的编制 ··············· 161
第二节　项目评估案例 ···················· 161
〔案例一〕某直接纺短纤维项目可行性研究报告 ··· 162
〔案例二〕某电网改造项目经济评估报告 ······· 179
〔案例三〕某高档纸板项目经济评估报告 ······· 206

附录一　复利利息系数表 ··················· 253

附录二　财务数据估算表 ··················· 263

复习思考题答案 ························· 267

参考文献 ···························· 269

第一章 导 论

第一节 投资项目评估与投资决策

一、投资项目的涵义与分类

投资是国民经济活动的重要组成部分,投资作为配置与利用资源的重要手段和过程,其直接的结果是形成投资项目。根据研究角度与目的的不同,投资项目可以有不同的定义。我们将要讨论的投资项目,无论其投资主体是企业、公共部门,还是组织机构,其实质都是指在产业活动中的固定资产投资所形成的独立的项目整体。

这个项目整体,根据世界银行的解释,不仅包括为在规定的期限内完成开发目标而规划的投资活动,也包括与其相关的政策、机构以及其他各方面的内容。尽管投资项目的具体内容不尽相同,但一般要包括以下因素或其中的若干个:

(1) 具有能用于土建工程和(或)机器设备及其安装等投资的资金。

(2) 具备提供有关工程设计、技术方案,实施施工监督,改进操作和维修等业务能力。

(3) 拥有一个按集中统一原则组织起来的,能协调各方面关系,促进各类要素合理配置,高效、精干的组织机构。

(4) 改进与项目有关的价格、补贴、税收和成本回收等方面的政策,使项目能与所属部门和整个国民经济的发展目标协调一致,并提高项目自身的经济效益。

(5) 拟定明确的项目目标以及项目的具体实施计划。

尽管投资项目可以根据不同的标准被划分为不同的类型,但就项目评估而言,比较有实际意义的是将其划分为新建项目和改扩建与技术改造项目两种。

根据中国的固定资产投资管理体制,新建项目是指组建新的项目法人、新开始建设的项目。这种项目的法人财产独立,并对项目的策划、资金筹集、建设实施、生产经营、债务偿还等资产运作过程负有全部责任。

改扩建和技术改造项目是指现有企业为了生存和发展所进行的改建、扩建、恢复、迁建和技术改造项目。这类项目是在企业现有设施的基础上进行的。以项目为依托建立子公司的,新设立的子公司为项目的法人,仅设立分公司的,原有企业为项目法人。无论哪种形式,项目法人都要对项目的运作负全部责任。对于原有基础较小,经扩大建设规模后,其新增的固定资产价值超过原有固定资产价值三倍以上的改扩建项目,视为新建项目。

改扩建和技术改造项目与新建项目一样都是投资项目,因此,它们的评估方法具有共同的特点,一般地讲,投资项目的评估原则和方法也是通用的。两者的显著差异在于前者的投资活动是以现有企业为基础,因此在评估过程中必须恰当地处理无项目时原有企业的效益和费用,以及有项目时的新增效益与费用。如果可以分离有、无项目时的效益与费用,那么,改扩建和技术改造项目的评估与新建项目的评估就没有区别了;如果不能分离,那么,就要用特殊的分析方法(增量法)进行评估。

为了使我们的讨论更具有普遍意义,本书主要选择新建项目作为研究的对象。

二、项目评估在投资决策中的地位与作用

投资项目评估是对投资项目建设的必要性、可行性及其成本、效益所进行的评审与估价。根据开展的评估活动所处投资阶段的不同,通常把项目评估分作项目前评估、项目中期评估和项目后评估。所谓项目前评估是指在项目投资前期为项目决策提供依据所作的评估;项目中评估是在项目建设过程中对项目进行的投资效果分析;项目后评估是在项目投产时,乃至项目投产后若干年,依据项目实施结果而做的总结性评价。

根据惯例,本书讨论的项目评估仅指项目前评估,即项目评估是在拟建设项目投资和银行发放贷款的决策之前,针对项目的可行性研究方案进行评估论证的理论方法。

1. 项目评估是投资决策科学化的先决条件

项目投资由于其资源配置的意义,对国民经济及社会的影响是重大的。企业的投资是否可以盈利,首先影响的是该企业的未来收益及其股东价值,不仅如

此,企业作为宏观经济的微观基础,其投资活动又将最终影响到国民经济的实质性增长。即使是那些由政府部门承担的公共项目,虽然项目本身不以营利为目标,但是由于这些公共项目所具有的外部效应,也必将显著地影响社会福利水平。因此,无论是从微观角度还是从宏观角度,客观上都要求对项目投资活动进行科学决策,以实现合理配置有限资源、提高投资效率、促进经济发展的目标。

投资决策的科学化要求投资决策者在项目建设之前,以组织的战略目标、现有资源条件以及外部环境等各方面条件为基础,利用科学的方法或者工具对拟建项目的建设必要性、可行性进行分析和论证,研究拟建项目能为投资者和社会经济整体带来什么样的影响,进而决定是否可以进行投资、应该选择哪种方案进行投资等行动方案。因此,项目评估不仅仅是决策过程中的一个重要环节,更是投资决策科学化的先决条件。

2. 项目评估不仅可以为决策者提供客观信息,也是提高决策效率与项目质量的重要途径

投资决策的一般模型主要由四个步骤构成:

第一步,决策目标的确定。任何一项投资活动都是为实现企业某项具体战略目标服务的。可能是为了提高企业的生产能力,以达到利润的最大化;也可能是为了进一步扩大市场份额,提高市场竞争力;或者也可能是为了进入新的地区市场或者产品市场。总之,项目的决策者必须首先明确企业的战略目标,并在此基础上充分认识为实现该目标需要解决的具体问题。

第二步,可供选择方案的确定。一般来讲,实现一个预期目标,可能存在多种可行的实施方案,因此,为高效率地实现决策目标,决策者还需要充分考虑那些可供选择的替代方案。当然,替代方案的范围往往取决于项目投资的重要程度和决策预算的大小。一般而言,项目越重要,预算越大,考虑的替代方案就应该越多。需要注意的是,零方案(不实施项目)本身也是一个可供选择方案。

第三步,方案的评估与选择。在确定了合适的可供选择方案的范围之后,需要决策者在社会与组织环境的条件下,利用科学的技术方法对这些替代方案进行成本与效益的比较分析,以遴选出最满意的实施方案。

第四步,方案的实施与监督。一旦确定了实施的投资方案,就要根据评估结论中的建议,进一步完善投资方案,制定具体的实施计划,并付诸实施。为了项目能够被顺利实施,在项目投资建设过程中需要进行监督,使其按照预期的目标及时间竣工并投入使用,发挥应有的效益。

实际上,可选方案的存在是发生决策的前提。从逻辑上讲,如果没有可供选择的替代性方案,那也就不存在决策了。由于资金、时间等资源是有限的,就必须对这些存在替代性的方案进行甄别,而为达到投资目的,实现利益最大化,需要利用

一些科学的分析方法或工具。所谓的项目评估就是将微观经济理论应用到投资决策过程,以实现科学决策的一种极其重要的技术与方法。

从投资决策一般模型的线性过程来看,项目评估是在方案的实施之前,其基本的功能就是为决策者进行决策、确定行动方案提供客观信息。需要强调的是,项目评估是投资决策的工作基础,但并不能代替决策本身,其评价结论也不是最终的决策。

进一步从模型的反馈机制来看,项目评估工作的进行实际上还可以帮助决策者不断明确其决策目标,研究项目所要解决问题的关键,在提出正确问题的基础上进一步优化项目方案,从而有效地提高项目的管理质量和项目的投资效率。

项目评估在投资决策模型中的地位与作用可以用图 1-1 表示。

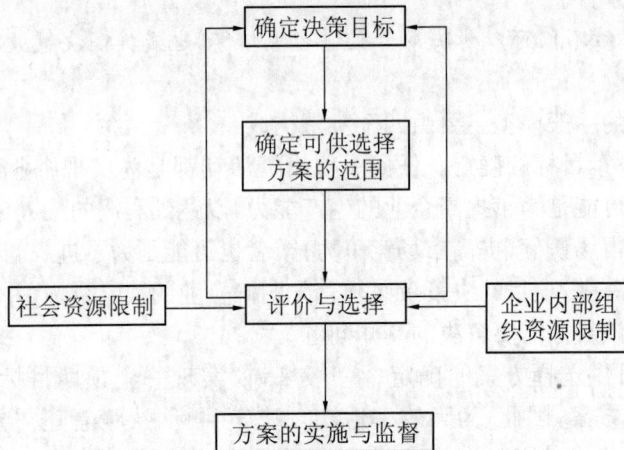

图 1-1　投资决策的一般模型

3. 从我国投资管理体制的实践要求来看,项目评估是重要的经济管理程序

企业是宏观经济的微观基础。没有微观经济的投资效率,就不可能有宏观的经济增长。为了实现宏观经济增长,必须对微观的投资项目进行科学的项目管理。另一方面,只要有项目,就会有代价。为了最优化地配置和利用社会资源,也必须对投资项目的选择进行有效的宏观调控。

我国现行投资项目的管理程序与项目的建设程序相关。一个项目的建设程序可以分为规划研究期(投资前期)、设计施工期(投资期)、生产使用期三个阶段。与此相应,项目管理程序也有阶段性。以贷款银行的项目管理为主线,项目管理程序也相应地分为:在投资前期阶段的贷款准备期、在投资期的贷款实施期和在生产使用期的贷款回收期。具体程序见图 1-2 所示。

（规划研究期）投资前期			设计施工期（投资期）				生产使用期
项目建议书	可行性研究	设计任务书	扩大初步设计	施工图设计	建筑安装施工	竣工验收	投产交付使用

项目初选立案

项目审查评估

签订贷款合同

项目付款与执行

项目回收考核

贷款准备期	贷款实施期	贷款回收期

图1-2 项目建设与管理程序

项目建设与管理程序的具体内容有以下几项：

1. 项目的初选与立案

在这一阶段，贷款银行根据国家的经济发展计划以及相关的投资、产业政策等要求，在各地区、各部门的规划项目中，选择一批符合国家投资政策的拟建项目，列为银行的备选贷款项目。

项目初选的基本依据是建设单位提送的、通过经济主管部门审批的拟建项目的项目建议书。银行根据自己掌握的信息资料，对项目建议书进行初步的审查和分析，并提出意见。

在贷款项目的初选过程中，收集拟建项目的数据资料是非常重要的，因此要力求完善和正确。从项目建设单位的角度来讲，就是要求在确定拟建项目时，测算必要的数据，从技术上、财务上进行综合分析，并在认真比较选择的基础上编制项目建议书和可行性研究报告，送交银行和主管部门备查。从银行的角度来讲，就是要做好项目的立案工作。

项目的立案，是在项目初选的基础上，对已得到政府主管部门的审查批准、并已被列入银行备选贷款项目计划中的拟建项目，按照部门、行业或规模，逐一建立项目档案。建成后的项目档案主要包括：项目建议书、主管部门和银行的审批意见和资料、项目的可行性研究报告以及银行掌握的有关该项目的资料数据等。

2. 项目的审查与评估

根据项目建设单位报送的可行性研究报告以及该项目的档案资料，银行从技术、财务等方面对拟建项目的可行性进行审查分析和评估。这一阶段与前一阶段

有以下不同:

(1) 分析的重点不同。前一阶段的重点是对建设项目的必要性进行审查分析;本阶段则主要是进行项目的技术经济论证。

(2) 分析的依据不同。前一阶段的基本依据是项目建议书;本阶段的依据是可行性研究报告。

此外,在审查分析的时间、深度和广度等方面,这两个阶段也都存在一定的差异。总之,这两个阶段由浅入深、由表及里,是基础和发展的关系。

在银行进行项目审查与评估的同时,经济主管部门也需根据企业提交的可行性研究报告,对该拟建项目进行进一步的审查和评估。项目通过评估后,即可下达计划文件,拟建项目随即进入投资建设程序。

3. 项目的付款和执行

银行经过对项目审查、评估、多方比较后,选择贷款项目,与借款单位签订贷款合同,按照年度固定资产投资计划、银行信贷计划以及项目进度,积极组织建设资金的供应、调剂,并监督资金的合理使用,以保证项目的顺利建成和投产。

4. 项目的回收与考核

在贷款项目竣工投产使用后,银行的工作重点是对项目贷款的回收和考核。

项目的回收是指在项目投产或交付使用后,按照项目的年度还本付息计划,根据借款单位报送的会计报表,审查核实项目的利润、折旧基金和其他收入等还款来源与数量,监督借款单位按期足额还本付息。银行应该协助企业尽快实现设计生产能力,同时协助企业加强经营管理,以实现各个时期的利润指标和其他技术经济指标。

在贷款项目还款的后期,银行要对贷款项目进行全面的总结和考核工作。在考核的基础上,编写贷款项目总结报告,同时还要收集相关的技术经济数据,为新项目的初选和立案提供参考,为以后的项目工作提供依据。

综上所述,就项目管理程序而言,无论是贷款银行还是经济主管部门,在贷款决策和投资决策之前,管理工作主要体现在对拟建项目进行审查与评估。这是一个非常重要的工作程序。

第二节 项目评估方法的产生与发展

项目评估是微观经济学和福利经济学的基本原理在管理决策中的具体应用。作为应用经济学的分支,项目评估经历了从理论与方法的初步形成到不断发展、再到趋于成熟的三个阶段。

一、项目评估方法的产生

项目评估的核心是成本效益的经济分析(Benefit-Cost Analysis 或者 Cost-Benefit Analysis)。早期的评估方法以完全竞争模型下的利润最大化为理论基础,主要是通过测算项目的成本与效益来考察项目的盈利能力,为投资决策服务,由于数据的测算局限于项目的财务成本和效益,因此,也被称为财务分析方法,是项目财务评价的雏形。

由于完全竞争市场模型的局限,这种以财务价值为依据的评价方法无法正确反映具有外部经济效应的项目的全部成本与效益。例如那些由政府投资进行建设的公共工程及福利性项目,这些项目的建设虽然本身没有财务收益,但是却为社会做出了巨大的贡献:或者是由于提高了基础设施的质量;或者是由于改善了投资环境,事实上提高了私人资本的投资效率和收益水平;或者由于这些投资直接提高了社会福利水平。早期的项目评估局限于微观经济效益的评价,因此无法从更广泛的经济角度对拟建项目进行恰当的评估。

普遍的观点认为,1936 年到 20 世纪 60 年代这一时期是现代项目评估方法的形成阶段。随着社会生产技术和经济管理科学的发展,投资项目的评估方法不断得到改进,尤其是西方福利经济学的研究和发展,为项目评估提供了基本概念、一般的理论准则和福利标准,也为成本效益分析方法应用到范围更广的经济活动创造了条件。

1936 年美国田纳西流域开发时首次采用了成本效益分析方法,而后在二战期间,这种成本效益估算逻辑和程序又被应用于军事武器的研制,其早期应用取得了很好的效益。由于战后西方各国为重建和恢复国民经济进行了广泛的经济干预,政府计划范围内进行的公共投资项目日益增多,项目评估方法得到了广泛应用。

实际上,到 20 世纪 60 年代之前,由于成本效益分析方法在美国的水利及公共工程领域的不断推广,评估程序和准则得到统一,初步形成了一套以成本效益分析为核心的项目评估技术和方法。

二、项目评估方法的发展与成熟

1960—1970 年是项目评估理论与方法不断发展的时期。在这个阶段,随着世界科学技术和经济管理科学的迅猛发展,成本效益分析方法不断得到充实和完善,而其应用范围也从开发建设工程项目,发展到研究工农业的生产管理、科学实验,甚至是对自然与社会改革等问题。另一方面,该方法也开始被推广到欧洲等其他发达国家,特别是由于国际性经济组织的努力,发展中国家也开始普遍采用。

这个时期的评估方法主要是以福利经济学理论为基础,采用传统的静态成本效益分析,评估方法与程序逐渐统一,形成了一套系统的科学研究方法。

1970 年至今是项目评估方法发展过程中的现代阶段,这个阶段的主要特征是以折现技术、风险分析技术为主要代表的动态分析方法取代了传统的静态分析技术,而项目评估的程序也不断趋于成熟和稳定。

事实上,从 20 世纪 60 年代末开始,项目评估理论不断涌现了大量的新方法和新观点,这些研究为标准的现代评估方法的形成提供了重要的方法论基础。其中最重要的几种评价方法有:经济合作和发展组织(OECD)的 L－M 法、联合国工业发展组织(UNIDO)的准则法以及世界银行(World Bank)的 S－Vt 法。这些方法的主要差异集中在进行国民经济评价时采用的价格体系不同。

1968 年,英国牛津大学经济学教授 Little 和数学教授 Mirrlees 联合出版了著作《发展中国家工业项目分析手册》。在这本著作中,他们提出了项目评估中如何进行影子定价的新方法。他们指出,为避免国内价格的失真,应该将货物划分为可贸易货物与非贸易货物,尽量用国际市场价格为基础推算各种投入物和产出物的价格。

随后,UNIDO 的专家 Dasgupta,Sen 和 Marglin 联合在 1972 年出版了《项目评价准则》一书,虽然该准则也将货物分为可贸易货物和非贸易货物,但是该方法主张,应以国内市场价格作为投入物、产出物的计算基础。对于非贸易货物,其影子价格的确定可直接同国内价格政策相联系;对于贸易货物,在贸易较发达的国家,须将货物按边际价格计算出外汇值,再用影子汇率换算成国内价格。这种方法要求在调整汇率时,考虑储蓄、收入分配和产品具体需要三个因素。但是由于这种方法有可能与各国政府的汇率政策相冲突,因此,不太容易被政府部门接受。

1975 年,世界银行的经济学家 Squire 和世界银行政策业务局局长 Vander Tak 在其合作的《项目经济分析》一书中提出了综合 OECD 和 UNIDO 方法的评估方法,该方法也被称为 S－Vt 法。其主要观点更为接近 OECD 的方法。不同之处在于,它在计算项目收益过程中,注重考察项目在一个国家内对收入分配的影响。另外,该方法还提出了进行社会效益评价的理论和方法。

表 1－1　项目评估方法的主要分类及其代表著作

方法	代表著作	年份	作　者	价格计算单位
OECD 法 (L－M 法)	《发展中国家工业项目分析手册》	1968 年	I. M. D. Little, J. A. Mirrlees	以世界货币单位计算的世界价格
UNIDO 法 (准则法)	《项目评价准则》	1972 年	P. Dasgupta, A. Sen, S. Marglin	以本国货币单位计算的国内价格
WB 法 (S－Vt 法)	《项目经济分析》	1975 年	L. Squire, H. Vander Tak	以世界货币单位计算的世界价格

应该说,项目评估经过了大半个世纪的发展,其学科范围、理论基础、程序已经不断成熟并趋于稳定,而不同的评估方法也相互融合。目前的趋势是,其概念由复杂趋向简单,计算方法也逐渐标准化,尤其是计算机的出现和计算机程序的引入,使得原来大量繁重的手工计算变得越来越简单,相应地,评估的程序也出现了表格化的趋势。

三、项目评估方法在我国的应用与发展

我国建国初期的项目管理基本上是按照"先勘察、后设计,先设计、后施工"的基本原则进行的,而真正将项目评估方法引入投资管理程序,最早是在第一个五年经济计划时期。当时国家为了使国民经济得到迅速恢复和发展,在苏联的帮助下,进行了以 156 个重点建设项目为中心的工业化基础投资。为了达到预期的投资效果,对建设项目的评估和管理主要借鉴了当时苏联的建设项目管理办法,尽管只采用了简单的、静态的技术经济分析方法,仍然对当时的投资管理起到了一定的积极作用。

随后,由于"文化大革命"等,经济管理工作基本处于停滞状态。不少项目在建设前期没有进行深入细致的调研,也不编制设计任务书,更不搞可行性分析,出现了大量的"边勘测、边设计、边施工、边投产"的"四边"工程。由于项目评估等管理程序受到了破坏,投资决策失误给国民经济带来的损失比较惨重。

十一届三中全会以后的改革开放大大促进了我国经济增长与发展,生产能力和技术水平不断得到提高,随着经济体制改革进程的推进,企业投资环境、投资活动的内容也越来越复杂,范围也越来越广泛。为了适应新形势下投资决策及经济管理工作的要求,1981 年国家计划委员会明确规定"把可行性研究作为建设前期工作中一个重要技术经济论证阶段,纳入基本建设程序"。1983 年 2 月国家计划委员会又颁发了《关于建设项目进行可行性研究的试行管理办法》,要求项目在建设前期工作中,一旦项目建议书获批准,都必须进行可行性研究。

与此同时,在世界银行的帮助和专家指导下,中国投资银行也在其贷款项目管理过程中引入了项目评估的理论和方法,并于 1984 年 9 月正式颁布了《工业贷款项目评估手册》,作为投资银行系统开展项目评估的依据。随后,建设银行又于 1984 年拟定了《中国人民建设银行工业项目评估试行办法》,用以指导建设银行对基建贷款的投资决策管理。

1986 年,国务院发文,正式将项目评估作为项目建设前期的一个重要工作阶段,要求"建设项目必须先提出项目建议书,经批准后,可以开展前期工作,进行项目可行性研究。可行性研究报告必须达到规定的深度。编报大中型项目设计任务书时,必须附可行性研究报告,并经有资格的咨询公司评估,提出评估报告,再由国

家计划委员会审批"。至此,项目评估在我国资项目决策过程中已成为一个合法的工作程序,而投资项目决策也逐步走向了规范化。

与其他应用学科一样,虽然项目评估无论是工作程序还是理论方法都已经相当成熟,但其理论与方法还必须随着国民经济和各种经济制度的发展而适时调整,不断发展。

首先,虽然财政部及各经济主管部门曾颁布了若干评估参数及评价标准,但是由于宏观、微观经济形势的变化,或者由于国家经济法律和政策的改变,这些相关的指标数据必须随之调整,以反映这些条件的变化对项目投资的影响,否则投资决策科学化就无从谈起,更不用说发挥项目评估应有的作用了。

其次,随着我国市场化改革的不断深入,投资主体多元化的局面已经形成,民间及社会资金正逐渐成为投资主体中的重要力量,投资决策分散化、及时性等问题都要求我国投融资体制必须进行重大变革。根据有关规定,除了明确需要政府审批的项目,即那些关系国计民生、对全国生产力布局有重大影响或者有特殊规定的项目,以及需要国家投资、支持和综合平衡建设条件的项目之外,相当部分的投资项目只需要报其主管部门登记备案即可,不再需要项目审批。而银行独立审贷也已经成为一种规范化的制度,谁投资、谁决策与谁贷款、谁决策已成为一种共识,政府的作用主要是协助银行把握产业政策导向。

因此,对于项目评估中的国民经济评价部分而言,虽然其管理导向的作用与功能不会发生变化,但很明显,其作用范围将受到很大影响。

最后,随着国民经济发展水平的不断提高,我国的经济政策不仅仅是以经济增长为主要目标,同时还包括了更加广泛的社会发展内容,如社会收入的公平分配、劳动就业、技术进步以及各种社会变革等。为了考察投资项目对实现社会目标方面的贡献,还必须从整个社会的角度出发,对项目进行社会评价。而目前,我国的项目评估还主要限于经济评价的范围,社会评价还处于初步的探索阶段,仍需要在吸收西方发达国家经验的基础上,结合社会学、政治学、心理学以及数学等多学科成果,大力地发展和完善。

第三节 项目评估与可行性研究

一、可行性研究的含义与作用

可行性研究是在投资决策前,对拟建项目的市场、资源、工程技术、经济和社会等方面进行全面分析论证的科学方法和工作阶段,也是项目前期建设程序中的一个重要部分。在 20 世纪 70 年代末 80 年代初,西方的可行性研究方法开始被引入我国投资项目的决策过程,可行性研究逐步成为了制度化的工作程序。

国外大型投资项目进行可行性研究基本上要经过三个阶段:投资机会研究、初步可行性研究以及详细可行性研究。投资机会研究一般比较粗略,主要的任务是依据地区经济发展、行业发展特征或者市场资源条件,分析和发现新的发展或者投资机会。根据投资机会的研究,当某项目具有投资条件时,就可以进行具体机会研究,即具体研究某一项目得以成立的可能性,将项目设想转变为更具体的项目建议。

初步可行性研究是在投资机会研究的基础上,对项目可行与否进行的较为详细的分析论证。对于大型复杂的投资项目而言,为了避免时间和资源的浪费,在详细可行性研究之前进行初步可行性研究是非常必要和科学的。

如果拟建项目通过了初步的可行性研究论证,就应该进行详细的可行性研究,这是最终的可行性研究,也是投资决策中比较重要的阶段。在该阶段,要求研究者收集大量的基础资料,并对拟建项目方案进行全面的技术经济论证,并最终形成可行性研究报告。

可行性研究报告是投资者在项目前期准备工作阶段的纲领性文件,是进行其他准备工作的重要依据,其主要作用包括:

(1) 为项目投资决策提供依据。

(2) 为项目筹措资金及向银行等金融部门申请贷款提供依据。

(3) 为项目的商业谈判和签订协议及合同提供依据。

(4) 为初步设计、施工准备等工程设计提供依据。

(5) 为作为投资主体的企业上市提供依据。

(6) 为设置项目机构组织及管理等工作提供依据。

二、可行性研究的基本内容

根据投资项目的不同,具体的可行性研究报告和编写的格式会有所差异,特别是各行业主管部门也会对本部门(行业)项目可行性研究报告的基本内容进行相关的规定和指导。无论有何具体差异,一般工业建设项目的可行性研究应该包含以下几个方面的内容:

(1) 总论。这一部分实际上是综述的项目概况,简要描述可行性研究的主要结论,并归纳出研究报告的关键性问题及建议。这一部分要阐明推荐方案论证过程中曾有的重要争论问题和不同的意见与观点,并对建设项目的主要技术经济指标列表说明。此外,还应说明建设项目提出的背景、投资环境、项目建设投资的必要性和经济意义,项目投资对国民经济的作用和重要性,提出项目调查研究的主要依据、工作范围和要求,项目的历史发展概况,项目建议书及有关审批文件。

（2）产品市场需求和拟建规模。要求在对项目所处产品市场的规模、特点、供求等进行经济分析的基础上,对产品市场的需求量进行预测和分析,判断项目产品的市场潜力。这一部分是可行性研究的首要环节,它不仅是项目建设必要性的前提条件,也是确定项目生产规模的依据。

（3）资源、原材料、燃料及公用设施情况。资源、原材料、燃料以及交通等基础设施条件是项目建设和生产过程中最重要的基本要素及重要物质保证,可行性研究必须对这些基础要素的供应数量、供应质量、供应条件和经济的合理性进行细致深入的分析。它不仅是项目建设可行性的重要内容,也为进行财务数据估算提供了工作基础。

（4）建厂条件和厂址方案。对于项目建设而言,厂址选择是一项重要的具有战略意义的具体工作,厂址选择是否科学、合理,将对项目的建设、生产和经营产生至关重要的影响。这一部分要求对项目建厂环境进行深入的分析,并以厂址选择的技术经济分析为依据选择厂址。

（5）项目工程设计方案。工程设计的任务是设计工厂生产规定产品所必需的功能布置图和各单项工程的布置图。工艺选择及技术的取得也是工程设计的一个必要组成部分。在工艺选择和技术取得中往往涉及到工业产权问题。在工程设计方案中要考虑整个建筑工程的布局和设计,生产能力的确定,工艺的遴选,设备的选型和安装及各项投资支出与生产运营支出的估算。

（6）环境保护与劳动安全。为实现经济的健康和可持续发展,以及保护劳动者健康,要求在可行性研究过程中考虑环境的保护以及劳动安全问题,对项目的建设及生产过程中可能会污染环境、危害人类及其他生物的主要污染物、污染源进行客观、细致分析,并提出相应的治理和保护防范措施。

（7）生产组织、劳动定员和人员培训。这一部分要求对拟建项目的人力资源管理制定计划,主要涉及项目的生产组织、对人力资源的质量与数量的要求以及人员来源及培训等内容,为估算工资及其他与人员有关的成本与费用提供基础。

（8）项目实施计划和进度要求。项目的实施是项目周期中最关键、最重要的环节,需要对从项目投资决策到运营阶段所有必需的施工现场内外的工作认真进行规划,分析各个阶段在衔接上是否顺畅、合理、经济。工程项目越复杂,专业分工越细,就更要进行全面的综合管理,一个总体的协调的工作进度计划也是非常必需的。

（9）经济效果的分析评价。这一部分主要是在估算投资和有关财务成本及收益等基础数据基础上编制各种财务表格,计算相应指标,进行项目财务效益分析和国民经济效益分析,并进行不确定性及风险分析。经济效果的分析评价涉及到项目最终是否经济可行,是可行性研究的一个重要内容。

（10）评价结论。依据以上各个部分的评价和分析，在最后一个部分需要归纳主要的评价结论并提出相应的建议。

总结起来，项目可行性研究的基本内容可以被概括为三大部分：

首先是关于产品市场的调查和预测研究，这部分的工作是拟建项目成立的重要依据，主要任务是说明项目建设的"必要性"。

其次是关于技术方案和建设条件的分析，这部分是可行性研究的技术基础，它将决定建设项目在技术上的"可行性"。

最后是关于经济效果的分析和评价，这部分内容是项目投资命运的关键，是项目可行性研究的核心部分，其目的在于说明项目在经济上的"合理性"。

以上内容主要是针对新建项目而言。而对于改建、扩建项目的可行性研究，还应增加对已有固定资产的利用和企业现有概况的说明和分析；对于不同的行业，也应各有侧重，如矿产企业要着重研究资源开采条件、产量；纺织企业则要侧重对市场的调查与预测。

三、项目评估与可行性研究的关系

可行性研究与项目评估一样都是为投资决策服务的经济分析手段，出发点都是分析和论证项目可行与否，从方法论的角度来看，两者在理论基础、内容及评价标准等方面都有共同之处，但是从对投资决策的作用角度观察，也各有特点。

1. 项目评估与可行性研究的共同点

（1）两者都是在项目投资前期工作。可行性研究是在项目建议书（相当于国外的投资机会研究）获批准后，对投资项目在技术、工程、外部协作条件和经济上合理与可行与否所进行的全面分析与论证。项目评估则是在决策前对项目的可行性研究报告及其所选方案做系统的评审、估价和提出决策性建议。

（2）两者的基础理论相同。可行性研究和项目评估都是应用性学科，都是以市场经济理论、工程经济学以及成本效益分析为基础的。在经济评价过程中，无论是可行性研究，还是项目评估，它们计算的技术经济指标体系及基本原理是相同的。

（3）两者在具体内容、格式上相通。可行性研究和项目评估分析的内容都包括建设必要性、市场条件、资源条件、工程技术以及经济效益分析等部分。

（4）两者工作目标及评价方法和衡量的标准一致。两者都是为投资项目更好地发挥效益，避免决策失误，而从科学决策的角度开展的评价论证工作；都是运用国家规范化的评价方法进行工作，衡量项目优劣的标准也都是国家统一颁布的标准和参数。

2. 项目评估与可行性研究的主要区别

从总体上来讲,项目评估与可行性研究是项目前期工作中的两个不同环节,虽然方法论基础相同,但是仍存在着若干重要的区别。

(1)两者承担的主体不同。可行性研究通常是项目业主来主持,业主可以将这项工作委托给专业的设计单位和咨询机构去执行,但受托单位与机构只对项目业主负责;而项目评估一般是由项目投资的决策机构(如国家主管投资计划的部门)或项目贷款的决策机构(如贷款银行)主管和负责。

(2)两者评价角度不同。可行性研究是站在企业的立场,从微观的角度分析项目的盈利水平;而贷款银行除了要考虑国家产业政策和重大经济规划之外,特别注重考察银行自身的利益,关心贷款的收益及银行所承担的风险;而作为政府部门则从更宏观的角度看问题,强调国民经济为项目建设承担的成本和得到的收益。

(3)两者为项目决策服务的具体任务和目的不同。可行性研究的任务,除了对项目的合理性与可行性进行分析、论证以外,还必须为建设项目规划多种方案,并从工程、技术经济等多方面对这些方案作出选择和比较,从中挑出最佳方案。而项目评估一般均可借助可行性研究的成果,也无须为建设项目规划实施方案,其主要任务是对可行性研究报告的全部内容,包括所筛选的项目实施方案,进行系统的审查、核实并作出评价和提出建议。

(4)两者在项目决策过程中所处的阶段及作用不同。尽管两者都处于项目的建设前期,但是在时序上却是一先一后,可行性研究在先,项目评估在后。项目评估是在可行性研究的调查和分析基础上进行的论证工作,可行性研究是项目评估的工作基础,项目评估是可行性研究的延伸和再研究。在决策的环节中,项目评估为决策提供直接的、最终的依据,比可行性研究具有更大的权威性,是可行性研究不可取代的。

第四节　项目评估的程序与主要内容

一、项目评估的程序

项目评估是在可行性研究的基础上,从企业、国家甚至是全社会的角度,对拟建项目的投资计划和方案进行全面的技术经济论证与评价。开展项目评估工作依次经过的步骤,根据项目性质、投资规模、项目复杂程度以及评估预算等各种条件的不同而不完全一致,但是一般而言,进行项目评估的程序基本有以下五个步骤:

(1)组织评估机构。对拟建项目进行评估首先要确定评估人员,组成评估机构。由于项目评估涉及市场、技术、经济和社会等若干方面的分析与评价,因此,评估机构的人员构成一般包括财务专业人员、市场分析人员、专业技术人员以及其他辅助人员。评估小组人员的多少可以根据项目的大小及复杂程度分为简单的(甚至由一个人组成)和复杂的(多种专业人员组成)两种。评估机构成立以后,就可以明确分工,制定计划并展开工作,最后综合各评估人员的意见,形成评估报告。

(2)制定评估计划。评估计划的制定是根据项目的性质、特点,明确项目评估需要解决的问题和要达到的目的,确定评估方法,制定与评估内容相适应的评估进度与时间计划。

(3)调查研究。调查研究主要是为项目评估收集资料和数据,是评估工作中工作量最大、也是最重要的一项工作,相当艰巨。根据调查的对象,需要进行企业调查和项目调查两个环节的工作。企业调查包括调查企业的历史、技术状况、经营现状及问题;项目调查则针对该项目本身进行数据收集,包括项目的市场调查、项目所采用的技术分析、项目生产原料供应状况、产品市场价格等。在对收集到的资料进行整理以后,进入审查分析与评估阶段。

(4)审查分析与评估。在获得相关的资料和数据的基础上,根据项目评估的内容和要求,对项目进行技术、经济的审查分析和评估。在评估的过程中要针对所得资料的具体情况,在对项目建设的必要性、市场需求预测、建设规模、产品方案、厂址选择、工艺流程等进行评估的基础上,对项目的投资估算、资金筹措、财务效益、国民经济效益及投资风险进行评估,并得出结论,提出进一步优化项目方案的建议。

(5)编写评估报告。在完成了对项目方案的审查分析和评估之后,评估人员需要根据结果编写项目评估报告,以反映论证的主要意见及结论。

二、项目评估的主要内容

项目评估作为投资决策的必要前提,其内容以拟建项目的财务和国民经济评价为核心,包括对项目建设必要性、生产建设条件和技术方案等多方面、系统的评审与估价。因项目的性质、规模和复杂程度的不同,其评估的侧重点也会有一定的差异,但一般而言需要包括以下几个方面:

(1)项目概况。主要是对项目实施的背景及项目的基本概况进行介绍,如项目的投资者、建设性质、建设内容、产品方案等等。

(2)建设必要性评估。主要是结合国家产业政策、行业发展趋势以及地区发展规划等方面对项目的建设进行分析,以确定拟建项目能否确立。

(3)市场预测评估。主要是评估项目产品市场的供需现状以及发展趋势,以及该项目或企业的市场份额与竞争能力等方面,目的在于确定拟建项目的必要性和生产规模。

（4）建设条件评估。主要是评估项目的建设施工条件能否满足项目正常实施的需要，项目的生产条件能否满足正常生产经营活动的需要，目的是保证拟建项目顺利进行。

（5）项目工程与技术评估。主要评估项目工程设计是否合理，项目所采用工艺和技术的先进性、适用性与合理性，目的是确定拟建项目能否正常投产或交付使用。

（6）投资估算与资金筹措评估。主要估算项目的总投资额，包括固定资产投资、流动资金投资以及建设期利息等，并对各年的投资进行预测，制定相应的资金筹措方案及资金使用计划，目的是确保资金的筹措满足各年投资需要，确定项目投资能够顺利进行。

（7）财务数据预测和分析。主要是指对投产后各年的生产成本、销售收入和利润以及还本付息等财务数据进行预测，并将各数据归集到财务报表中，为分析企业经济效益和国民经济效益做准备。

（8）企业经济效益的评估。从项目的角度出发，确定拟建项目财务上的可行性。这是从微观经济效益的角度判断拟建项目取舍的依据。

（9）国民经济效益的评估。从国民经济的角度出发，确定拟建项目经济上的可行性，这是从宏观经济效益的角度判断拟建项目取舍的依据。

（10）社会效益评估。从社会的角度出发，确定拟建项目对实现社会发展目标的贡献。由于目前项目社会评价的指标体系不健全，理论与方法的讨论仍然很多，且评估受到主观因素的影响大，因此，我国项目评估中一般不包括此项内容。

（11）总评估。在以上若干方面评估的基础上，归纳分析结果和评估意见，最终确定该项目的最优方案，并提出与拟建项目经济效益有关的政策和体制的建议。

三、项目评估中的经济评价

项目经济评价是项目评估中的重要组成部分。其任务是在对项目建设的必要性、市场需求预测、建设规模、产品方案、厂址选择、工艺流程、主要设备选型、原材料供应、工程技术方案和项目实施进度等评估的基础上，对可行性研究报告经济评价部分的客观性、真实性和可靠性进行评估，对项目的投资估算、资金筹措、财务效益、国民经济效益及投资风险作出评估结论，并提出进一步优化项目方案的建议。

1. 经济评价的主要内容

进行项目经济评价要根据项目主管部门批准的项目建议书及批复文件，国家、部门（行业）及地区制定和颁布的有关项目建设的法律、法规和经济政策，以及有关技术经济指标、经济参数、价格及取费标准等规定，主要内容包括：

（1）投资估算的评估。

（2）资金筹措方案的评估。

（3）成本、销售收入及有关税费的评估。

（4）财务分析的评估。

（5）国民经济分析的评估。

（6）不确定性分析和风险分析的评估。

（7）多方案比较的评估。

（8）经济评估的综合结论及建议。

2. 经济评价的两个层次

从分析的角度来讲，经济评价主要分为两个层次：企业财务评价（企业财务效益评估）和国民经济评价（国民经济效益评估）。

企业财务评价是在微观层面对项目进行的经济评估。其理论基础是完全竞争条件下的投资决策理论，该方法认为自由竞争和完善的市场机制将实现资源配置的帕累托最优，因此，一个项目可行与否，只需要依据现行的市场价格，预测和估算项目的费用和效益，通过考察项目的获利能力、清偿能力等财务指标，可以实现资源配置的效率。

国民经济评价则是在宏观层面对项目进行的经济评估。其理论基础认为市场机制并不完善，仅仅从项目本身的角度进行经济评估，就会忽略那些由于垄断因素、经济外部性以及公共产品特征而引致的社会成本或者社会收益，因此还要从国家的、社会的角度出发，用真正能够反映资源和产品的供求关系的影子价格，预测和计算拟建项目的投资需要国家付出的代价和为国家作出的贡献，以判断项目的经济可行性。

企业财务评价与国民经济评价的联系与区别如表1-2所示。

表1-2 项目评估中经济评价的两个层次

项 目	企业财务评价	国民经济评价
理论基础	完全竞争的自由市场	存在市场扭曲的不完善市场
考虑的角度	项目、企业	国民经济
主要目标	利润最大化	国民收入
价格体系	市场价格	影子价格
主要效益指标	平均投资收益率 财务净现值 内部收益率	经济净现值 经济内部收益率

3. 经济评价的一般程序

(1) 确定目标。根据项目的特点,确定评价的对象,明确工作重点。

(2) 调查研究,收集资料。通过深入的调查研究,了解实际情况,收集各种基本资料和原始数据。

(3) 预测备选方案的现金流量,确定有关的参数值。项目方案的现金流量是计算投资项目经济效益的基本依据。预测的正确与否直接关系到投资决策的质量。对项目进行效益的计算还要事先确定相关的参数值,如社会贴现率、利率、税率、计算期及财务基准收益率等。

(4) 计算方案的经济效益。一般工业项目要在财务评价的基础上再进行国民经济评价。在计算方案的经济效益时,可以根据不同需要选择指标。比如是确定性条件还是不确定性条件下的项目经济效益;是税前还是税后的经济效益;是没有考虑通货膨胀的还是考虑通货膨胀的经济效益等等。

(5) 综合评价。根据项目方案经济效益的计算,进行项目优劣和多项目的比选,得出结论:判断项目经济上可行还是不可行并选择技术上先进可靠、经济上合理有效的最优方案。

复习思考题

1. 什么是项目评估? 应该如何理解项目评估在投资决策中的作用?
2. 应该如何认识项目评估在我国投资决策和经济管理中的应用?
3. 项目评估与可行性研究有何联系和区别?
4. 项目评估的程序与内容是什么?
5. 项目评估中的经济评价有哪两个层次?

第二章 现金流量

第一节 投资项目的现金流量

一、现金流量的含义

投资的本质是通过现期的资金投入而获取未来更多的收益,因此,成本与效益就构成了投资活动的最重要要素,也是项目评估重点考察的对象。通常我们把所考察的项目作为一个独立的经济系统,现金流量就是反映项目在建设和生产经营期内,流入和流出这个独立经济系统的现金活动,它集中反映了整个项目考察期内的成本与效益因素。

项目所有的货币支出,叫做现金流出,用"-"表示。

项目所有的货币收入,叫做现金流入,用"+"表示。

现金流量就是现金流入与流出的代数和,在同一时间点上的现金流入与现金流出之和称为净现金流量。

投资项目评估所编制的现金流量表与会计核算中的资金流量不同,现金流量是以项目作为一个独立系统,反映项目在建设和生产服务年限内现金流入和流出系统的活动,其构成的基本原则如下:

(1)只计算现金的收支活动,而不是从产品生产、销售角度对资金收支情况进行记录与核算。

(2)所有的现金流量须按其实际发生的时间如实记录,即采用实际发生制而非会计核算中的权责发生制。应收、应付费用是项目应收而实际未收,应付而实际未付的费用,计算资金流量时一定要列为收入或支出,但在计算现金流量时,对它们则不予考虑。

(3) 所有的现金流量必须只与评估的项目相关。一般来讲,投资项目的企业在拟建项目之前就已经存在了,在拟建项目决策前发生的成本(或收益)被认为是沉淀的成本(或收益),不受拟建项目的影响,因此也不应记录在评估的现金流量中。另外,那些不管项目发生与否都存在的固定成本也不应该记录。

(4) 对于企业已经购置的、拟建项目需要的原材料,基本上有三种成本,如何计入现金流量要分情况处理。第一种是历史的购买价格,由于历史购买价格属于沉没的成本,不应该作为依据;第二种是重置成本,如果由于拟建项目上马使用该原料,企业必须重新购置以满足其他项目需要,那么,这个重置成本就是机会成本,是应该采用的合适的成本价格;第三种是市场清算价格,对于这些原材料,如果其他项目不再使用,那么作为企业重新出售的机会成本,该价格可以作为现金流量的计算价格。

(5) 在计算现金流量时,投资额属于现金支出,应按其实际发生时间作一次性支出计入现金流量,因此在对项目整个计算期进行评价时,不再以折旧和摊销方式分摊,如果将折旧和摊销计作现金流量,就会发生重复计算。

二、现金流量基本要素分析

根据现金流量的涵义及构成原则,现金流量的基本要素主要分为现金流入和现金流出两项。具体内容如下:

1. 现金流入

现金流入的项目主要有以下三个方面:

(1) 产品销售收入。销售收入是投资项目在实施后,向社会提供产品及劳务所取得的现金收入,等于销售量与销售价格的乘积。

(2) 回收的固定资产残值。固定资产残值是指在投资项目寿命期满时处置固定资产所得到的现金收入。通常是指固定资产残值扣除机器设备等的清洗、拆迁费用后的净残值。

(3) 回收流动资金。在投资项目寿命期满时,流动资金将退出资本的流通和生产,还原为货币资金,从而形成投资活动结束时的一笔一次性收入。

2. 现金流出

现金流出项目主要包含五个方面的内容。

(1) 固定资产投资。具体包括项目的固定资产投资和建设期固定资产投资贷款利息。

按现行的项目投资管理规定,建设项目固定资产投资按费用性质划分为:① 建筑工程费,主要由各种房屋、设备基础、建筑场地的布置、工程地质勘探、水利工程费、防空、地下建筑等特殊工程及其他建筑工程费组成。② 设备及工器具购置费。③ 安装工程费。④ 工程建设其他费用,是指根据规定应在投资中支付,并列入建设项目总造价或单项工程造价的费用,包括土地征用费及土地使用权出让金以及与项目建设有关的其他费用,如:建设单位管理费、勘察设计费、研究实验费、工程监理费、工程保险费等。⑤ 基本预备费和涨价预备费。基本预备费是指在初步设计和概算中难以预料的费用,如进行技术设计、施工图设计和施工过程中,在批准的初步设计范围内所增加的工程及费用以及由于一般自然灾害所造成的损失等费用。涨价预备费是指从估算年到项目建成期间,预留的因物价上涨而引起的投资费用增加数额。

建设期利息是指建设项目建设投资中有偿使用部分在建设期间内应偿还的借款利息及承诺费。因为发生在项目基本建设期间,而企业在此期间没有收益来源,无力支付,必须另行借贷,并全部转入本金,到生产期间再支付偿还。

(2)流动资金投资。企业在生产经营中用于周转的流动资产,分为临时性流动资产和永久性流动资产。

临时性流动资产是指企业由于季节性、周期性的生产高峰,或由于其他暂时性因素而需要增加的资金,这类资金的占用是短期的,一般通过短期借款和商业信用等方式解决。

永久性的流动资产是指企业为了保证正常生产经营需要长期占用的满足企业基本需要的流动资金,除非破产清算,否则这些资金永远不可能脱离企业的生产经营过程。建设项目经济评估中所考虑的流动资金是伴随固定资产投资而发生的永久性流动资产投资。具体包括:① 储备资金,指储备的各种原材料、燃料、包装物、低值易耗品、委托加工材料和在途材料等。② 生产资金,指在生产的各项在产品、自制半成品和待摊费用。③ 成品资金,指库存待售的产成品。④ 结算及货币资金,即发出商品、结算资金和货币资金。

根据我国现行的投资管理制度,计入流动资金投资项目中的只有30%的铺底流动资金。一般项目投资要经历很多年,各年的流动资金构成可能会发生变化,只有变动的流动资金才构成当年额外的现金流。例如,如果某一年的流动资金量变小了,那么与前一年相比,差额部分就应该被计入现金流入,项目寿命期末的流动资金回收是这种情况的特例。

(3)经营成本费用。经营成本费用是项目经济评价中的一个专门术语,是为项目评估的实际需要而专门设计的。经营成本费用等于产品成本费用扣除基本折旧、摊销费、流动资金借款利息等财务费用。产品成本费用是指企业花费在生产和销售上所支付的生产资料费用、工资、车间经费、企业管理费、销售费用等。经济决策考察的范围是投资项目实施的全寿命期,由于已将投资作为现金流出,所以在成本支出中不包括折旧和摊销。在不考虑资金来源的前提下,以全部投资为计算基础,那么由于借款而形成的生产经营期的利息支出也不应包括在现金流出中。若以自有资金为计算基础,利息与本金的支付在现金流出项目中单独列支,也不应包括在经营成本费用项目中。

(4) 销售税金及附加。销售税金及附加是指在生产经营期(包括建设与生产同步进行的生产经营期)内因销售产品(营业或提供劳务)而发生的消费税、营业税、资源税、城市维护建设税及教育费附加。

按照现行的税法规定,增值税作为价外税不包括在销售税金及附加中。在经济评估中应遵循价外税的计税原则,所以在项目损益分析及财务现金流量的分析中均不包括增值税的内容。因此,在评估中应注意:① 在项目财务效益分析中,产品销售税金及附加不包括增值税。② 城市维护建设税及教育费附加都是以增值税为计算基数的。因此,在评估中,还要单独计算项目的增值税税额。

(5) 营业外净支出。营业外净支出是营业外收入与营业外支出的差额。为简化计算,一般项目的营业外净支出可不计算。有些项目如矿山项目,由于数额较大,可估计列入。

三、现金流量的计算及表示方法

1. 现金流量的计算

在获得了投资项目现金流量基本要素的基础上,可以计算项目在整个寿命期的现金流量。

从资金构成的角度考察,现金流量可分为全部投资现金流量和自有资金现金流量,两者具体内容有差异,数值不等。

从全部投资角度考察的现金流量,不考虑资金来源及构成,将全部的资金都看作是自有资金,具体见表2-1。

从自有资金角度考察的现金流量,考虑了资金的来源和还款条件等外部财务因素,所以包括了借款利息和本金的偿还,具体见表2-2。

另外,如果项目资金来源中有外资,也可区别为国内资金的现金流量和外资现金流量。

表 2-1　财务现金流量表（全部投资）

序号	项　目	合计	建设期			生产经营期		
			1	2	3	4	…	N
1	现金流入							
1.1	产品销售收入							
1.2	回收固定资产余值							
1.3	回收流动资金							
1.4	其他收入							
2	现金流出							
2.1	固定资产投资							
2.2	流动资金投资							
2.3	经营成本							
2.4	销售税金及附加							
2.5	所得税							
3	净现金流量							
4	累计净现金流量							
5	所得税前净现金流量							
6	所得税前累计净现金流量							

计算指标：所得税前　　　　　　　　　所得税后

财务内部收益率＝　　　　　财务内部收益率＝

财务净现值＝　　　　　　　财务净现值＝

投资回收期＝　　　　　　　投资回收期＝

表 2-2　财务现金流量表（自有资金）

序号	项　目	合计	建设期			生产经营期		
			1	2	3	4	…	N
1	现金流入							
1.1	产品销售收入							
1.2	回收固定资产余值							
1.3	回收流动资金							
1.4	其他收入							
2	现金流出							

序号	项 目	合计	建设期			生产经营期		
			1	2	3	4	…	N
2.1	自有资金							
2.2	借款本金偿还							
2.3	借款利息偿还							
2.4	经营成本							
2.5	销售税金及附加							
2.6	所得税							
3	净现金流量							
4	累计净现金流量							
5	所得税前净现金流量							
6	所得税前累计净现金流量							

计算指标:所得税前　　　　　　　　　所得税后

财务内部收益率＝　　　　　　财务内部收益率＝

财务净现值＝　　　　　　　　财务净现值＝

投资回收期＝　　　　　　　　投资回收期＝

在计算各个年度的现金流量时,要将现金流量要素中属于现金流入的各项减去属于现金流出的各项,结果即当年的净现金流量。

2. 现金流量的表示方法

(1)现金流量表。投资项目的经济寿命期一般较长,其现金流往往持续多年,并且每年的内容与数量各不相同,所以实际工作中求净现金流量时并不是将多年数据列式计算,而是采用现金流量表的形式,这也是最常用的表示方法。见表2-1和表2-2。

现金流量表按照建设和生产经营的年序分别列示现金流量的各个基本要素。实际上,这张表就是计算各年现金流量的计算公式。通过现金流量表,可以计算净现值、净现值率、内部收益率、投资回收期等指标进行项目经济效益的评价和分析。

(2)现金流量图。为了清晰地反映投资项目的现金流入和流出,常使用如图2-1所示的现金流量图。现金流量图是在时间坐标上,用带箭头的垂直线段,形象地表示现金流发生的时间及现金流的大小和流向。箭头向

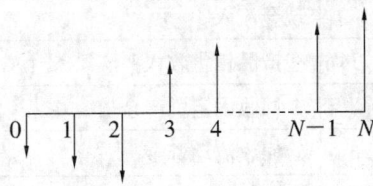

图 2-1　现金流量图

下,表示净现金流出;箭头向上,表示净现金流入。线段的长短按比例地表明现金流的大小。

按照项目评估的惯例,评估的起始年是图中的 0 点,即 t＝0 为项目建设期的开始,N 为项目寿命的结束时间。需要注意的是关于时间的间隔问题。时点 t 表示的是下一个时间间隔的开始和上一个时间间隔的结束。例如,t＝2 表明的是第 2 年的年末和第 3 年的年初。明确这一点对于现金流量的时间价值等值计算是很重要的。

为了计算方便,一般认为投资发生在年初,而收益发生在年末。

(3)累计现金流量曲线。将现金流量表中各年净现金流量的数值逐年累加,可以得到各年的累计净现金流量值,它代表的是从项目开始到该年为止的期间内所有现金流量代数和,用累计现金流量曲线的形式可以直观地反映项目的现金流量的总体状况。

图 2－2 中的曲线 $ABCD$ 就是项目的累计现金流量曲线,它反映了该项目在整个寿命期内的现金流动状况。A 点代表的是投资的开始,当到达 B 点时,累计投资额最大。从 B 点开始,项目进入试生产阶段,由于项目有了收益,曲线开始上升。到达 C 点,表明项目的收益正好等于成本,是项目的收支平衡点。在 C 点以后,项目开始有了盈利,当到达项目寿命终止的 D 点时,由于有固定资产残值和流动资金的回收,曲线突然变得陡峭了。

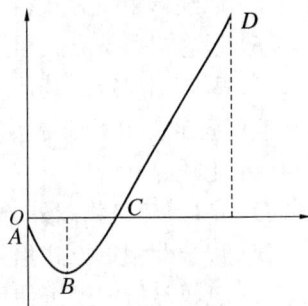

图 2－2　累计现金流量曲线

现金流量在项目评估过程中是极其重要的。对组成投资项目现金流量的基本要素进行分析和估算是项目经济分析的基础,现金流量预测是否准确直接关系到投资经济评价的可靠性,现金流量估算错误必然会导致方案选择的失误。而对发生在不同时点的现金流量进行时间价值的等值计算,又是对项目的经济效益进行评价的前提。

第二节　固定资产折旧对现金流量的影响

一、固定资产折旧概述

固定资产在使用过程中经受两种磨损:有形磨损和无形磨损。这种磨损带来的价值损失是通过计提折旧的方式进行补偿的,即在项目使用寿命期内,将固定资产价值以折旧的形式列入产品成本中,逐年摊还。固定资产的经济寿命与折旧寿命,都要考虑上述两种磨损,但涵义并不完全相同。

经济寿命是指资产(或设备)在经济上最合理的使用年限,也就是资产的年成本最小或年净收益最大时的使用年限。一般设备使用达到经济寿命或虽未达到经济寿命,但已经出现新型设备,使得继续使用该设备已不经济时,即应更新。

折旧寿命亦称会计寿命,是按照国家财政部门规定的资产使用年限逐年进行折旧,一直到账面价值(固定资产净值)减至固定资产残值时所经历的全部时间。从理论上讲,折旧寿命应以等于或接近经济寿命为宜。

根据我国财务管理的规定,下列固定资产应当提取折旧:

(1) 房屋、建筑物。

(2) 在用的机器设备、运输车辆、器具、工具。

(3) 季节性停用和大修理停用的机器设备。

(4) 以经营租赁方式租出的固定资产。

(5) 以融资租赁方式租入的固定资产。

(6) 财政部规定的其他应计提折旧的固定资产。

下列固定资产不计提折旧:

(1) 土地。

(2) 房屋、建筑物以外的未使用、不需用以及封存的固定资产。

(3) 以经营租赁方式租入的固定资产。

(4) 已提足折旧继续使用的固定资产。

(5) 按照规定提取维简费的固定资产。

(6) 已在成本中一次性列支而形成的固定资产。

(7) 破产、关停企业的固定资产。

(8) 财政部规定的其他不得提取折旧的固定资产。

二、折旧的基本要素与基本方法

1. 折旧的基本要素

折旧的基本要素与固定资产应计折旧额有关。固定资产应计折旧额＝折旧率×折旧基数,折旧基数涉及到以下几个基本因素。

(1) 固定资产原值。即形成固定资产时发生的费用支出。

(2) 固定资产净值。又称固定资产余值,是固定资产原值减去已提取的折旧累计额后的余值。

(3) 固定资产残值。是固定资产使用寿命终了时,经拆除、清理以后残留的那些材料、零件、废料等的价值,通常是扣除拆除清理费用后的净值,因此又叫做固定资产净残值。

残值回收是投资活动结束时的一笔一次性收入。计算折旧一般是按财政部规定的净残值率进行,净残值率是固定资产原值的一个百分比,一般为3%～5%,中外合资项目规定为10%。

(4)折旧年限。指固定资产以某折旧方式回收其价值所需的时间。

2. 折旧的基本方法

按折旧对象的不同来划分,折旧方法可分为个别折旧法、分类折旧法和综合折旧法。个别折旧法是以每一项固定资产为对象来计算折旧,分类折旧法是以每一类固定资产为对象来计算折旧,综合折旧法是以全部固定资产为对象来计算折旧。

在项目评估中,固定资产折旧可以用分类折旧法,也可用综合折旧法计算。目前的工业企业财务制度将固定资产分为通用设备、专用设备、建筑物三大部分22类。项目投资额较小或设备种类较多,且设备投资占固定资产投资比重不大的项目可采用综合折旧法。

另外,按固定资产在项目生产经营期内前后期折旧费的变化来划分,又可分为直线折旧法和加速折旧法。

(1)直线折旧法。又称平均年限法,是一种根据固定资产原值,预计残值与清理费用,按折旧年限平均计算折旧额的方法。直线法是最常用的一种折旧方法,按照这种方法计算的各年折旧额相等,累计折旧额均匀增加,年末固定资产净值均匀减少,最后一年末的固定资产净值即为固定资产残值。

计算公式如下:

$$年折旧率 = \frac{1}{折旧年限}$$

$$年折旧额 = 固定资产原值 \times (1 - 预计净残值率) \times 年折旧率$$

(2)工作量法。又称作业量法,是按照固定资产各期实际完成的产量和工作量而不是经历的时间长度为基础计提折旧的方法。它适用于交通运输企业和其他企业的专业车队、大型设备、大型建筑施工机械等的折旧。

其计算公式为:

$$年折旧额 = \frac{固定资产原值 \times (1 - 预计净残值率)}{总工作量}$$

从本质上看,工作量法实际上是直线折旧法的一个变形。

(3)加速折旧法。又称递减费用法,是随着固定资产的逐年老化,在使用期内提取的折旧逐年减少的折旧方法。常用的方法有如下几种:

年数总和法 该方法是以原值减残值为使用期各年内的折旧基数,折旧率逐年减少的折旧方法。

$$年折旧率 = \frac{(折旧年限 - 已使用年限)}{折旧年限 \times (折旧年限 + 1)/2}$$

$$年折旧额 = (固定资产原值 - 预计净残值) \times 年折旧率$$

由于这种方法计算复杂,因此,实践中用得比较少。

余额递减法　该方法以上年末的固定资产净值为本年度提取折旧的基数,随着固定资产使用年限的增加,年末固定资产净值则逐年递减,在折旧率不变的条件下,应提交的折旧额也随之逐年下降。因为在折现期间内折旧率一直保持不变,所以这种方法也被称为固定比例余额递减法。

余额递减法的折旧率为各年统一的固定折旧率,它是以直线折旧法的折旧率为基数确定的,有1倍直线法折旧率、1.75倍直线法折旧率和双倍直线法折旧率等等。

余额递减法是一种广泛普遍应用的加速折旧法。

余额递减法与直线法结合　采用这种方法时,在固定资产投入使用的前几年采用余额递减法折旧,若干年后折旧速度缓慢时,再改用直线法以比较高的速度进行折旧。

问题的关键是确定最佳转换点。当直线折旧额大于余额递减折旧额时,则应当将余额递减法转向直线折旧法,此时相应的年份则为最佳转换点。

例 2.1　设某设备原值为 1 500 元,估计经济寿命是 5 年,残值为 50 元,试确定由余额递减折旧法向直线折旧法转换的最佳年限。

解:双倍余额递减法折旧和直线法折旧的结果见表 2-3。

表 2-3　折旧计算表　　　　　　　　单位:元

年	双倍余额递减法折旧额	直线法折旧额
1	600	1/5×(1 500−50)=290
2	360	1/4×(1 500−600−50)=213
3	216	1/3×(1 500−600−360−50)=163
4	130	1/2×(1 500−600−360−216−50)=137
5	78	1 500−600−360−216−130−50=116

由表 2-3 可知第 4 年是最佳的转换年限,因为这一年的直线法折旧额＞双倍余额递减法折旧额。

由于加速折旧对国家和企业的技术进步和经济发展有很大的促进作用,新财务制度规定,在国民经济中具有重要地位,技术进步较快的电子生产企业、船舶工业企业、生产母机的机械企业、飞机制造企业、汽车制造企业、化工生产企业和医药生产企业及其他经财政部批准的特殊行业的企业,其机器设备可采用双倍余额递减法或年数总和法折旧。

三、折旧方法对税后现金流量的影响

实际上,在项目的寿命期间内,采用哪种折旧方法都不影响折旧总额,都应该等于固定资产原值与残值的差额,在税制不变的条件下,纳税总额也不会发生变化。但是折旧方法不同却可以影响到折旧费的回收在整个项目期间内的分布。

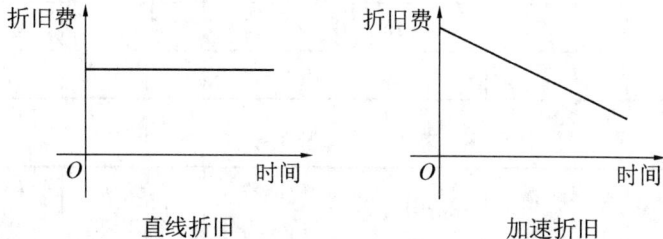

图 2-3　折旧费分布图

虽然折旧本身不是现金流,不会因为折旧费而发生现金流量的变化,但是由于折旧与交纳所得税相关,因此,当折旧方法不同时,企业在各年的税后现金流量会有差异。从资金时间价值的角度考虑,支付时间发生越早,资金现值就越大,这就会对税后现金流量产生影响,直接影响税后经济评价的结果。

现举例说明折旧方法对税后现金流量的影响。

例 2.2　已知某项固定资产原值为 100 000 元,预计寿命为 5 年,第 5 年末残值为 7 776 元,税前净收入为 45 000 元,若税率为 33%,试按直线法、年数总和法和双倍余额递减法计算折旧,并列出税后现金流量。

解:利用 EXCEL 计算的不同折旧方法所形成的折旧额见表 2-4。

表 2-4　折旧计算表

年　　份		0	1	2	3	4	5
直线折旧	折旧率	0	1/5	1/5	1/5	1/5	1/5
	年折旧额	0	18 445	18 445	18 445	18 445	18 445
	年末净值	100 000	81 555	63 110	44 666	26 221	7 776
年数总和	折旧率	0	1/3	4/15	1/5	2/15	1/15
	年折旧额	0	30 741	24 593	18 445	12 297	6 148
	年末净值	100 000	69 259	44 666	26 221	13 924	7 776
双倍余额	折旧率	0	2/5	2/5	2/5	2/5	2/5
	年折旧额	0	40 000	24 000	14 400	8 640	5 184
	年末净值	100 000	60 000	36 000	21 600	12 960	7 776

不同的折旧方法得到的税后现金流量如表2-5、表2-6、表2-7所示。

表2-5 直线折旧法

年	税前现金流量	折旧费	应纳税所得	应纳所得税	税后现金流量
0	−100 000	0	0	0	−100 000
1~5	45 000	18 445	26 555	8 763	36 237
5	7 776				7776

表2-6 年数总和法

年	税前现金流量	折旧费	应纳税所得	应纳所得税	税后现金流量
0	−100 000	0	0	0	−100 000
1	45 000	30 741	14 259	4 705	40 295
2	45 000	24 593	20 407	6 734	38 266
3	45 000	18 445	26 555	8 763	36 237
4	45 000	12 297	32 703	10 792	34 208
5	45 000	6 148	38 852	12 821	32 179
5	7 776				7 776

表2-7 双倍余额递减法

年	税前现金流量	折旧费	应纳税所得	应纳所得税	税后现金流量
0	−100 000	0	0	0	−100 000
1	45 000	40 000	5 000	1 650	43 350
2	45 000	24 000	21 000	6 930	38 070
3	45 000	14 400	30 600	10 098	34 902
4	45 000	8 640	36 360	11 999	33 001
5	45 000	5 184	39 816	13 139	31 861
5	7 776				7 776

复习思考题

1. 什么是现金流量？如何理解现金流量在项目评估中的地位和作用？
2. 为什么折旧不是现金流量？折旧对现金流量有何影响？
3. 现金流量的表达方式有哪些？分别有什么意义？

第三章 资金的时间价值

第一节 资金时间价值概述

一、资金时间价值的含义与作用

资金时间价值的概念在项目评估及财务决策理论中具有重要的地位。资金时间价值反映的是同样的一笔名义资金量在不同的时间具有不同的价值。导致不同时间点上资金价值不同的原因并不是通货膨胀或者通货紧缩,而是由于资金最终是用于投资的。只有资金被投入实业投资,进入产业循环,才可能有资金的价值增值。因此,从内涵上讲,所谓资金时间价值,是指资金在扩大再生产及循环周转过程中,随着时间变化而产生的资金增值和带来的经济效益。

资金是一种短缺资源,但拥有资金并不意味着会无条件地随着时间推移带来价值增值,价值的增值有赖于人们对资金的利用。在过去相当长的时间内,我国在理论研究和实践中,忽视了资金时间价值的作用,以致在经济运行中,出现了争项目、争投资、争设备等现象。一方面是资金的短缺,另一方面又存在资金的严重浪费和积压,大大降低了经济效益。认识并重视资金的时间价值可促使建设资金的合理运用,提高有限资源的使用效率。

由于资金具有时间价值,所以一个项目的投入和收益不仅与其实际发生数额有关,实际上也与其发生时间有关。因此,项目评估要对项目逐年发生的成本和收益用同一折现率折算,然后计算出其净现值和内部收益率指标,以确定项目投资在经济上是否有利。

二、资金时间价值的度量与计算

1. 资金时间价值的影响因素

资金时间价值的大小是不同的,影响其价值量的因素主要有:

(1) 投资收益率。资金时间价值产生的原因是资金的再生产运动,因此,资金时间价值的大小从根本上也取决于资金的实际利用效果。

(2) 通货膨胀的因素。货币贬值或增值也将影响到一定时期内资金的时间价值的大小。

(3) 不确定性因素。市场中存在的各种不确定性因素,会影响到项目的成本和收益水平,由此可能造成的损失也应予以考虑。

2. 资金时间价值的度量

度量资金时间价值量大小,有绝对和相对两种尺度。

利息和盈利是一定时间内价值增值的绝对量,是反映资金时间价值的绝对尺度。利息是在银行存款而获得的资金增值,盈利则是将资金投入社会再生产过程而产生的资金增值。

利率和盈利率分别是利息和盈利与本金之比,反映了资金随着时间变化的增值率,是一定时间内价值增值的相对程度,是相对尺度。

通常在研究某项投资经济效益时,使用盈利和盈利率的概念;在计算、分析资金信贷时,则使用利息和利率的概念。

3. 资金时间价值的计算

计算资金时间价值的方法与计算利息的方法相同,分为单利与复利两种。

(1) 单利计算法。单利法的特点是以最初的本金计算各年利息额,各年新生利息不加入本金计算利息。因此,每一期的利息都是相同的。这种计算方法并不是真正意义上的资金时间价值。因为单利计算假定每期产生的利息不再进入资本的周转和循环,这样就只考虑了本金的时间价值而没有考虑利息的时间价值。

其计算过程如下:

设 P 为本金;F 为本利和;i 是利率;N 为计息周期。则,

第 1 期 $F = P(1+i)$

第 2 期 $F = P(1+i)+Pi = P(1+2i)$

第 3 期 $F = P(1+2i)+Pi = P(1+3i)$

……

第 N 期 $F = P[1+(N-1)\cdot i]+Pi = P(1+N\cdot i)$ (3.1)

(2) 复利计算法。复利法的特点是将前期的利息也计入下一期的本金,这样

在计算利息时既考虑了本金的时间价值也考虑了前期利息的时间价值,是真正意义上的反映资金的时间价值的计算方法。

复利计算法的计算过程如下:

第 1 期 $F=P(1+i)$

第 2 期 $F=P(1+i)+P(1+i)\cdot i=P(1+i)^2$

……

第 N 期 $F=P(1+i)^n$ （3.2）

在 P、i 和 N 都相同的条件下,用不同的计息方法,所得的利息是不同的。复利的结果要大于单利,本金越大,利息越高,计息周期越长,两者的差距就越大。

根据国际惯例,在项目评估中,若不另加说明,都是要求按照复利方法进行计算。

4. 名义利率和实际利率

在项目评估中,一般是将 1 年作为计息期计算复利,即每年计息 1 次,复利率就是年利率。但是实践中,计息期也可以为半年、季度、月或者是日,因此计息次数会多于利息周期 1 年。当计息周期与利率周期不一致时,就有了名义利率与实际利率之分。

一般地,我们把年利率称为名义利率,用 r 表示;按利率周期内实际的复利计算出的利率称为实际利率,用 i 表示。实际利率与复利计算周期有关,设 1 年中计息 m 次,则每次计息的利率为 r/m,若本金为 P,则年末的本利和为:

$$F = P\left(1+\frac{r}{m}\right)^m$$

利息为:
$$I = F-P = P\left(1+\frac{r}{m}\right)^m - P$$

实际利率为:
$$i = \frac{I}{P} = \frac{P\left(1+\frac{r}{m}\right)^m - P}{P} = \left(1+\frac{r}{m}\right)^m - 1 \qquad (3.3)$$

结论是:名义利率与实际利率有一定的数量关系,当复利计算次数多于利率周期时,实际利率高于名义利率。在进行经济评价时,就要注意两者的关系,否则会导致不正确的结论。

第二节　资金时间价值的换算与复利系数

一、资金时间价值的换算

一个项目往往是投资在前,一系列收支发生在后。为了进行收支对比,计算经济效益,必须把不同时间点的收支额,按一定的资金时间价值率,换算成同一时间点上的价值,只有同一个时间点的价值才能进行比较,从而得出正确的结论。将不同时间点上的价值换算成同一时间点价值的过程就是资金时间价值换算。为了正确地进行经济评价,首先就要对项目计算期内各时间点上产生的现金流量进行时间价值换算。

资金时间价值的换算方法有三种:

(1) 现值计算,即将某一将来值换算成较早时间点(不一定是现在时间)价值。

(2) 终值计算,即把较早时间点的收支换算成以后时间点的价值。

(3) 年值计算,即把任意时间点上的价值换算成一系列相等的年相当值的过程。

实际上无论是哪一种计算,都需要计算现在值和将来值之间的差额即复利利息。两者关系可表示如下:

$$现在值＋复利利息＝将来值$$

$$\downarrow \qquad\qquad\qquad\qquad \downarrow$$

$$现值 \qquad\qquad\qquad 终值$$

由于计算复利利息的条件非常复杂,计算过程非常繁琐,为了应用方便,人们推导了若干个常用的复利计算基本公式,并计算了常用复利系数值,编成复利系数表以供查阅。

二、复利系数

基本的复利系数名称有很多,但是国际上一般通用的是美国工程教育协会工程经济分会所规定的系数名称和专门符号。具体见表3-1所示。

表3-1 复利系数的名称、符号与计算公式

复利系数名称	符 号	复利系数
一次支付终值系数	$(F/P,i,N)$	$(1+i)^N$
一次支付现值系数	$(P/F,i,N)$	$\dfrac{1}{(1+i)^N}$
等额支付终值系数	$(F/A,i,N)$	$\dfrac{(1+i)^N-1}{i}$
等额支付投入基金系数	$(A/F,i,N)$	$\dfrac{i}{(1+i)^N-1}$
等额支付现值系数	$(P/A,i,N)$	$\dfrac{(1+i)^N-1}{i(1+i)^N}$

复利系数名称	符　号	复利系数
等额支付序列资金回收系数	$(A/P,i,N)$	$\dfrac{i(1+i)^N}{(1+i)^N-1}$
等额递增(减)序列终值系数	$(F/G,i,N)$	$\dfrac{1}{i}\left[\dfrac{(1+i)^N-1}{i}-N\right]$
等额递增(减)序列现值系数	$(P/G,i,N)$	$\dfrac{1}{i}\left[\dfrac{(1+i)^N-1}{i(1+i)^N}-\dfrac{N}{(1+i)^N}\right]$
等额递增(减)转换系数	$(A/G,i,N)$	$\dfrac{1}{i}-\dfrac{N}{(1+i)^N-1}$

基本符号含义如下：

F——终值(Future Value)或未来值，是发生在某一个时间序列终点的现金价值；

P——现值(Present Value)，是发生在某一时间序列起点的现金价值；

A——年值或年金(Annuity)，是发生在某一时间序列中各个期末的等额的价值量；

G——等差额(Gradient Arithmetic)，是等额递增或递减的现金流量；

i——实际利率；

N——计算复利的周期。

在利用复利系数公式进行时间价值换算时的基本公式为：

$$已知值 \times 复利系数 = 所求值$$

第三节　复利系数计算公式及应用

项目经济评价的核心就是对不同时点的现金流量进行等值计算，正确的计算是正确地进行单方案评价和多方案比选的前提。因此，对现金流量的等值计算必须熟练掌握。

一、一次支付终值系数

一次支付的终值系数是指在期初投入一笔本金 P(现值)，年利率为 i，求 N 期末的终值 F。用现金流量图表示如下：

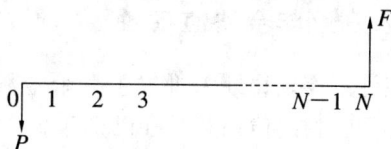

根据复利计算的基本公式可以得到：

$$F = P(1+i)^N$$

因此，一次支付的终值系数公式为：$F/P = (1+i)^N$ (3.4)

记作：$(F/P, i, N)$。

根据上述公式，可推算出现值1元钱在不同利率和不同年数时将来值的大小。这样就可以编制复利系数表，通过查复利系数表即可得到不同条件下的系数值。复利系数表见附录一。

例3.1 已知现有一笔存款 1 000 元，设 $i=3\%$，第 3 年末可取回多少？

解：$F = P(1+i)^N$

$$= 1\,000(F/P, 3\%, 3)$$

通过查表知：

$(F/P, 3\%, 3) = 1.109\,3$

$F = 1\,000 \times 1.109\,3 = 1\,109.3\,(\text{元})$

二、一次支付现值系数

一次支付的现值系数是指已知资金在未来时点上的终值 F，利率 i，计息期为 N，求现值。

由公式(3.4)得：

$$P = \frac{F}{(1+i)^N}$$

一次支付的现值系数公式为：

$$P/F = \frac{1}{(1+i)^N} \qquad (3.5)$$

记作：$(P/F, i, N)$。

例3.2 已知 $i=10\%$，一笔 3 年后的金额为 665.5 元，求现值。

解：$P = F(P/F, i, N)$

$$= 665.5(P/F, 10\%, 3)$$

$$= 665.5 \times 0.751\,3$$

$$= 500\,(\text{元})$$

三、等额支付终值系数（年金终值系数）

等额支付序列是指在计息期内每期末都发生一个金额相同的支付，该相同金额称为年金或年等值。等额支付终值系数是在已知年金为 A，利率为 i 的条件下，求 N 期末的终值 F，又称之为年金终值系数。

其现金流量图如下所示：

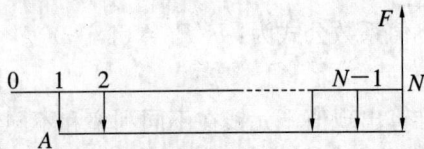

F 为每期的年金在 N 期末的终值之和，根据一次支付的终值系数可得：

$$F = A + A(1+i) + A(1+i)^2 + \cdots + A(1+i)^{N-2} + A(1+i)^{N-1}$$

$$= A[1 + (1+i) + (1+i)^2 + \cdots + (1+i)^{N-2} + (1+i)^{N-1}]$$

求和之后得：

$$F = A \frac{(1+i)^N - 1}{i}$$

公式为：

$$F/A = \frac{(1+i)^N - 1}{i} \tag{3.6}$$

记作：$(F/A, i, N)$。

例 3.3 某人每年年末存款 10 000 元，年利率为 3%，问到第 6 年年底时的总值为多少？

解：$F = A(F/A, i, N)$

$$= 10\,000(F/A, 3\%, 6)$$

$$= 10\,000 \times 6.468$$

$$= 64\,680(元)$$

四、等额支付投入基金系数

等额支付投入基金系数又被称为偿债基金、积累基金，是在已知 N 年末的 F，利率 i 的条件下，求 N 期内每期末的等额系列金额 A。

由公式(3.6)可以得到：

$$A = F \frac{i}{(1+i)^N - 1}$$

公式为：

$$A/F = \frac{i}{(1+i)^N - 1} \tag{3.7}$$

记作：$(A/F, i, N)$。

例 3.4　某人计划 3 年后进行一项投资，需 10 000 元，为此决定从今年起每年提存等额年金，作为专用基金存入银行，若利率为 3%，每年应提存年金多少？

解：$A = F(A/F, i, N)$

$\qquad = 10\,000(A/F, 3\%, 3)$

$\qquad = 10\,000 \times 0.32\,35$

$\qquad = 3\,235(元)$

五、等额支付现值系数

等额支付现值系数，又称为年金现值系数，是已知 N 期内每期末等额金额 A，利率 i，求现值 P。用现金流量图表示如下：

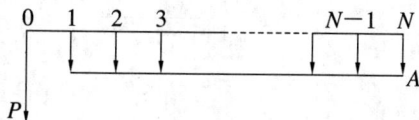

求 P 的值有两种方法：

（1）将每年年金按 $(P/F, i, N)$ 折成现值，再求和。

（2）利用等额支付的终值系数 $(F/A, i, N)$ 将年金折成终值，再由一次支付的现值系数 $(P/F, i, N)$ 折成现值。

第 2 种方法直接简单，可以推导出等额支付现值系数公式：

$P = A(F/A, i, N) \times (P/F, i, N)$

$\quad = A\dfrac{(1+i)^N - 1}{i} \times \dfrac{1}{(1+i)^N}$

$\quad = A\dfrac{(1+i)^N - 1}{i(1+i)^N}$

公式为：

$$P/A = \frac{(1+i)^N - 1}{i(1+i)^N} \tag{3.8}$$

记作：$(P/A, i, N)$。

例 3.5 若 $A = 1\,000$ 元,发生在连续 5 年的年末,$i = 3\%$,求现值 P。

解:

$$
\begin{aligned}
P &= A(P/A, i, N) \\
&= 1\,000(P/A, 3\%, 5) \\
&= 1\,000 \times 4.579\,7 \\
&= 4\,579.7(\text{元})
\end{aligned}
$$

六、等额支付序列资金回收系数

等额支付序列资金回收系数是指在已知现值 P,利率 i 的条件下,求 N 期内每年期末的等额现金值。

根据等额支付序列现值系数公式

$$P = A(P/A, i, N)$$

可以直接推导出:

$$
\begin{aligned}
A &= P \times \frac{1}{(P/A, i, N)} \\
&= P \times \frac{i(1+i)^N}{(1+i)^N - 1}
\end{aligned}
$$

公式为:

$$A/P = \frac{i(1+i)^N}{(1+i)^N - 1} \tag{3.9}$$

记作:$(A/P, i, N)$。

例 3.6 某企业向银行借款 150 000 元购置一台设备,年利率为 12%,协议规定本息在 5 年内等额偿还,求每年的偿还金额。

解:

$$
\begin{aligned}
A &= P(A/P, i, N) \\
&= 150\,000(A/P, 12\%, 5) \\
&= 150\,000 \times 0.277\,4 = 41\,610(\text{元})
\end{aligned}
$$

七、等额递增(减)序列终值系数

在经济问题中,每年以一定数量增加或减少的现金流量是常见的。例如机器设备的有形磨损等,这时若干个等额递增或递减的现金流量就成为等额递增(减)序列,N 年的收支额可依次表示:$A, A+G, A+2G, A+3G, \cdots, A+(N-1)G$。$G$ 为递增(减)量,又称为等差额。以递增序列为例,它的现金流量如下图:

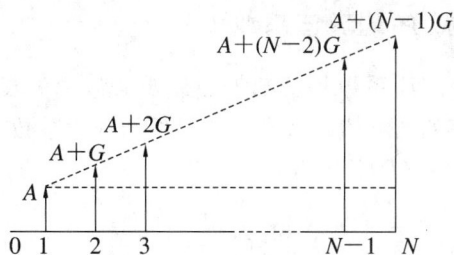

在计算这种支付序列的现值、终值和年值时,可以将上图中的一个现金流量拆分为两个现金流量序列 a 和 b,分别进行计算,然后再汇总,这样就可以将问题简化。如下图所示:

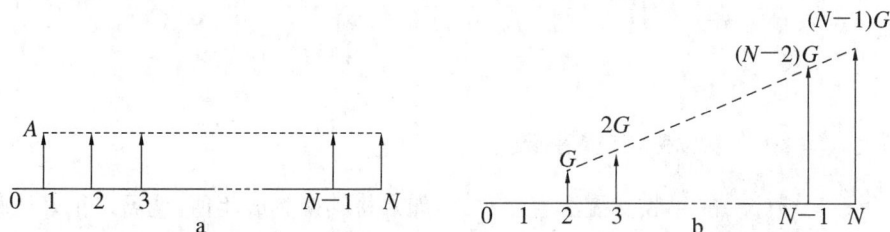

以下所进行的公式推导是针对 b 图中的等差量 G 进行的。

已知一个递增支付序列,等差额为 G,折现率为 i,计算期为 N。对每个增量的现金流量求终值,得:

$$F = G(1+i)^{N-2} + 2G(1+i)^{N-3} + 3G(1+i)^{N-4} + \cdots + (N-2)G(1+i) + (N-1)G$$

$$= [G(1+i)^{N-2} + G(1+i)^{N-3} + G(1+i)^{N-4} + \cdots + G(1+i) + G] +$$

$$[G(1+i)^{N-3} + G(1+i)^{N-4} + \cdots + G(1+i) + G] + [G(1+i)^{N-4} +$$

$$\cdots + G(1+i) + G] \cdots + [G(1+i) + G] + G$$

$$= G\left[\frac{(1+i)^{N-1}-1}{i} + \frac{(1+i)^{N-2}-1}{i} + \cdots + \frac{(1+i)^2-1}{i} + \frac{(1+i)-1}{i}\right]$$

$$= \frac{G}{i}\left[(1+i)^{N-1} + (1+i)^{N-2} + \cdots + (1+i)^2 + (1+i)^1 - (N-1)\right]$$

$$= \frac{G}{i}\left[(1+i)^{N-1} + (1+i)^{N-2} + \cdots + (1+i)^2 + (1+i)^1 + (1+i)^0 - N\right]$$

$$= \frac{G}{i}\left[\frac{(1+i)^N-1}{i} - N\right]$$

公式为:

$$F/G = \frac{1}{i}\left[\frac{(1+i)^N-1}{i} - N\right] \tag{3.10}$$

记作:$(F/G, i, N)$。

八、等额递增（减）序列现值系数

等额递增（减）序列现值系数是已知等额递增（减）量为 G，求其现值 P。公式可以由等额递增（减）序列的终值系数和一次支付的现值系数导出：

$$P = G(F/G, i, N) \times (P/F, i, N)$$

$$= G \times \frac{1}{i} \left[\frac{(1+i)^N - 1}{i} - N \right] \times \frac{1}{(1+i)^N}$$

$$= \frac{G}{i} \left[\frac{(1+i)^N - 1}{i(1+i)^N} - \frac{N}{(1+i)^N} \right]$$

公式为：

$$P/G = \frac{1}{i} \left[\frac{(1+i)^N - 1}{i(1+i)^N} - \frac{N}{(1+i)^N} \right] \tag{3.11}$$

记作：$(P/G, i, N)$。

九、等额递增（减）转换系数

等差递增（减）的年收支无法直接对比，如果将其换算成年值，就可以很好地解决这个问题。对于等差的递增（减）量而言，要换算成年金可以直接用等额递增序列的终值系数和等额支付序列的投入基金系数推导出：

$$A = G(F/G, i, N) \times (A/F, i, N)$$

$$= G \times \frac{1}{i} \left[\frac{(1+i)^N - 1}{i} - N \right] \times \left[\frac{i}{(1+i)^N - 1} \right]$$

$$= G \times \left[\frac{1}{i} - \frac{N}{(1+i)^N - 1} \right]$$

公式为：

$$A/G = \left[\frac{1}{i} - \frac{N}{(1+i)^N - 1} \right] \tag{3.12}$$

记作：$(A/G, i, N)$。

例 3.7 某企业租赁一批设备，根据合同规定，第 1 年支付租金 5 万元，以后每年递增 2 万，租期 5 年，年利率为 5%，若采用一次付款方式，第 1 年年初应付款多少？若改为第 5 年末一次付款，应付多少？

解：根据题意画出现金流量图：

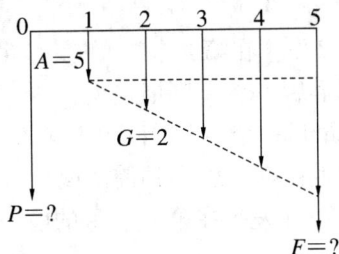

若第 1 年年初一次付款,则

$P = A(P/A,i,N)+G(P/G,i,N)$

$\quad = 5(P/A,5\%,5)+2(P/G,5\%,5)$

$\quad = 5\times4.329\,5+2\times8.237$

$\quad = 38.12(万元)$

若最后一年年末一次付款,则

$F = P(F/P,i,N)$

$\quad = 38.12\times(F/P,5\%,5)$

$\quad = 38.12\times1.276$

$\quad = 48.64(万元)$

通过对上述复利系数的推导,我们还可以发现各种复利系数之间存在一定的数量关系。首先是比较简单的倒数关系,甚至可以直接从系数符号看出来,比如:

(1) 一次支付终值系数＝1/一次支付现值系数。

(2) 等额支付终值系数＝1/等额支付投入基金系数。

(3) 等额支付现值系数＝1/等额支付序列资金回收系数。

另外也有较复杂的乘积关系,比如:

(1) 一次支付终值系数×等额支付现值系数＝等额支付终值系数。

(2) 等额支付现值系数×等额支付资金回收系数 ＝ 一次支付终值系数。

(3) 等额支付投入基金系数×$(1+N)^N$ ＝ 等额支付资金回收系数。

利用复利系数之间的数量关系,就可以在计算机的 EXCEL 程序中直接推算复利系数值,非常方便而且可以不受折现率及计算周期的限制。

这些是最基本的复利系数,在实际应用上述公式进行复利计算时,需要特别注意以下若干条件:

(1) 计算周期与复利利率的周期一致。

(2) P 发生在第一期初($t=0$),F 发生在第 N 期末($t=N$)。

(3) A 发生在连续几个周期期末,计算期数为 A 的发生次数。

(4) 等额递增序列发生在从第二期起的每个期末,计算期数为递增支付流量发生的次数加1。

(5) 当包括 P 和 A 时，P 发生在第一个 A 的前一期。

当包括 F 和 A 时，F 与最后一个 A 同期发生。

当包括 F 和 G 时，F 与最后一个 G 同期发生。

当包括 P 和 G 时，P 发生在第一个 G 的前两期。

当包括 A 和 G 时，第一个 A 发生在第一个 G 的前一期；最后一个 A 与最后一个 G 同期发生。

第四节　资金成本

我们知道，不同时点的资金时间价值不同，因此，进行投资决策时要对资金进行时间价值换算，才能正确地比较成本和收益。进行时间价值换算时，用于计算复利的时间价值率又称折现率。前面在计算资金时间价值时，采用的是计算复利的利率。其实，这不过是一种简单考虑，项目可行不可行，实际上与项目的融资结构有很大关系。折现时采用的时间价值率往往需要反映资金成本。

一、资金成本的概念与作用

1. 资金成本的概念

资金成本，也叫做融资成本，是指企业为筹集资金和使用资金而付出的代价。资金成本在企业财务管理中是一个重要概念，一个项目投资成功与否与融资阶段的活动紧密相关。投资的目的是盈利，而盈利是投资收入大于资金成本的状态。所以，资金成本是选择资金来源和确定筹资方案的重要依据。同时，资金成本也是评价投资项目、决定投资取舍的重要标准。

资金成本又可以分为广义和狭义两种。广义上讲，企业筹集和使用的资金无论是短期的还是长期的，都要付出代价。而狭义的资金成本仅指筹集和使用长期资金的成本。

从内容上来看，资金成本包括资金筹集费和资金占用费两部分。资金筹集费是指在资金筹集过程中支付的各项费用，如发行股票及债券支付的印刷费、发行手续费、律师费、资信评估费、公证费、担保费、广告费、资产评估费等。资金占用费是筹资企业因使用资金而经常发生的费用，如股息、银行利息、债券利息等。与资金占用费不同，资金筹集费通常在筹集资金时一次性发生，因此在计算资金成本时可作为筹资金额的一项扣除。

一般来讲，资金成本通常不用绝对值，而是用资金成本率表示。资金成本率是将企业资金占用费与实际筹集资金额相比得到的比率,可以方便项目的比较分析。

资金成本率用公式表示如下:

$$K = \frac{D}{P-F} \text{ 或者 } K = \frac{D}{P(1-f)} \qquad (3.13)$$

式中:K——资金成本率;

D——资金占用费;

P——筹资金额;

F——资金筹集费;

f——筹资费率,即资金筹集费占筹资金额的比率。

2. 资金成本的作用

首先,资金成本主要应用于筹资和投资方案的选择,是比较筹资方式、选择筹资方案的依据。资金成本有个别资金成本、综合资金成本和边际资金成本等几种具体形式,在不同情况下它们各自有不同的作用。

(1)个别资金成本是比较各种筹资方式优劣的一个尺度。企业筹集长期资金一般有多种方式可供选择,比如长期借款、发行债券、发行股票等等。这些长期筹资方式的个别成本是不一样的。资金成本的高低可以作为比较各种筹资方式优缺点的一个依据。

(2)综合资金成本是企业进行资金结构决策的基本依据。企业的全部长期资金通常是采用多种方式筹资组合构成,组合方案往往是多种的。综合资金成本的高低就是比较各个筹资组合方案,作为资金结构决策的基本依据。

(3)边际资金成本是比较追加筹资方案的重要依据。企业为了扩大生产经营规模,增加经营所需资产或增加对外投资,往往需要追加筹集资金,在这种情况下,边际资金成本是比较选择各个追加筹资方案的重要依据。

其次,资金成本也是评价投资项目可行性的主要经济标准。西方观点认为,资金成本是"一个投资项目必须挣得的最低收益率,以证明分配给这个项目的资金是合理的"。实际上,投资项目的预期投资收益率超过资金成本率,就意味着有利可图,该项方案在经济上就是可行的;如果预期投资收益率不能达到资金成本率,则企业盈利在支付资金成本以后将发生亏空,这种方案就不应该被采用。因此,资金成本就是用来判断投资项目是否可行的最低标准。

最后,资金成本还是评价企业经营绩效的最低尺度。从另外的一个角度来看,资金成本也是投资报酬率,是企业最低限度的投资收益率。无论一个项目的资金是如何筹集的,为补偿筹集与使用资金的成本,企业必须要实现这一最低的投资收益率。因此,在实际生产经营活动中,资金成本率的高低就成为衡量企业投资收益率的高低标准。凡是实际投资收益率低于这个水平的,则应认为经营不利,经营者必须改善经营管理。

二、资金成本的计算

在实际运用中,根据目的不同,资金成本可有多种方式。在比较各种筹资方式时,使用个别资金成本,包括普通股成本、留存盈余成本等;在进行融资结构决策时,使用加权平均资金成本;在进行追加筹资决策时,使用边际资金成本。对于不同形式的资金,其资金成本计算的方法各不相同。

1. 个别资金成本的计算

(1) 银行借款资金成本。银行借款的利息是在税前支付的,要计入税前成本费用,在应纳税所得中扣除,所以具有抵税的效应。在不考虑银行借款筹资费用的情况下,银行借款的资金成本是:

$$K_l = (1-t) \times r \qquad (3.14)$$

式中:K_l——银行借款成本;

r——银行借款利率;

t——所得税税率。

如果对项目贷款实行担保,还应将担保费率计入贷款成本中:

$$K_l = (1-t) \times (r + V_l) \qquad (3.15)$$

$$V_l = \frac{V}{P \times n}$$

式中:V_l——担保费率;

V——担保费总额;

P——企业借款总额;

n——担保年限。

在考虑筹资费用的情况下,银行借款的成本是指借款利息和筹资费用,因此资金成本还可以按照下列公式计算:

$$K_l = \frac{I(1-t)}{L(1-f)} \qquad (3.16)$$

式中:I——借款利息;

L——银行借款筹资额;

f——筹资费用率。

(2) 债券的资金成本。发行债券的成本主要指债券利息和筹资费用。债券利息的处理与银行借款利息的处理相同,应以税后的债务成本为计算依据。债券的筹资费用一般比较高,不可在计算资金成本时省略。因此,它的计算公式为:

$$K_b = \frac{I_b(1-t)}{P_b(1-f_b)}$$ (3.17)

式中：K_b——债券资金成本；

I_b——债券年利息；

t——所得税率；

P_b——债券筹资额；

f_b——债券筹资费用率。

（3）普通股的资金成本。当企业通过发行股票筹集资金时，股东是将资金以股票的形式进行了投资，并通过股利的形式获取报酬。股票分为优先股和普通股，由于两者的经济含义不同，计算方法也不相同。

普通股成本属于权益资金成本。权益资金的资金占用费是向股东分派的股利，而股利是以所得税后净利支付的，不能抵减所得税，所以权益资金成本与前述两种债务资金成本的显著区别就在于计算时不扣除所得税的影响。计算普通股的资金成本，通常的方法有：评价法和资本资产定价模型法。

按照评价法，计算公式为：

$$K_C = \frac{D_C}{P_C(1-f_C)} + G$$ (3.18)

式中：K_C——普通股资金成本；

D_C——预期年股利额；

P_C——普通股筹资额；

f_C——普通股筹资费用率；

G——普通股利年增长率。

按照资本资产定价模型法，公式为：

$$K_C = R_F + \beta(R_m - R_F)$$ (3.19)

式中：R_F——无风险报酬率；

β——股票的贝他系数；

R_m——平均风险股票必要报酬率。

（4）优先股的资金成本。优先股的特点是其股利的发放是以固定比例先于普通股股东发放的。其计算公式为：

$$K_P = \frac{D_P}{P_P(1-f_P)}$$ (3.20)

式中：K_P——优先股资金成本；

D_P——年支付优先股股利；

P_P——企业实收优先股股金；

f_P——优先股筹资费用率。

（5）留存盈余成本。留存盈余是指企业未以股利等形式发放给投资者而保留在企业的那部分盈利,包括盈余公积和未分配利润。

留存盈余的成本涉及到机会成本原理。公司在交纳税金和实际支付优先股股利后的剩余收益属于普通股股东。公司可能将其净收益以发放股利的形式分派给股东,也可留存充做股本再投资。如果这部分收益被留存到企业,就形成了留存盈余,机会成本也随之发生了:股东们本来可以分得应得的股利金额,然后把它投资于股票、债券等项目,获取收益。这样,留存盈余的存在是以股东放弃这些盈利机会为前提的。所以,留存盈余实质上相当于股东对公司的追加投资。

股东将留存盈余留用于公司,是想获得投资报酬,所以留存盈余也有资金成本,即股东失去的向外投资的机会成本。留存盈余的成本也取决于股东对普通股要求的报酬率。它与普通股成本的计算基本相同,只是不考虑筹资费用,留存盈余成本的计算方法不止一种,按照股票收益率加增长率方法,计算公式为:

$$K_r = \frac{D_C}{P_C} + G \tag{3.21}$$

式中：K_r——留存盈余成本;

其他符号意义同前。

2. 综合资金成本的计算

综合资金成本是整个融资方案的总资金成本,由于项目的资金筹措一般采用多种方式,因此,综合资金成本应该以个别资金成本的计算为基础。综合资金成本一般是以各种资金占全部资金的比重为权数,对个别资金成本进行加权平均确定,故又称加权平均资金成本。计算公式为:

$$K_w = \sum_{i=1}^{n} W_i K_i \tag{3.22}$$

式中：K_w——加权平均资金成本;

W_i——第 i 种资金来源占总资金的比重;

K_i——第 i 种资金来源的资金成本;

i——资金来源种类,范围是:1,2,3,…,n。

个别资金占全部资金的比重,不仅可以按照筹资额的多少确定(这样确定的权数称为账面价值),还可以按市场价值或目标价值确定,分别称为市场价值权数和目标价值权数。

市场价值权数是指债券、股票以市场价格确定的权数。这样计算的综合资金成本能反映企业目前的实际情况。同时,为弥补证券市场价格变动频繁的不利影响,也可选用平均价格。

目标价值权数是指债券、股票以未来预计的目标市场价值确定的权数。这种权数能体现期望的资本结构,而不是像账面价值权数和市场价值权数那样只反映过去和现在的资本结构。所以,按目标价值权数计算的综合资金成本更适合于企业筹措新资金。然而,企业很难客观合理地确定证券的目标价值,又使这种计算方法不易推广。

如果企业全部长期资金由银行借款、优先股和普通股构成,则公式(3.22)可写成:

$$K_W = W_l \times K_l + W_P \times K_P + W_C \times K_C \tag{3.23}$$

W_l、W_P、W_C 分别为负债融资、优先股融资和普通股融资占长期资金筹资总额的比重。

3. 边际资金成本的计算

边际资金成本是企业追加筹资的成本。企业在追加筹资和追加投资的决策中必须考虑边际资金成本的高低。

企业追加筹资,有时可能只采用某一种筹资方式。但是在筹资数额较大,或者在目标资金结构既定的情况下,则需通过多种筹资方式的组合来实现,这时边际资金成本需要按加权平均法来计算,其权数必须为市场价值权数,而不应采用账面价值权数。

例3.8　某公司目标资金结构为:债务 0.2,优先股 0.05,普通股权益(包括普通股和留存收益)0.75。现拟追加筹资 300 万元,仍按此资金结构来筹资。个别资金成本预计分别为债务 7.50%,优先股 11.80%,普通股权益 14.80%。按加权平均法计算追加筹资 300 万元的边际资金成本如表 3-2 所示。

表 3-2　边际资金成本计算表

资金种类	目标资金结构	追加筹资市场价值(万元)	个别资金成本(%)	加权平均边际资金成本(%)
债务	0.20	60	7.50	1.500
优先股	0.05	15	11.80	0.590
普通股权益	0.75	225	14.80	11.100
合计	1.00	300	—	13.190

复习思考题

1. 某人为其 0 岁的儿子购买了某种保险,投保 25 年,每年交保费 2 580 元。不考虑其他保险责任,孩子可分别在以下几个阶段获得教育金:12 周岁领取 3 000 元,15 周岁领取 4 500 元,18 周岁领取 7 500 元,25 周岁领取 15 000 元。另外,从小孩 60 周岁起,每年可领取 3 900 元的养老金。这样,可以从保险公司处领回 127 500 元,要远大于投保人支付的 64 500 元。仅从这一点来看,投保是划算的。这种观点正确吗?应该怎样计算?

2. 某公司向银行借款 30 万元,偿还期为 10 年,年利率为 10%,按复利计息。现有四种偿还方案:
   (1) 每年末偿还 3 万元本金和所欠利息;
   (2) 每年末只偿还利息,第 10 年末一次还清本金;
   (3) 在 10 年中每年末等额偿还;
   (4) 在第 10 年末一次还清本息。
   试计算各种还款方案中该公司还本付息的总金额。

3. 某工厂新建一工业项目,第一年投资额 1 000 万元,第 2 年投资额 1 500 万元,第 3 年投资额 2 000 万元。其中第 2 年和第 3 年的投资是银行借款,年利率为 10%。该项目从第 3 年起开始获利,并偿还借款,10 年内每年末净利润 1 000 万元,银行借款分 5 年等额偿还。那么每年应偿还银行多少万元?并画出企业的现金流量图。

第四章 项目财务预测与估算

项目经济效益分析的核心是计算各类经济指标,因此,进行项目经济评价之前,要在充分的调查分析基础上,对所需基础数据进行预测和估算。财务数据估计是否合理并准确将直接影响项目评估的质量。

从评估的程序来看,基础数据预测与估算主要有三部分工作:第一部分是对建设期投资估算及资金筹措与使用计划的评估;第二部分是对项目生产经营过程中的成本费用与效益的估算;第三部分是将上述数据归集并编制成若干基本财务报表,为进行项目经济指标计算提供基础。

从预测与估算内容的角度来看,则主要有投资预测与估算、资金筹措的估算、成本费用的估算以及编制基本财务报表四个方面的内容。

第一节　投资的预测与估算

项目的投资是投资项目在筹建期、建设期和生产期所发生的全部投资费用,由建设期的固定资产投资和项目建成投产后所需的流动资金两大部分组成。根据国家对投资规模控制的要求,计算投资规模的项目总投资,是固定资产投资和铺底流动资金(30%的流动资金)之和。而计算项目投资需要量和投资效益的项目总资金,是固定资产投资和全部流动资产之和,需要分别列出,以免混淆。

一、固定资产投资的预测与估算

1. 固定资产投资的构成

固定资产投资是为形成项目固定资产所花费的全部费用,按照费用的性质,可以划分为工程费用、工程建设其他费用、预备费和建设期借款利息等。其中工程费用又可分为建筑工程费、设备及工器具购置费和安装工程费三项。

根据国家关于对固定资产实行静态控制、动态管理的要求,固定资产投资又分为静态部分和动态部分。静态部分包括:建筑工程费、设备及工器具购置费、安装工程费、工程建设其他费用以及基本预备费;动态部分包括:涨价预备费和建设期借款利息。见表4-1。

表4-1　建设投资估算表

序号	名　　称	估算结算	
		人民币	其中:外币
1	项目总投资		
1.1	固定资产投资		
1.1.1	静态投资部分		
	建筑工程费		
	设备及工器具购置费		
	安装工程费		
	工程建设其他费用		
	基本预备费		
1.1.2	动态投资部分		
	涨价预备费		
	建设期利息		
1.2	铺底流动资金		
2	项目总资金		
2.1	固定资产投资总额		
2.2	全部流动资金		

2. 固定资产投资的估算

表4-1归集了固定资产投资各项的估算结果。

(1) 建筑工程费。建筑工程是指矿建工程和土建工程,包括房屋建筑、设备基础、大型土石方和场地平整以及特殊构筑物工程等。建筑工程费用的估算一般是根据设计方案提供的工程内容,按照各种概算指标计算。计算公式为:

$$建筑工程费=单位工程概算指标×单位工程的工程量×修正系数$$

建筑工程概算指标是指各单位工程结合项目特征,按照房屋以平方米为计量单位,或建筑物以座为计量单位,其他各专业工程根据不同工程性质确定其计量单位,规定所需要的人工、材料、施工机械台班消耗的一种标准。

(2) 设备及工器具购置费。设备及工器具购置费是由设备购置费和工器具、生产家具购置费组成,是固定资产投资中的重要组成部分。它的估算可分为国内设备购置费、进口设备购置费、融资租赁设备费及工具、器具购置费估算。

国内设备购置费的估算。国内设备购置费为设备原价加设备运杂费,计算公式为:

$$国内设备购置费=设备原价×(1+运杂费率)$$

进口设备购置费的估算。进口设备购置费为进口设备货价加进口费用及国内段运杂费,计算公式为:

$$进口设备购置费=设备离岸人民币货价+进口费用+到岸价人民币货价×国内运杂费率$$

其中:

$$进口费用=国外运费+运输保险费+银行财务费+外贸手续费+关税+增值税+消费税+海关监督手续费+车辆购置附加费$$

$$国外运费=原币货价×运费率$$

$$运输保险费=(原币货价+国外运费)×保险费率$$

$$银行财务费=人民币货价(FOB)×银行财务费率(一般为0.4\%～0.5\%)$$

$$外贸手续费=(离岸货价+国外运费+运输保险费)×外贸手续费率(一般为1.5\%)$$

$$关税=到岸价×进口关税税率$$

$$增值税=组成计税价格×增值税率=(关税完税价格+关税+消费税)×增值税率$$

$$消费税=应纳税消费品的数量×消费税单位税额$$

$$海关监督手续费=到岸价人民币货价×海关监管手续费率(一般为0.3\%)$$

车辆购置附加费＝(到岸价人民币货价＋关税＋消费税＋增值税)×
进口车辆购置附加费率

融资租赁设备费的估算。融资租赁设备费是建设项目固定资产投资的组成部分,按照租赁协议确定的设备价款并考虑运输费、途中保险费、安装调试费等因素进行估算。

工器具购置费的估算。一般以设备购置费为计算基数,按照部门或行业的规定费率进行计算,计算公式为:

工器具购置费＝设备购置费×工器具及生产家具费率

(3) 安装工程费。安装工程费由设备及室内外管线安装等费用组成。一般采用占安装设备价值的百分比指标(安装费率)或概算指标进行计算;管线安装工程费可以按工程量和概算指标进行估算或按单位造价指标进行估算。计算公式为:

安装工程费＝设备原价×安装费率
或安装工程费＝设备吨位×每吨设备安装费

(4) 工程建设其他费用。工程建设其他费用是根据有关规定应在投资中支付,并列入建设项目总造价或单项工程造价的费用。主要包括如下几项:

土地征用费及土地使用权出让金。需要按照工程所在省、市、自治区人民政府颁布的土地管理有关规定及费用标准计算。

建设单位管理费。是建设单位为进行项目筹建、建设、联合运转、验收总结等工作所发生的管理费用。计算公式为:

建设单位管理费＝工程费×费用率指标

勘察设计费。包括为项目建设编制项目建议书、可行性研究报告、初步设计和施工图文件等所需的咨询评估、设计、施工图预算编制、研究实验等所需的费用。按照有关收费标准计算。

研究实验费。是指为建设项目提供和验证设计参数、数据、资料等所进行的必要的实验费用以及设计规定在施工中必须进行实验、验证所需费用。这项费用按照设计单位根据本工程项目的需要提出的研究实验内容和要求计算。

建设单位临时设施费。是指建设期间建设单位所需临时设施的搭设、维修、摊销或租赁费用。这项费用是按照建筑安装工程费用的百分比计算的。

工程监理费。是指建设单位委托工程监理单位对工程实施监理工作所需的费用。一般情况应按工程建设监理收费标准计算,即占所监理工程概算或预算的百分比计算。

工程保险费。是指建设单位在建设期间向保险公司投保建筑安装工程险的费用。需要根据不同的工程类别,分别以其建筑、安装工程费乘以建筑、安装工程保险费率计算。

工程承包费。是指具有总承包条件的工程公司,对工程建设项目从开始建设到竣工投产全过程的总承包所需的管理费用。该费用按国家主管部门或省、自治区、直辖市协调规定的工程总承包费取费标准计算。若无规定时,一般工业建设项目为投资估算的6%~8%,民用建筑和市政项目为4%~6%,不实行承包的项目不计算本项费用。

供电贴费。是指建设单位申请用电或增加用电容量时,按国家规定应向供电部门交纳,由供电部门统一规划并负责建设的110千伏及以下各级电压外部供电工程建设和改造等费用的总称。按照工程项目所在地供电部门现行规定计算。

施工机构迁移费。是指施工机构由建设单位指定承担施工任务,由原驻地迁移到工程所在地发生的往返一次性搬迁费用。这项费用按照建筑安装工程费的0.5%~1%计算。

引进技术和进口设备其他费用。主要包括出国人员费用、国外工程技术人员来华费用、技术引进费、分期或延期付款利息、担保费以及进口设备检验鉴定费。

联合试运转费。是指建设项目在竣工验收前,按照设计规定的工程质量标准,对整个车间进行无负荷或有负荷联合试运转所发生的费用支出大于试运转收入的差额费用和必要的工业炉烘炉费用。一般根据项目性质按需要试运转车间的工艺设备购置费的百分比计算。

生产职工培训费。包括培训人员和提前进厂人员的工资、工资附加费、各种补贴、差旅费、实习费和劳动保护费等。这项费用要根据需要培训和提前进厂人员的人数及培训时间,按生产准备费指标进行估算。

办公及生活家具购置费。是指为保证建设项目初期正常生产、生活和管理所必须补充的办公和生活家具、用具费用。这项费用按照设计定员人数乘以综合指标计算,一般为600~800元/人。

(5) 预备费用。预备费是在投资估算时用于处理实际与计划不相符而追加的费用,包括基本预备费和涨价预备费两个部分。

基本预备费是指在初步设计和概算中难以预料的费用,例如自然灾害造成的损失等。一般以工程费用和其他费用之和为计算基数,乘以基本预备费率进行计算。基本预备费率由国家及有关部门规定。

涨价预备费是指从估算年到项目建成期间内,预留的因物价上涨而引起的投资费用增加数额。一般根据国家规定的投资综合价格指数,按估算年份价格水平的投资额为基数,采用复利方法计算。计算公式为:

$$PF = \sum_{t=1}^{n} I\left[(1+f)^{m+t+1} - 1\right] \tag{4.1}$$

式中：PF——涨价预备费；

n——建设期年数；

m——估算年到项目开工年的间隔年数；

I_t——建设期内第 t 年的用款额，包括工程费用、其他费用及基本预备费；

f——年投资价格上涨指数。

（6）建设期利息。此项按照项目可行性研究报告中的项目建设资金筹措方案确定的初步贷款意向规定的利率、偿还方式和偿还期限计算。在国外借款利息的计算中，还应包括国外贷款银行根据贷款协议向借款方以年利率的方式收取的手续费、管理费、承诺费，以及国内代理机构经国家主管部门批准的以年利率的方式向借款单位收取的转贷费、担保费、管理费等资金成本费用。

3. 固定资产投资额的归集

根据资本保全的原则和企业资产划分的有关规定，投资项目在建成交付使用时，项目投入的全部资金分别形成固定资产、无形资产、递延资产和流动资产。为了保证项目财务评价中的折旧、摊销、税金等项目计算的准确性，必须对固定资产投资形成的三类资产进行合理的归类。根据规定，各类资产的划分标准及其价值构成如下：

（1）固定资产。指使用期限超过 1 年，单位价值在规定标准以上（或单位价值虽然低于规定标准，但属于企业的主要设备等），在使用过程中保持原有实物形态的资产，包括房屋及建筑物、机器设备、运输设备、工器具等。

经济评估中可将建设工程费、设备及工器具购置费、安装工程费及应分摊的待摊投资计入固定资产原值，并将建设期利息计入固定资产原值。

待摊投资是指工程建设其他费用中，除应计入无形资产和递延资产以外的全部费用，包括土地征用及迁移补偿费、建设单位管理费、勘察设计费、研究试验费、建设单位临时施工费、工程监理费、工程保险费、工程承包费、供电贴费、施工迁移费、引进技术和进口设备其他费用、联合试运转费、办公及生活家具购置费、预备费、建设期利息、投资方向调节税等。

（2）无形资产。指企业长期使用但是没有实物形态的资产，包括专利权、商标权、土地使用权、非专利技术、商誉等。它们通常代表企业所拥有的一种法定权或优先权，或者说是企业具有的高于平均水平的获利能力。无形资产是有偿取得的资产，对于购入或者按法律取得的无形资产，一般都予以资本化，并在收益期内分期摊销。

项目经济评估中，可将工程建设其他费用中的土地使用权转让费、技术转让费等计入无形资产。

（3）递延资产。指不能计入工程成本，应当在生产经营期内分期摊销的各项递延费用。包括开办费和以经营租赁方式租入的固定资产改良工程支出等。项目经济评估中，可将工程建设其他费用中的生产职工培训费、样品样机购置费及农业项目中的农业开荒费等计入递延资产价值。

固定资产投资构成及资产形成如图 4 - 1 所示。

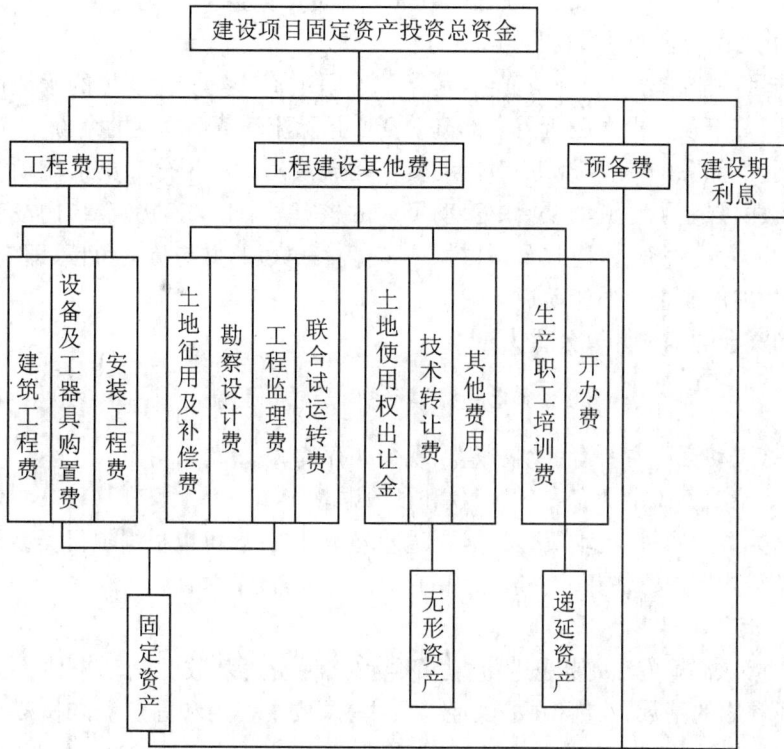

图 4 - 1　一般工业项目固定资产投资构成与资产形成图

二、流动资金的预测与估算

（一）流动资金的构成

流动资金是指建设项目投产后为维持正常生产经营活动所必不可少的周转资金。项目建成投产后，由于生产经营的需要，必须有一定量的流动资金维持其周转，如用于购买原材料、燃料、动力等劳动对象，支付职工工资及生产中以周转资金形式被占用在在产品、产成品上的资金。从采购到生产，再到销售，流动资金在项目生产经营过程中的各个环节上不断地改变其自身的实物形态，其价值也随着实物形态的变化从原材料等转移到产品中去,并随着销售收入的实现而得到回收。

具体而言,流动资金有以下几种:

储备资金,指储备的各种原材料、燃料、包装物、低值易耗品、委托加工材料和在途材料等。

生产资金,指在生产的各项在产品、自制半成品和待摊费用。

成品资金,指库存待售的产成品。

结算及货币资金,即发出商品、结算资金和货币资金。

(二)流动资金的估算

在项目评估中考虑的流动资金,是伴随着固定资产投资而发生的永久性流动资产投资,等于项目投产后所需全部流动资产扣除流动负债之后的余额。

根据现行的财务制度规定,对流动资金构成及用途的划分突出了流动资产核算的重要性,强化了对流动领域中流动资产的核算,因此,流动资金结构按变现快慢顺序划分为货币资金、应收及预付款项和存货三大块,并与流动负债(即应付、预收账款)相加形成企业的流动资产。

流动资金的基本计算公式为:

$$流动资金=流动资产-流动负债$$

其中,流动资产主要有:应收账款、现金和存货。

流动负债主要有:应付账款和预收账款。

不同类型的项目,流动资金的需要量差异很大,一般可以根据项目类型及同类项目的经验数据进行估算。一般采用的估算方法有以下两种:

1. 扩大指标估算方法

扩大指标估算方法是指按照流动资金占某种费用基数的比率来估算流动资金。一般常用的基数有:销售收入、经营成本、总成本费用和固定资产投资等。多适用于项目初选阶段。基本计算公式是:

$$流动资金额=计算基数×基数指标资金率$$

2. 分项详细估算法

分项详细估算法是国际上通行的估算方法,是按各类流动资金分项估算,然后加总。这种方法的关键是企业每日平均生产消耗量和定额最低周转天数或周转次数。因此,必须事先计算出产品的生产成本和各项成本年费用消耗量,然后分别估算出流动资产和流动负债的各项费用构成,以此为基础,求得项目所需年流动资金额。流动资金估算表的完成要以总成本费用估算表为基础。

基本的流动资金计算公式如下:

$$流动资金＝流动资产－流动负债$$
$$流动资产＝现金＋应收和预付账款＋存货$$
$$流动负债＝应付账款＋预收账款$$
$$流动资金本年增加额＝本年流动资金－上年流动资金$$

流动资产和流动负债的具体项目按以下公式进行估算。

（1）现金的估算。

$$现金＝\frac{年工资及福利费＋年其他费用}{周转次数}$$

$其他费用＝制造费用＋管理费用＋财务费用＋销售费用－$
　　　　以上四项中包含的工资及福利费、折旧费、摊销费、修理费和利息支出

$$周转次数＝\frac{360\ 天}{最低需要周转天数}$$

（2）应收（预付）账款的估算。

$$应收账款＝\frac{年经营成本}{周转次数}$$

（3）存货的估算。

$$存货＝外购原材料、燃料＋在产品＋产成品$$

$$外购原材料、燃料＝\frac{年外购原材料、燃料费用}{周转次数}$$

$$在产品＝\frac{外购原材料、燃料＋动力费用＋年工资及福利费＋年修理费＋年其他制造费用}{周转次数}$$

$$产成品＝\frac{年经营成本－销售费用}{周转次数}$$

（4）应付（预收）账款的估算。

$$应付账款＝\frac{年外购原材料、燃料动力和商品备件费用}{周转次数}$$

估算流动资金时应注意以下几个问题：① 在采用分项详细估算方法时，需要分别确定现金、应收账款、存货和应付账款的最低周转天数。在确定周转天数时，要根据实际情况，并考虑一定的保险系数。对于存货中的外购原材料、外购燃料要区分品种和来源，考虑运输方式和运输距离等因素。② 不同生产负荷下的流动资金是按不同生产负荷时的各项费用金额分别按照给定的公式计算得来的，而不能按100％负荷下的流动资金乘以负荷百分数求得。③ 流动资金属于长期性资金，

流动资金的筹措可以通过长期负债和资本金方式解决,流动资金的借款部分的利息应计入财务费用,在项目计算期末收回流动资金时,再偿还流动资金借款。

(5) 铺底流动资金的估算。流动资金一般应在投产前开始筹措。根据国家要求,新建、扩建和技术改造项目,必须将项目建成投产后所需的30%铺底流动资金列入投资计划,铺底流动资金不落实的,国家不予批准立项,银行不予贷款。项目评估中流动资金也仅以30%进入评估程序。

$$铺底流动资金 = 流动资金 \times 30\%$$

铺底流动资金是计算项目资本金的重要依据,也是国家控制项目投资规模的重要指标。根据国家现行规定,国家控制投资规模的项目总投资包括固定资产投资和铺底流动资金,并以此为依据计算项目资本金比例。

$$项目资本金最低需要量 = 项目总投资 \times 国家规定的最低资本金比例$$

第二节　资金筹措方案的分析与评估

按期足额投入资金是保证项目顺利实施的基本前提,因此,确定了项目投资所需资金总量以后,还要对项目资金的来源、筹集方式、筹资风险及资金使用计划等进行合理性、可靠性的评估,目的是保障项目对资金的需求和使用。

一、资金筹措的分类

资金筹措即融资,是通过一定的信用手段为项目筹集投资所需资金的经济活动。融资根据不同的标准,可以有不同的分类,主要有:

(1) 按照融资期限的长短,分为长期融资和短期融资。长期融资是指企业为满足固定资产、无形资产等长期投资资金的需求而筹集的,使用期限在1年以上的融资。通常采用吸收直接投资,发行股票、长期债券或长期借款等方式进行融资。短期融资是指企业为满足季节性或临时性资金需求而筹集的,使用期限在1年以内的融资。通常是通过商业信用、短期借款和商业票据等方式进行融资。

在项目经济评价中主要考虑长期融资。

(2) 按照融资的性质,分为权益融资和负债融资。权益融资是投资者以所有者身份提供资金所进行的融资。权益融资形成的是企业的所有者权益和项目的资本金。国务院(国发〔1996〕35号)《关于固定资产投资项目试行资本金制度的通知》规定,国内投资建设的项目必须按照国务院的规定实行资本金制度。因此,权益融资在我国项目融资中带有强制性。负债融资是指通过负债形式筹集项目所需资金的融资。负债融资是建设项目资金筹措的重要形式。国家计划委员会(计建设[1996]673号文)《关于实行建设项目法人负责制的暂行规定》要求,项目法人必须承担为建设项目筹集资金,并为负债融资按时还本付息的责任。

(3) 按照负债融资的信用基础,可以分为主权信用融资、企业信用融资和项目融资。

主权信用融资是以国家主权信用为融资所依托的信用基础进行的融资。信用评级理论认为,国家是最高的信用主体,以国家主权为依托进行的融资,风险最低,利率也较低。我国改革开放以来许多重点建设项目在筹集外资的时候都是以国家财政和金融部门提供的信用为担保。

企业信用融资是企业以自身的信用为基础,通过银行贷款、发行债券的形式进行的融资。在市场经济条件下,依靠企业自身的信用进行融资,是筹集建设项目所需资金的主要形式。但采用这种融资方式不考虑具体资金的运作,只要求企业能够保证按期还本付息,所以必须充分考虑企业整体的盈利能力和信用状况。

项目融资是目前备受关注的新型融资方式。典型的有 BOT、ABS、杠杆式融资租赁等。项目融资又叫做无追索权的融资,是指项目负债的偿还仅以项目自身的资产和未来收益为限,一旦项目失败,债权人不能对债务人项目以外的其他资产进行追索。因此,利用这种方式进行融资,要求充分考虑项目本身的盈利能力状况。

在实际操作中,纯粹的无追索权项目融资是无法做到的,由于项目自身的盈利状况受到多种不确定性因素的影响,为了保障债权人的利益,通常采用有限追索权融资方式,即要求由项目以外的与项目有利害关系的第三者提供各种形式的担保。

(4) 根据融资的来源,可分为国内融资和国外融资。国内融资是指利用国内资金进行的融资,主要包括国内商业银行贷款、公司债券、股票等融资方式。国外融资是指利用国外资金进行的融资,主要包括举办中外合资经营企业、中外合作经营企业、外商独资企业、BOT 融资等。

(5) 根据融资有无中介组织,可分为直接融资和间接融资。直接融资是没有中介组织,资金的需求者与供给者直接见面的融资方式,主要有发行股票、企业债券等融资方式。间接融资是通过金融中介组织进行资金融通的融资方式。主要指银行贷款等融资方式。

(6) 根据融资的有偿性,可分为政策性融资和经营性融资。政策性融资是指通过财政无偿拨款或低息贷款进行的不以营利为目标的融资。一般是为了实现产业政策,引导社会投资,由国家政策性银行进行贷款,为有关项目提供建设资金。经营性融资是指在资金市场上利用各种信用工具进行的以追求经济效益为目标的有偿筹资。

二、几种主要融资方式

(一) 商业性银行贷款融资

1. 国内商业银行贷款

改革开放以来我国相继颁布了《中华人民共和国中国人民银行法》、《中华人民共和国商业银行法》和《贷款通则》等有关法律、政策文件，确立了商业银行独立的市场主体地位，商业银行与企业之间的关系也逐步符合规范的市场经济体制的要求。目前，我国全国性商业银行有中国工商银行、中国农业银行、中国建设银行、中国银行、交通银行、中信实业银行、光大银行、华夏银行及招商银行；区域性商业银行主要有深圳发展银行、广东发展银行、兴业银行、浦东发展银行等；另外还有各种非银行金融机构。

根据《贷款通则》规定，我国商业银行贷款的种类分为：

(1) 根据承担风险的主体不同，分为自营贷款、委托贷款（委托人资金）和特定贷款（财政部资金）。

(2) 根据贷款期限不同，可分为短期贷款、中期贷款和长期贷款。

(3) 根据贷款的担保情况，可分为信用贷款、担保贷款、保证贷款、抵押贷款、质押贷款和票据贴现贷款。

根据有关规定，申请商业贷款，必须具备产品有市场、生产经营有效益、不挤占挪用信贷资金和恪守信用等基本条件。

2. 国际商业银行贷款

国际商业银行贷款主要有两种形式：一种是一家商业银行独自贷款，一般适用于小额贷款；另一种是银团贷款，又称为辛迪加贷款，为了分散贷款风险，对数额较大的贷款采用由几家甚至几十家商业银行组成的银团贷款。

3. 国际出口信贷

出口信贷是指以出口国为后盾，通过银行对出口贸易提供的信贷。世界各国为支持和扩大本国出口，通过对本国出口信贷给予利息补贴并提供担保的方法，鼓励本国商业银行对本国出口商或外国进口商（或银行）提供利率较低的贷款。按信贷接受对象的不同，又分为买方信贷和卖方信贷。

(二) 政策性贷款融资

1. 国家政策性银行贷款

国家政策性银行贷款包括国家开发银行贷款、中国农业发展银行贷款和中国进出口银行贷款。

国家开发银行主要负责对政策性项目配置资金并发放政策性贷款。贷款配置的对象是国家批准立项的基础设施、基础产业和支柱产业大中型基本建设和技术改造等政策性项目及其配套工程。

中国农业发展银行是直属国务院领导的政策性金融机构,主要是按照国家的法律、法规和方针、政策,以国家信用为基础,筹集农业政策性信贷资金,承担国家规定的农业政策性金融业务,代理财政性支农资金的拨付,为农业和农村经济的发展服务。

中国进出口银行专营国家政策性出口信贷业务,包括买方信贷和卖方信贷。该行主要承办支持我国机电产品和成套设备的出口信贷业务,包括支持国内外贸企业的船舶、飞机、卫星发射、电站、煤炭、水泥等多种成套设备及其他机电产品的出口项目。

2. 外国政府贷款

外国政府贷款是指外国政府向发展中国家提供的长期优惠贷款。它具有政府间开发援助性质,贷款的优惠程度一般在 35% 以上。目前我国已同日本、比利时、丹麦、法国、英国、意大利、西班牙、德国等近 20 个国家建立了双边政府贷款关系。

3. 国际金融组织贷款

目前全球性的国际金融组织主要有:国际货币基金组织(IMF)、国际复兴开发银行(IBRD,通称世界银行,WB)、国际清算银行(BIS)等;

区域性国际金融组织主要有:亚洲开发银行(ADB)、泛美开发银行(IDB)、非洲开发银行(AFDB)、欧洲复兴开发银行(EBRD)等。

这些国际金融组织由许多国家政府参加,并向特定的对象国政府提供优惠性的多边信贷,是另一种官方资金的来源。目前向我国提供多边贷款的国际金融组织主要有:WB、ADB、IMF 和国际农业发展基金组织(IFAD)。

(三) 债券融资

1. 国内公司(企业)债券

目前我国企业进行债券融资的主要法律依据是《企业债券管理条例》和《中华人民共和国公司法》。

企业发行债券进行融资,必须满足:

(1) 企业规模达到国家规定的要求。

(2) 企业财务会计制度符合国家的要求。

(3) 具有偿债能力。

(4) 企业经济效益良好,发行企业债券前连续 5 年盈利。

(5) 所融资金用途符合国家产业政策。

根据《公司法》规定,发行公司债券进行融资要具备法律规定的发行资格,即必须是股份有限公司、国有独资公司、2 个以上的国有企业或其他 2 个以上的国有投资主体投资设立的有限责任公司。并且:

(1) 股份有限公司的净资产不低于人民币 3 000 万元,有限责任公司的净资产不低于人民币 6 000 万元。

(2) 累计债券总额不超过公司净资产的 40%。

(3) 最近 3 年平均可分配利润足以支付公司债券 1 年的利息。

(4) 筹集的资金投向符合国家产业政策。

(5) 债券的利率不超过国务院规定的水平。

(6) 符合国务院规定的其他条件。

2. 可转换债券

可转换债券是指在规定期限内的任何时候,债券持有人可以按照发行合同指定的条件把所持有的债券转换成发行企业股票的一种债券。

可转换债券具有一般债券的特点,但又具有更大的选择余地:当股价上涨,持有者可以将之换成股票,从股市中获利;当股价下跌时,可以保留债券获取利息,避免股市不景气造成的损失。

3. 海外债券

海外债券是由一国政府、金融机构、企业或国际组织,为筹措资金而在国外证券市场上发行的,以某种货币为面值的债券。海外债券又称国际债券,包括外国债券和欧洲债券。

海外债券的主要形式有:

(1) 一般利率债券,利率和期限均固定不变。

(2) 浮动利率债券,以银行拆借利率为基准,再加一定的加息率,每 3 个月或 6 个月调整一次利率。

(3) 锁定利率债券,在发行时,只确定一个基础利率,待债券发行之后,如市场利率降到预先确定水平时,则将债券的利率锁定在一定的利率水平上,成为固定利率,直至债券到期为止。

(4) 授权债券,在债券发行时附有授权证,持有者可在未来某一时间内,按确定的价格购买指定的债券或股票。

(5) 复合利率债券,利率水平较高并以一揽子货币为面值发行。

4. 海外可转换债券

海外可转换债券与国内可转换债券一样,允许债券持有人在规定时间内,按规定的价格将债券转换为企业普通股的证券,并具有债券和股票的双重性质。

(四) 股票融资

股票融资是直接融资的一种重要形式,股票是投资者投资入股的凭证,股票持有者即股东具有收益权、剩余索取权、经营管理权和新股认购权。但并不是所有的项目都可以发行股票,发行股票必须符合国家有关规定。

以 A 股为例,股票发行人必须是具有股票发行资格的股份有限公司,发起人在以募集方式设立股份有限公司时,必须符合以下条件:

(1) 生产经营符合国家产业政策。

(2) 发起人符合法定人数。

(3) 发起人认缴和社会公开募集的股本达到法定资本最低限额。

(4) 发起人认缴的股本数额不少于公司拟发行的股本总额的 35％。

(5) 向社会公众发行的部分不少于公司拟发行的股本总额的 25％,其中公司职工认购的股本数额不得超过拟向社会公众发行的股本总额的 10％。

(6) 发起人在近 3 年内没有重大违法行为。

股份有限公司在发行新股时,必须具备下列条件:

(1) 前一次发行的股份已募足,并间隔 1 年以上。

(2) 公司在最近 3 年内连续盈利,并可以向股东支付股利。

(3) 公司在最近 3 年内财务会计文件无虚假记载。

(4) 公司预期利润率可达同期银行存款利率。

(五)产权融资

产权融资是指企业以产权的变动为纽带,实现吸收新的投资加入,从而在改变产权结构的同时进行融资的经济活动。非上市公司的产权融资主要方式是:

(1) 兼并。兼并是两家或两家以上的独立企业合并成一家企业的产权整合行为,主要有购买式兼并、承担债务式兼并、吸收股份式兼并等。

(2) 股权转让。公司为盘活存量资产,资本利得增值而将其部分产权转让给其他企业持有,从而实现产权融资。

(3) 增资扩股。一是不吸收新的股东,原有产权持有人按照现在持股比例追加投资;二是吸收新的股东,进行公司改组的产权融资。

(六)外商直接投资

1. 举办中外合资经营企业

中外合资经营企业是由中国投资者和国外投资者共同投资、共同经营、共负盈亏、共担风险的企业。外国投资者可以是企业、其他经济组织或个人,国内投资者只限于企业、其他经济组织,不包括个人和个体企业。组织形式是有限责任公司,目前不能发行股票,而采用股权形式,按合营各方的投资比例分担盈亏。

2. 举办中外合作经营企业

国际上,通常把合营企业分为两类,一类是股权式合营企业(Equity Joint Venture),另一类是契约式合营企业(Contractual Joint Venture)。上述中外合资经营企业属于前一类,中外合作经营企业属于后一类。

中外合作经营企业是由外国公司、企业和其他经济组织或个人同中国的公司、企业或其他经济组织在中国境内共同投资或提供合作条件举办的企业。它与中外合资经营企业的区别在于,中外各方的投资、利润等权利与义务关系是由双方在签订的合同中确定的,而不是依据投资比例进行分配的。

(七) 无追索权式项目融资

1. BOT 融资

BOT 是英文 Build-Operation-Transfer 的简称,是建设项目从建设到经营到移交的过程的概括。它是指在基础设施和公共工程项目的建设过程中,引进私营部门,与政府签订特许权经营协议,承担项目的建设责任,并在特许权经营期内,拥有、运营和维护该项目,通过收费取得收益,收回投资、偿还贷款并获取利润。在特许期结束后,将项目所有权无偿地转交给当地政府。BOT 融资主要用于收费公路、发电厂、铁路、地铁等基础设施项目。

2. ABS 融资

ABS 是英文 Asset-Backed Securitization 的简称,即资产证券化融资。它是将那些未来有收益但缺乏流动性的资产组成资产池,用资产的未来收益为支撑,通过发行债券融集资金的形式。这种融资方式主要用于电信、电力、供水、排污等基础建设项目。

(八) 贸易融资

1. 补偿贸易

补偿贸易是技术贸易、商品贸易和信贷相结合的一种利用外资的融资方式。外商直接提供或通过信贷购买设备提供给我国企业,我国企业以该设备、技术生产的产品分期偿还进口设备、技术的价款和利息。具体方式有:

(1) 直接补偿。以外商提供的设备和技术直接生产出来的产品来偿还外商提供的设备、技术的价款和利息。

(2) 间接补偿。返销的产品不是外商提供的设备和技术生产出来的,而是本企业的其他产品。

(3) 综合补偿。对外商提供的设备和技术等,部分用这些设备和技术生产出来的产品直接偿还,部分用其他产品间接偿还。

2. 对外加工装配

对外加工装配是指在信贷的基础上,由国外厂商提供原材料、辅助材料、零部件、图案或式样等,加工方按照对方的要求加工成成品或半成品,并按约定的标准向对方收取加工费的一种方式。这是我国最早的对外经济合作方式之一。

(九) 其他融资

1. 境外投资基金

利用境外投资基金融资对我国的基础设施建设、基础产业开发、现有企业技术改造进行直接投资,是我国企业利用外资的重要方式之一。一般是通过在境外设立中国产业投资基金,发行基金券募集资金,然后投资于中国的产业项目。

2. 融资租赁

融资租赁是一种以金融、贸易与租赁相结合,以租赁物品的所有权和使用权相分离为特征的一种新型信贷方式。这种融资方式既不是直接放贷,也不是传统的经营租赁,而是集融资和融物于一体,兼有金融和贸易双重职能的融资方式。

三、资金筹措方案与资金使用计划的估算

1. 制订资金筹措方案

资金筹措方案的编制依据是总投资估算得出的有关数据。资金筹措方案主要包括两个方面的内容:落实项目的筹措资金渠道;确定每种渠道筹措资金的数额。

制订资金筹措方案需要注意以下几点:

(1)要根据项目投资的需要确定资金筹资额,防止"留缺口"和高估冒算。

(2)认真评估各种筹资渠道。首先要分析各种筹资渠道筹集资金的可行性,其次要分析各种渠道的筹资成本,综合考虑各种情况,实现筹资渠道的最优组合,以降低综合资金成本。

(3)根据我国关于固定资产投资项目资本金制度的规定,把握自有资金与外部筹资的比例。

(4)利用外资时需要正确选择筹资方式与外币币种,以防范利率与汇率风险对项目的不利影响。

2. 制订资金使用计划

为提高资金使用效率,保证建设项目的顺利运转,还需要根据项目实施进度与资金来源渠道编制资金使用计划。

(1)根据建筑安装工程进度表,按照不同年度的工作量安排资金的供给与使用。

(2)根据设备到货计划,安排设备购置费支出。

(3)项目的前期费用应尽量安排自有资金,后安排外部资金来源筹集的资金。

根据资金筹措方案及资金使用计划,应编制投资总额与资金筹措表。

第三节　成本费用的估算

总成本费用反映生产过程中资源的消耗,是产品价格的重要组成部分,直接影响到项目的经济效益。因此,在项目的经济评价中,要求对项目的总成本费用进行

估算。

一、成本费用的构成

新的财务制度参照国际惯例,将成本核算方法由原来的完全成本法改成制造成本法。所谓制造成本法是在核算产品成本时,只分配与生产经营最直接、关系最密切的费用,而将与生产经营没有直接关系和关系不密切的费用计入当期损益,即直接材料、直接工资、其他直接支出和制造费用计入产品制造成本,管理费用、财务费用、销售费用则直接计入当期损益,不要求计入产品的总成本费用。

成本费用的计算公式为:

$$制造成本 = 直接材料费 + 直接燃料和动力费 + 直接工资 +$$
$$其他直接支出 + 制造费用$$
$$期间费用 = 管理费用 + 财务费用 + 销售费用$$

1. 直接费用

直接费用是指为生产商品和提供劳务等发生的各项费用,包括直接材料、直接消耗的燃料、动力和直接人工等其他直接费用支出。

(1)直接材料 包括企业生产经营过程中实际消耗的原材料、辅助材料、备品配件、外购半成品、包装物及其他直接材料费。

(2)直接燃料、动力 包括企业生产经营过程中实际消耗的燃料、动力费。

(3)直接工资包括企业直接从事产品生产人员的工资、奖金、津贴和补贴。

(4)直接支出包括企业直接从事产品生产人员的福利费等。

2. 制造费用

制造费用是指企业各生产单位为组织和管理生产活动而发生的生产单位管理人员的工资,职工福利费,生产单位房屋建筑物、机器设备等折旧费,原油储量有偿使用费,油田维护费,矿山维简费,租赁费(不包括融资租赁),修理费,机物料消耗,低值易耗品摊销,取暖费,水电费,办公费,差旅费,运输费,保险费,设计制图费,实验检验费,劳动保护费,季节性、修理期间的停工损失以及其他制造费用。

3. 期间费用

期间费用包括管理费用、财务费用和销售费用。

管理费用是指企业行政管理部门为管理和组织经营活动而发生的各项费用,包括公司经费,工会经费,职工教育经费,劳动保险费,待业保险费,董事会费,咨询费,审计费,资产评估费,诉讼费,排污费,绿化费税金,土地使用费,土地损失补偿金,技术转让费,技术开发费,无形资产摊销,业务招待费,坏账损失,存货盘亏、毁损和报废(减盘盈)以及其他管理费用。

财务费用是指企业为筹集资金而发生的各项费用,包括企业生产经营期间发生的利息支出(减利息收入)、汇兑净损失、调剂外汇手续费、金融机构手续费以及筹资发生的其他财务费用等。

销售费用是指企业在销售产品、自制半成品和提供劳务等过程中发生的各项费用以及专设销售机构的各项费用,包括应由企业负担的运输费、装卸费、包装费、保险费、委托代销手续费、广告费、展览费、租赁费、销售服务费用和销售部门人员工资、职工福利费、差旅费、办公费、折旧费、修理费、物料消耗、低值易耗品摊销以及其他经费。

二、项目评估中的产品成本费用分类与估算

项目评估中的产品成本费用构成基本符合现行财务制度的有关规定,但是具体预测与费用的处理与企业会计核算又有不同,主要表现在为了进行现金流量分析还要求计算经营成本费用。

$$经营成本费用＝总成本费用－折旧费－摊销费－维简费－$$
$$流动资金借款利息$$
$$总成本费用＝制造成本＋期间费用$$
$$＝直接费用＋制造费用＋期间费用$$

总成本费用也可以按照生产费用的各要素进行计算:

$$总成本费用＝外购原材料费＋外购燃料动力费＋工资及福利费＋$$
$$折旧费＋摊销费＋修理费＋矿山维简费＋其他费用＋$$
$$利息支出$$

另外,为了进行项目的成本结构分析和不确定性分析,在项目经济评价中还要将总成本费用按照费用的性质(成本费用与产量变化的关系)划分为可变成本和固定成本。

可变成本是随着产量的增减而成比例地增减的那部分费用,原材料费用一般都属于可变成本。

固定成本是与产量的多少变化无关的那部分费用,如固定资产折旧费、管理费用。

还有一些费用虽然也随着产量增减而变化,但是这种变化不是成比例的,这种费用称为半固定(半可变)成本,如修理费用。通常是将半固定成本进一步分解为可变成本与固定成本,因此,总成本费用最终仍可分为可变成本和固定成本两部分。

在财务分析中,对可变成本和固定成本的估算通常是参照类似生产企业两种

成本占总成本费用的比例来确定。

具体估算方法如下：

1. 外购原材料成本

原材料成本是总成本费用的重要组成部分，其计算公式为：

$$原材料成本＝全年产量×单位产品原材料成本$$

全年产量可根据测定的设计生产能力和投产期各年的生产负荷确定，根据原材料消耗定额和单价确定单位产品原材料成本。

一般工业项目生产需要的原材料种类繁多，在分析评价时，可以根据具体情况，选取耗用量较大、主要的原材料为估算对象。

2. 外购燃料动力成本估算

估算公式为：

$$燃料动力成本＝全年产量×单位产品燃料和动力成本$$

公式中有关数据的确定方法同上。

3. 工资及福利费估算

工资的估算可以采取两种办法。

一是按照全厂职工定员数和人均年工资额计算的年工资总额。

$$年工资成本＝全厂职工定员数×人均年工资额$$

二是按照不同的工资级别对职工进行划分，分别估算同一级别职工的工资，然后再加以汇总。

职工福利费用主要用于职工的医药费、生活困难补助及其他国家规定开支的职工福利支出，不包括职工福利设施的支出。一般可按照职工工资总额的一定比例提取。

4. 折旧与摊销费估算

折旧费是指固定资产在使用过程中，通过逐渐损耗而转移到产品成本或商品流通费的那部分价值。具体计算方法略。

摊销费是指无形资产和递延资产在一定期限内分期摊销的费用。无形资产和递延资产的原始价值要在规定的年限内，按年度或者产量转移到产品的成本之中，通过计提摊销费，回收无形资产和递延资产的资本支出。

摊销方法是不留残值，采用直线法计算。

无形资产摊销的关键是确定摊销期限，一般若无特殊规定，按不少于10年的期限分摊；递延资产按照财务制度规定，在投产当年一次摊销。

5. 维修费估算

维修费包括大修理费用和中小修理费用。在项目评估中，由于无法确定修理费具体发生的时间和金额，一般是按照折旧费的一定比例计算。

6. 维简费估算

维简费是指采掘、采伐工业按生产产品数量提取的固定资产更新和技术改造资金，是维持简单再生产的资金，简称维简费。企业发生的维简费直接计入成本，其计算方法与折旧费相同。计提维简费的企业不再计提固定资产折旧费。

7. 利息支出估算

在生产经营期间发生的利息支出包括固定资产投资借款利息和流动资金借款利息，分别为本金累计额与年利率的乘积。

8. 其他费用估算

其他费用是指在制造费用、管理费用、财务费用和销售费用中扣除工资及福利费、折旧费、修理费、摊销费、利息支出后的费用。一般是根据总成本费用中的外购原材料成本、外购燃料动力成本、工资及福利费、折旧费、摊销费、修理费和维简费之和的一定比例计算的，其比例应按照同类企业的经验数据加以确定。

三、成本费用及税收、产品价格、销售收入之间的关系

销售收入是企业在生产经营期间提供产品或劳务而获得的收入，等于销售量乘以产品价格。对销售收入及销售税金等因素的预测与估算，也是项目经济评价的基本要求和工作基础。

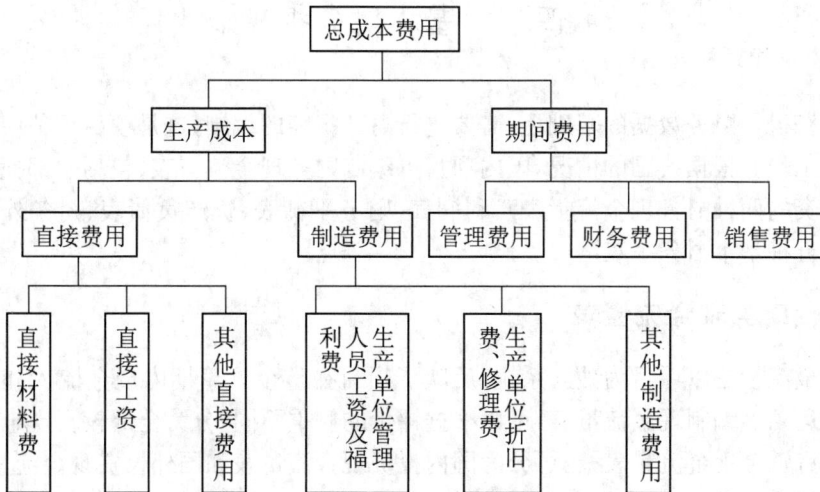

图 4‒2　产品总成本费用构成图

销售收入、成本、税金以及利润之间的关系如图 4-3 所示。

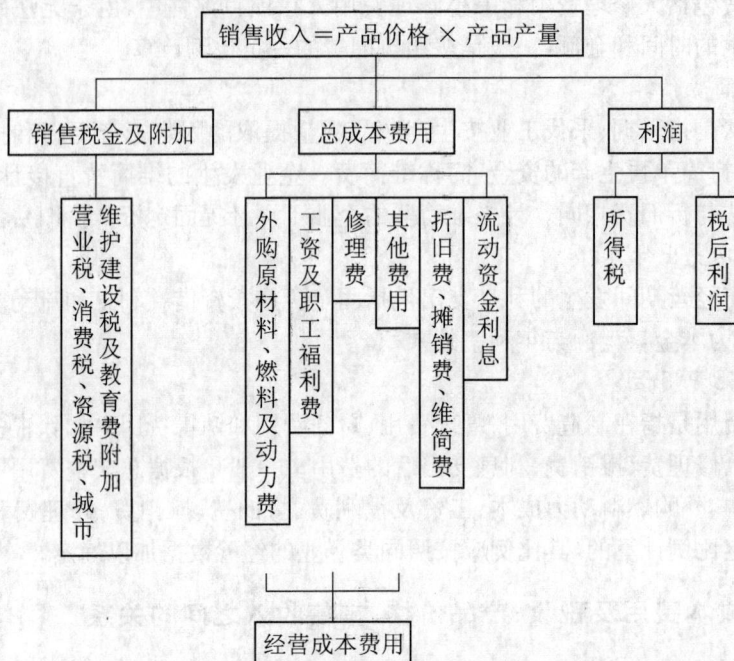

销售收入 = 产品价格 × 产品产量

销售税金及附加 ┃ 总成本费用 ┃ 利润

营业税、消费税、资源税、城市维护建设税及教育费附加

外购原材料、燃料及动力费 ┃ 工资及职工福利费 ┃ 修理费 ┃ 其他费用 ┃ 折旧费、摊销费、维简费 ┃ 流动资金利息

所得税 ┃ 税后利润

经营成本费用

图 4-3　销售收入、成本、税金以及利润之间的关系图

第四节　基本财务报表

在获得了财务数据的基础上,需要进行财务报表的编制,这是项目评估中的一个重要工作。根据我国的情况,国内项目可编制财务现金流量表(包括全部投资和国内投资的两种财务现金流量表)、利润表、财务平衡表、资产负债表、财务外汇平衡表等五种基本财务报表。

一、财务现金流量表

现金流量是以项目为独立系统,反映了项目在整个计算期内现金流入和流出系统的运动。编制现金流量表,可以根据评价的侧重不同,分为全部投资现金流量表和自有资金现金流量表;也可分为国内投资现金流量表和国外投资现金流量表。具体的形式参见表 2-1 和表 2-2。

自有资金现金流量表是站在项目投资主体角度考察项目的现金流入流出情

况,因此自有资金现金流量表与全部投资现金流量表有一定的区别。

(1) 现金流入项和数据相同。

(2) 现金流出项不同。自有资金现金流量表中列有借款本金偿还项,该部分有两个组成部分:一是固定资产借款本金偿还,来自借款还本付息表中本年还本额;二是流动资金借款本金偿还,一般发生在计算期最后一年。

(3) 现金流出项不同。自有资金现金流量表中还列有借款利息偿还项,来自总成本费用估算表中的利息支出项。

二、利润表

利润表又称损益表,可用来测算项目计算期各年的销售利润、利税总额、企业利润,并通过该表计算投资利润率和投资利税率等盈利能力指标。此外,利润表也是编制财务平衡表的依据之一。

利润表具体格式见表 4-2。

表 4-2　利润表

序号	项目	合计	1	2	3	4	…	N
1	产品销售收入							
2	销售税金及附加							
3	产品总成本及费用							
4	利润总额							
5	弥补前年度亏损							
6	应纳税所得							
7	所得税							
8	税后利润							
9	盈余公积金							
10	公益金							
11	应付利润							
	本年应付利润							
	未分配利润转分配							
12	未分配利润							
	其中:偿还借款							
13	累计未分配利润							

三、财务平衡表

财务平衡表又称资金来源与运用表,可用来测算项目计算期内各年的资金盈余与短缺情况,并以此为依据选择资金筹措方案,确定借款及偿还计划使用,计算项目固定资产借款偿还期,进行项目清偿能力分析。

财务平衡表具体格式见表4-3。

表4-3 财务平衡表

序号	项目	合计	1	2	3	4	5	…	N
1	资金来源								
1.1	利润总额								
1.2	折旧费								
1.3	摊销费								
1.4	长期借款								
1.5	流动资金借款								
1.6	其他短期借款								
1.7	自有资金								
1.8	其他								
1.9	回收固定资产余值								
1.10	回收流动资金								
2	资金运用								
2.1	固定资产投资								
2.2	建设期利息								
2.3	流动资金								
2.4	所得税								
2.5	应付利润								
2.6	长期借款本金偿还								
2.7	流动资金借款偿还								
2.8	偿还其他应付款								
2.9	短期借款本金偿还								
3	盈余资金								
4	累计盈余资金								

四、资产负债表

资产负债表可以用来分析项目年末的资产、负债的增减变化,考察项目财务风险状况。主要可计算资产负债率、流动比率和速动比率。

资产负债表具体格式见表 4-4。

表 4-4　资产负债表

序号	项　目	1	2	3	4	5	…	N
1	资产							
1.1	流动资产							
	应收账款							
	存货							
	现金							
	累计盈余资金							
1.2	在建工程							
1.3	固定资产净值							
1.4	无形及递延资产净值							
2	负债及所有者权益							
2.1	流动负债总额							
	应付账款							
	短期借款							
2.2	中长期借款							
	流动资金中期借款							
	固定资产长期借款							
	负债小计							
2.3	所有者权益							
	资本金							
	资本公积金							
	累计盈余公积金							
	累计未分配利润							

五、财务外汇平衡表

财务外汇平衡表主要用于分析项目外汇收支平衡状况。由于 1997 年开始实行经常项目下的外汇与人民币自由兑换，这一报表的作用没有过去那样大了，但对于分析外汇风险仍是有用的。

财务外汇平衡表具体格式见表 4-5。

表 4-5　财务外汇平衡表

序号	项目	合计	建设期			投产期		达产期	
			1	2	3	4	5	…	N
1	外汇来源								
1.1	产品销售外汇收入								
1.2	外汇借款								
1.3	建设投资自有资金中外汇部分								
1.4	其他外汇收入								
2	外汇运用								
2.1	建设投资中外汇支出								
2.2	管理费用（外方人员工资）								
2.3	进口原材料、零部件								
2.4	外方股利分配								
2.5	偿还外汇借款本息								
2.6	其他外汇支出								
3	外汇余缺								

六、基本报表之间的关系

项目评估中经济评价的基本原理就是从基本报表中取得数据，计算各种效益分析指标，并依据这些分析指标的评价标准来判断项目在经济上是否可行。可以说，财务报表是财务效益分析体系中首要的组成部分。

实际上，在财务数据估算表及各种基本报表之间有着相当密切的联系。

例如，编制现金流量表需要利润表、总成本费用估算表、投资计划与资金筹措估算表中的数据;总成本费用估算表主要由生产成本估算表、固定资产折旧表、无形资产及递延资产摊销估算表、借款还本付息表以及销售收入与销售税金及附加估算表中的数据构成,总成本费用估算表又是流动资金估算表、利润表和财务平衡表的工作基础。

　　根据这些关系,就可以在 EXCEL 中各个工作表的单元格之间建立链接,帮助实现数据录入。

　　图 4-4 反映了这些财务估算表及基本报表之间的相互关系。

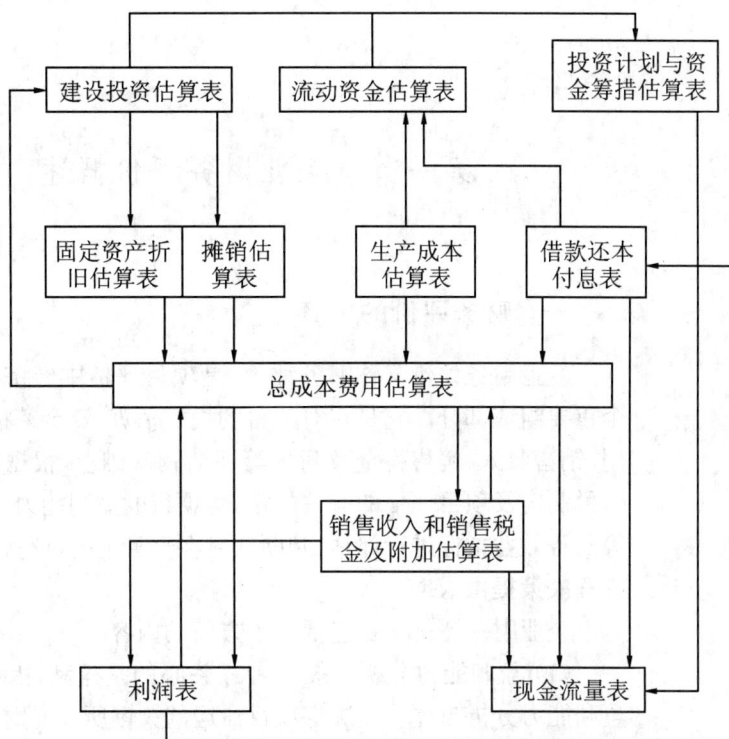

图 4-4 财务数据估算表及基本报表之间的关系

第五章 企业财务评价

第一节 企业财务评价概述

一、财务评价的内容

企业财务评价又称财务评价,是项目评估中经济评价的一个重要组成部分。它是在对项目的投资估算、资金筹措、成本费用、销售收入、销售税金及附加等评估的基础上,根据国家现行财税制度及项目评估的有关规定,对项目的盈利能力、清偿能力等财务效益指标进行评估,判断项目在财务上的可行性,为项目投资决策提供依据。

企业财务评价主要包括三个方面的内容。

(1) 盈利能力分析。投资者最关心的是盈利,因此项目的盈利能力分析与评价是决定项目命运的关键所在。财务盈利能力分析主要通过对现金流量表、损益表两张报表的分析和指标计算,得出评价结论。

(2) 清偿能力分析。对于项目的贷款者来讲,能否按时足额收回贷款是在决策时首先要考虑的;对于项目的投资者来讲,按一定的收益率,多长时间能收回投资也是影响投资决策的关键问题。对于这个问题,主要是通过对资金来源与运用表(财务平衡表)和资产负债表的分析,计算项目的投资回收期和贷款偿还期来进行。

(3) 项目的风险分析。在实际的投资活动中,有很多客观因素的变化会导致项目遭受损失,这就是项目的风险性。比如,产品价格的变化,原材料价格的变化,投资的超支等,都会影响到项目的利润,进而使企业的利益受损。因此,对于会影响到项目的各种不确定性因素进行分析是必要的。由于这部分分析方法相对独立,将单独列为一章进行介绍。

二、财务评价的指标体系

财务评价指标根据不同的标准,可以有不同的分类形式。

1. 根据评价指标的分析目的分类

评价指标分为两类:一类是以盈利能力为评价目标的盈利指标,包括投资利润率、资本金利润率、投资利税率、财务净现值、财务内部收益率等;另一类是以项目偿还投资及贷款能力为评价目标的清偿指标,包括资产负债率、流动比率、速动比率、投资回收期和固定资产贷款偿还期。

2. 根据是否考虑货币时间价值分类

评价指标分为两类:一类是利用传统方法,不考虑货币的时间价值的静态指标,包括总利润、年平均利润、投资利润率、投资利税率、资本金利润率、投资回收期、贷款偿还期;另一类是用折现的方法,考虑货币的时间价值的动态指标,包括财务净现值、财务内部收益率。

随着项目评估方法不断地标准化和表格化,对评价指标的计算基本上都是通过编制的基本财务报表完成的。基本财务报表与评价指标体系的计算关系如图5-1所示。

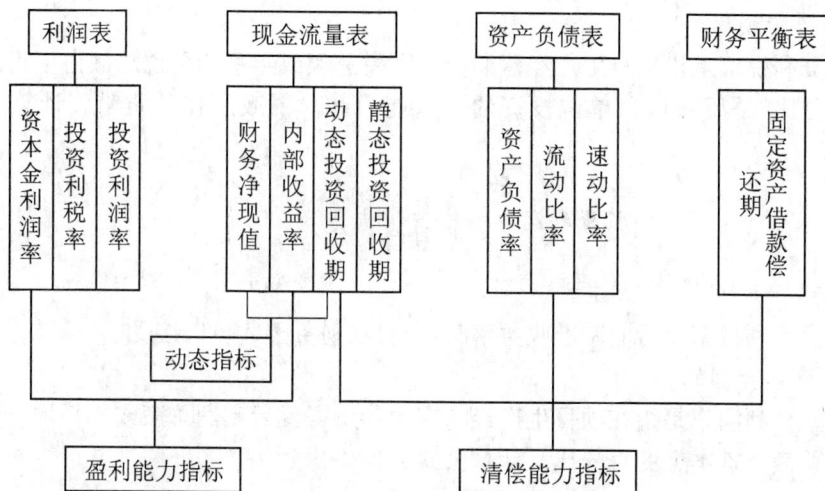

图5-1　财务报表与企业财务评价指标体系关系图

第二节 项目盈利能力分析

项目盈利能力分析主要是考察项目投资的盈利水平。一般来讲,主要有静态和动态两类常用指标。

一、静态财务盈利指标

平均投资收益率是项目获得的收益总额与投资总额的比率,这是一个被广泛使用的反映项目投资盈利能力的静态指标。根据不同的计算方法,平均投资收益率又有不同的具体表达方式,其中最主要的有三种。

1. 投资利润率

投资利润率是指项目生产经营期内年利润总额或年平均利润总额占项目总资金的百分比。这是反映项目单位投资的盈利能力的指标。计算公式如下:

$$投资利润率=\frac{年利润总额}{项目总资金}\times100\%$$

$$年利润总额=年产品销售(营业)收入-年产品销售税金及附加-年总成本费用$$

$$项目总资金=固定资产投资+全部流动资金$$

当项目的投资利润率≥行业基准投资利润率时,项目在财务上才可以接受。

2. 投资利税率

投资利税率是指项目生产经营期内年利税总额或年平均利税总额占项目总资金的百分比,是反映项目单位投资的盈利能力和对财政所作的贡献。计算公式如下:

$$投资利润率=\frac{年利税总额}{项目总资金}\times100\%$$

$$年利税总额=年销售收入-年总成本费用$$

当投资利税率≥行业基准收益率时,项目在财务上才可以接受。

3. 资本金利润率

资本金利润率是指在项目生产经营期内年所得税后利润总额或年平均所得税后利润总额与资本金的百分比。计算公式为:

$$资本金利润率=\frac{年所得税后利润}{项目资本金}\times100\%$$

以上三个指标分别从不同的角度考察了项目的获利能力,它们的优点是计算方便,可以简便、直观地反映项目的盈利水平,即使是非专业人员也容易理解。但问题是由于考察目的的不同,平均收益率可以有不同的计算标准,使得这些指标概念模糊,评价标准不统一;另外,这些指标考虑的是项目平均状况,而没有考察计算期及各期内收益与成本分布对项目盈利能力的影响;而且,平均投资收益率利用的是会计利润概念,并不反映现金流量的经济影响。

例 5.1　一投资项目,建设期为 2 年,第 1 年年初投入 10 000 万元,其中自有资金 4 000 万元,银行贷款为 6 000 万元;第 2 年年初投入 26 000 万元,其中自有资金为 10 000 万元,银行贷款为 16 000 万元。贷款利率为 5%。项目可使用 20 年。从生产期第 1 年起,就达到完全设计生产能力。正常年份生产某产品 80 000 吨,销售收入为 82 917 万元,销售税金及附加为 1 943 万元。总成本费用 76 440 万元。流动资金为 600 万元,在投产期初由银行贷款解决。问该项目的静态盈利能力指标是多少?

解:项目总资金＝固定资产投资＋建设期利息＋流动资金

$$＝4\ 000＋6\ 000×(1＋5\%)^2＋10\ 000＋16\ 000×$$
$$(1＋5\%)＋600$$
$$＝38\ 015(万元)$$

正常年份利润＝年销售收入－年总成本费用－销售税金及附加
$$＝82\ 917－76\ 440－1\ 943$$
$$＝4\ 534(万元)$$

正常年份所得税后利润＝年利润－所得税
$$＝4\ 534×(1－33\%)$$
$$＝3\ 038(万元)$$

正常年份利税＝年销售收入－年总成本费用
$$＝82\ 917－76\ 440$$
$$＝6\ 477(万元)$$

项目资本金＝4 000＋10 000
$$＝14\ 000(万元)$$

$$投资利润率＝\frac{正常年份的利润额}{项目总资金}×100\%$$
$$＝\frac{4\ 534}{38\ 015}×100\%$$
$$＝11.93\%$$

$$投资利税率＝\frac{正常年份的利税总额}{项目总资金}×100\%$$

$$= \frac{6\,477}{38\,015} \times 100\%$$

$$= 17.04\%$$

$$资本金利润率 = \frac{年税后利润}{资本金} \times 100\%$$

$$= \frac{3\,038}{14\,000} \times 100\%$$

$$= 21.7\%$$

二、动态财务盈利指标

实际上,静态财务盈利指标还有一个重要的缺点就是不考虑资金的时间价值,这既不符合现代资本市场规律,也不利于资源的有效配置。为了解决这个问题,我们还必须计算反映获利能力的动态指标。

1. 财务净现值(NPV,Net Present Value)

财务净现值是反映项目在计算期内获利能力的动态评价指标。一个项目的财务净现值是指项目按基准收益率或设定的折现率,在计算期内将各年的净现金流量折现到建设起点的现值之和。

其计算公式为:

$$NPV = \sum_{t=0}^{n} C_t (P/F, i, t)$$

$$= \sum_{t=0}^{n} \frac{C_t}{(1+i)^t} \tag{5.1}$$

其中:C_t——第 t 年净现金流量;

i——基准收益率(最低期望盈利率);

n——计算期。

如果 $NPV > 0$,表明该项目所有收益的现金流量现值之和大于所有支出的现金流量现值之和,可以获得额外的经济收益,同时也说明该项目获得的收益水平要高于折现率水平。如果以折现率 i 为利率筹集资金的话,该项目的投资收益不仅可以偿还全部的本金和利息,而且还有剩余。

因此,当 $NPV > 0$ 时,方案可行;当 $NPV = 0$,方案可行与否,视情况而定;当 $NPV < 0$ 时,方案不可行。因为这里未区别信贷资金与自有资金,一般说来,净现值 $\geqslant 0$ 是可接受的。

例 5.2 某项目建设期为 3 年,第 1 年固定资产投资 47 703 万元,第 2 年投资 53 747 万元,第 3 年投资 32 918 万元。流动资金投资 4 113 万元,在投产期初全部投完。项目一投产即达到 100%设计生产能力,年经营成本为 14 163 万元,销售收入为 36 721 万元,销售税金及附加为销售收入的 10%。项目的使用寿命为 20 年,设备期末残值为 11 460 万元。如果该行业基准收益率为 12%,计算并判断该项目在经济上是否可行。

解:该项目的现金流量图如下:

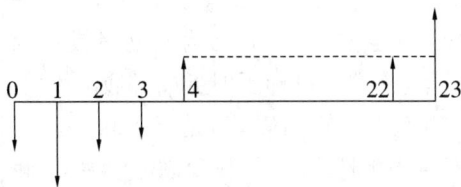

首先计算各年的净现金流量

$C_0 = -47\,703(万元)$

$C_1 = -53\,747(万元)$

$C_2 = -32\,918(万元)$

$C_3 = -4\,113(万元)$

$C_4 = 36\,721 \times (1 - 10\%) - 14\,163 = 18\,885.9(万元)$

……

$C_{22} = 18\,885.9(万元)$

$C_{23} = 18\,885.9 + 4\,113 + 11\,460 = 34\,458.9(万元)$

则 $NPV = C_0 + C_1(P/F,12\%,1) + C_2(P/F,12\%,2) +$

$\qquad C_3(P/F,12\%,3) + C_4(P/A,12\%,19)(P/F,12\%,3) +$

$\qquad C_{23}(P/F,12\%,23)$

$\qquad = -23\,302.16(万元)$

因为 $NPV < 0$,所以该项目在经济上是不可行的。

在项目评估的经济评价过程中,一般是通过计算机辅助完成经济指标的计算的。对于财务净现值,可以用两种实现方法:一是对现金流量表中的每一个净现金流量求现值,再求和;二是直接利用 EXCEL 工作表中的财务函数求值。利用这种计算方法,虽然直接方便,但实际上要注意对数据进行调整。因为,在 NPV 函数中,对 Value 的赋值是认为支出和收入的流量发生时间均匀分布并出现在每期末尾。也就是说,在取值时,不应该包括发生在 0 点上的投资流量,否则就会出现计算错误。

在评估的实践中,为了计算的方便,人们往往是将投资支出设定为期末发生的,以便直接利用计算机程序中的函数,但是这种计算的经济指标值并不符合我们定义的真正的 NPV,尽管如此,因为其值要比真正的 NPV 值要小,所以也不会对评估结论产生实质性的损害。

2. 财务内部收益率(IRR,Internal Rate of Return)

NPV 指标的评价标准表明一个项目经济上是否可行最终取决于项目收益水平与资本市场的平均收益水平的比较。$NPV>0$ 表明项目收益水平高于资本市场的平均机会成本;$NPV<0$ 表明项目收益水平低于资金机会成本;$NPV=0$ 表明项目收益水平等于资金机会成本。因此,为了衡量投资项目所能实现的或者能够承担的最高的资金成本,人们又设计了财务内部收益率这一动态评价指标。

财务内部收益率本身就是一个折现率,是指项目在整个计算期间内各年净现金流量累计折现值为零时的折现率,它不仅反映了项目所能实现的收益率水平,也是项目能够承担的最高的资金成本。

财务内部收益率的概念公式为:

$$\sum_{t=0}^{n} C_t(P/F, IRR, t) = 0 \tag{5.2}$$

公式中的符号含义同公式(5.1)。

手工计算内部收益率非常困难,通常是利用财务现金流量表,用试差法计算。具体步骤是:

(1) 先假定一个折现率 i_1(试算的低折现率),求出相应的净现值 $NPV(i_1)$,满足 $NPV>0$;

(2) 设定另一个较高的折现率 $i_2, i_2>i_1$,求出相应的净现值 $NPV(i_2)$,满足 $NPV<0$,则:

$$IRR = i_1 + (i_2 - i_1) \times \frac{|NPV(i_1)|}{|NPV(i_1)| + |NPV(i_2)|} \tag{5.3}$$

这种计算方法是根据净现值与折现率的数学关系得到的。可以证明,一般情况下,净现值对折现率的一阶导数为负,二阶导数为正。所以,它们的关系曲线是有极小值的单调递减型曲线。即随着折现率的增大,NPV 的值越小。在坐标系中,其关系曲线如图 5-2 所示。

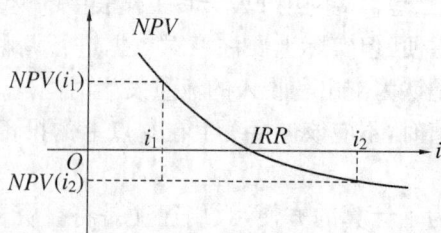

图 5-2 净现值与折现率的关系图

当选择的两个折现率之差足够小时,可以假设,此段的 NPV 曲线为线段,这样,就可以利用几何关系,将 IRR 求出。

由于试差法假设 NPV 曲线是线性的,利用这种方法计算的 IRR 与实际值当然会有误差。为了防止误差过大,一般试算用的两个相邻的高、低折现率之差,最好不要超过 2%,最大不应超过 5%,以保证误差足够小,不至于影响投资决策。

在财务评价中,可以将计算的 IRR 与行业基准收益率或最低期望盈利率 I 相比较:如果 $IRR<I$,项目不可行;$IRR>I$,项目可行;$IRR=I$,项目可行与否视情况而定。但一般认为 IRR 大于等于 I 是可接受的。目前世界银行、亚洲开发银行对项目评价均采用内部收益率指标。

与净现值一样,IRR 的计算也可以利用 EXCEL 工作表中的财务函数进行,但并不像净现值那样需要调整。因为,对一个连续发生的现金流量序列而言,从 $t=0$ 开始还是从 $t=1$,不会改变 NPV 与折现率的关系曲线与横轴的交点。

例 5.3 一项目投资需 5 000 万元,当年投资当年即可获得收益,预计 10 年中每年可获利 100 万元,并在第 10 年末可额外获利 6 900 万元。求该项投资的内部收益率。

解:该项目的现金流量图如右图所示。

$NPV=-5\,000+100(P/A,i,9)+$
$\qquad 7\,000(P/F,i,10)$

当 $i_1=5\%$ 时,$NPV_1=8.17$(万元)

当 $i_2=6\%$ 时,$NPV_2=-411.07$(万元)

根据 IRR 试差法计算公式可得:

$\qquad\qquad IRR=5.02\%$

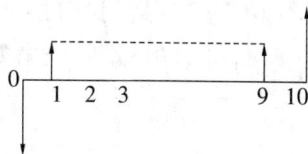

与财务净现值相比,计算内部收益率不必事先确定折现率,易于理解。IRR 越大,说明资金利用效果越好,经济效果好。同时,IRR 也是项目可承受的最高资金成本,反映了项目的实际盈利能力。因此,用这个指标评价项目比较可靠。

IRR 的缺点是计算过程较为复杂,虽然现在有计算机程序可以顺利完成计算,但是由于 IRR 的计算需要解高次方程,根的情况比较复杂,因此,在应用中需要注意结合实际情况判断。

如果设 $x=\dfrac{1}{IRR}$,那么 IRR 的公式就可以整理为:

$$\alpha_0+\alpha_1 x+\alpha_2 x^2+\cdots+\alpha_n x^n=0$$

根据笛卡儿准则可以证明,该方程正实数根的个数小于等于项目净现金流量序列的正负号变化的次数,也就是说,IRR 有无实数根,有多少个实数根,与项目现金流量的符号变化相关。

一般地,如果净现金流量序列符号只变化一次,并且所有的负现金流量都出现在正现金流量之前,那么方程有唯一的实数根,IRR 存在且唯一。这样的投资项目被称为常规投资项目。

对于非常规投资项目,也就是净现金流量序列符号变化多次的项目,是否存在内部收益率就要看具体的情况了。

例如下表中的净现金流量序列。

年序	0	1	2	3
净现金流量	−100	470	−720	360

根据计算发现,使项目净现值为 0 的折现率共有三个,分别是:20%,50%,100%。

该流量序列的 NPV 与折现率关系曲线如右图所示。

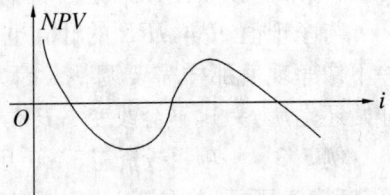

那么,该项目存不存在内部收益率,这三个折现率中哪几个是内部收益率呢? 为了回答这个问题,我们必须首先弄清楚内部收益率的经济含义到底是什么。

已知一个内部收益率为 10% 的现金流量序列为:

年序	0	1	2	3	4
净现金流量	−1 000	−800	350	700	710

如果用 IRR(10%)作为投资收益率,在计算该现金流量序列投资回收的过程(见图 5-3)中我们可以发现,在项目寿命期内始终存在着未回收的投资,只有当项目运行到最后一年,投资才能被全部回收。因此,内部收益率之所以被称为内部收益率,原因是项目所有的收益始终都是用于回收项目的投资,而没有用于他处。可见,内部收益率实际上并不是初始投资的收益率,而是项目占用的尚未回收的投资的收益率,否则到期时将无法回收全部的投资。

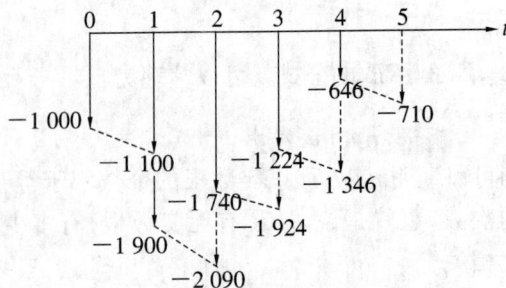

图 5-3 资金回收的现金流量图

根据内部收益率的含义对上例进行进一步分析发现,使 NPV 等于 0 的三个折现率都不是真正意义上的内部收益率。无论是用 20%,还是 50% 或 100%,在项目寿命期内都会出现盈余。因此,这个项目没有内部收益率。

将这样的检验过程用一般的数学公式表达,就可以得到非常规投资项目内部收益率的判定标准:

$$\begin{cases} F_t(i^*) = \sum_{j=0}^{t} CK_j(1+i^*)^{t-j} < 0, (t=1,2,\cdots,n-1) \\ F_t(i^*) = \sum_{j=0}^{t} CK_j(1+i^*)^{t-j} = 0, (t=n) \end{cases} \tag{5.4}$$

其中:i^* ——计算出的内部收益率的实数根;

　　　CK_j ——第 j 年的净现金流量;

　　　F_t ——未回收的投资。

如果非常规投资项目的实数根中有符合公式(5.4)的,则这个实数根就是该项目的内部收益率。如果所有的实数根都不能满足公式(5.4)的要求,那么这个项目就没有内部收益率,必须考虑采用其他指标进行评价。

按照是否存在内部收益率的标准,投资项目又可以被分为有内部收益率的纯投资项目和无内部收益率的混合投资项目。投资项目分类如图 5-4 所示。

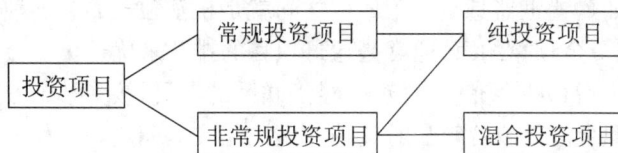

图 5-4　投资项目分类

第三节　盈利能力指标与多方案比选

一、多方案比选的含义及原则

多方案比选是指采用合适的方法,对一个项目的两个及两个以上方案或者两个及两个以上投资项目进行的比较和选择,以确定最佳方案或者方案组合。进行方案的比选是寻求合理的经济和技术方案的必要手段,也是项目评估的重要组成部分。在这里,方案与项目两个概念可以互换使用。

方案比选所包含的内容十分广泛,既有工程技术条件、建设条件、生产条件和规模的比选,也有经济效益与社会效益等方面的比较。其中各类方案的经济效益比选是方案比选最重要的内容和决策依据,也是我们将要讨论的内容。

方案比选的方法也很多,可以根据分析时考虑的因素多少分为全部因素法和局部因素法。全部因素法是按方案所包含的全部因素,进行全部经济效益与费用的比较分析;局部因素法是仅就方案中的不同因素进行局部的比选。也可以根据方案的选择是否受到资金限制分为无约束条件和有约束条件比选。还可以根据选择的指标的特点分为直接对比法和增量分析法。

无论是哪种方法,实际上都是以 NPV 和 IRR 的经济涵义为基础设计的,可以说是 NPV 与 IRR 指标的扩展应用。

在进行方案的比选时,应该特别注意各个方案之间基本条件的可比性,遵循效益与费用计算口径对应一致的原则,注意在某些条件下使用不同评价指标将导致相反结论的可能性,并根据项目的具体情况选择恰当的比较方法和指标。

二、方案的相互关系与分类

在方案比选过程中,恰当地选择比选方法的重要前提是明确项目、方案之间的经济关系。根据方案之间的经济关系,可以分为独立项目和相关项目。

独立项目是指在经济上互不相关的项目,即接受或放弃某项目,并不影响其他项目的取舍。如购置工器具与职工培训之间就是相互独立的。这种关系的项目的取舍,主要受到资金预算约束,通常是通过项目的排队来优选。

相关项目是指那些存在一定技术、经济联系的项目,接受某个方案会显著地影响其他方案的现金流量或者影响对其他方案的接受,具体又分为互斥方案和互补方案。

互斥方案是指备选的各个方案彼此可以相互代替,具有排他性,一旦采纳了其中的某一方案,就会自动排斥其他方案。

互补方案是指备选的方案之间存在相互依存的关系。这种关系可以是完全互补型的,即 A 项目的被接受要以 B 项目的被接受为前提,也可以是不完全互补型的,即项目的现金流量相互影响,但又不相互排斥。它们之间的相互依存关系可能是对称的,即两个方案相互是有利的,也可能是不对称的,即 A 对 B 有利,但不能同样地说 B 对 A 也有利。

投资方案中最常见的是独立方案和互斥方案,其他类型的方案都可以转化为这两类方案。例如经济上互补而又对称的方案可以结合在一起作为一个"综合体"来考虑。经济上互补而又不对称的方案就可以转化为两个互斥方案组进行比较。独立方案的比选比较容易,而互斥方案的比选则要用专门的方法。

三、NPV 指标与方案比选

1. 互斥方案的比选

NPV 指标在互斥方案的比较和选择中,应用简单、方便,结论可靠。基本原则是在比较方案时,分别计算各方案的净现值,再选择净现值大的方案为最优方案。

按照上述原则进行比选的方案需要满足以下三个基本假设:

第一,资本市场是充分和完善的,因此,投资不存在资金限制。

第二,计算 NPV 的折现率能够正确地反映资本的风险水平。

第三,比选的项目方案寿命期相同。

在其中某假设条件不满足的情况下,比选指标及选择标准就需要调整。

2. 互补方案的比选

互补方案是指某项目的实施将显著影响其他项目的现金流量的情况。一般来讲,需要根据实际情况,将这些方案组成互斥方案组合,再利用 NPV 指标按互斥方案比选中的原则进行比较和方案选择。

例 5.4 两个项目 A 与 B 的相关关系及现金流量已知,如下表所示。在行业基准收益率为 10% 的条件下,应如何选择投资项目?

年序	A 项目	B 项目	
		有 A 项目	无 A 项目
0	−1 000	−2 000	−2 000
1	400	500	500
2	500	800	800
3	150	1 000	1 200
4	100	1 000	600

解:根据题意,分别计算项目的 NPV 值,如下表所示。

年序	A 项目		B 项目			
			有 A 项目		无 A 项目	
	现金流量	现值	现金流量	现值	现金流量	现值
0	−1 000	−1 000.00	−2 000	−2 000	−2 000	−2 000
1	400	363.64	500	454.55	500	454.55
2	500	413.20	800	661.12	800	661.12
3	150	150.26	1 000	751.30	1 200	901.56
4	100	68.30	1 000	683.00	600	409.80
NPV		−42.14		549.97		427.03

实际上,这里存在三个互斥的方案组:A 项目、单独的 B 项目与 A+B 项目。它们的 NPV 值分别是:

$$-42.14, 427.03, 507.83(549.97-42.14)$$

根据 NPV 指标的比选标准,应该取值最大的一组,即同时选择 A 与 B 项目进行投资。

3. 存在资金预算约束的项目比选

假设资本市场是充分和完善的并不现实,实际上,正是由于资源的有限性,特别是资金的稀缺,才存在所谓的资源配置和经济决策问题。在资金存在预算约束的情况下,按取净现值大者为标准进行方案比选就不一定合适了。

例 5.5 已知 A、B、C、D、E 五个项目,其投资及生产期各年净收益的现值分别表示如下,总的资金预算水平为 800 万元,假设项目是可分的,试确定最佳投资方案。

单位:万元

	A	B	C	D	E
投资现值(K)	100	400	200	400	500
净收益现值(B)	130	433	303	494	558

解:(1) 如果按照 NPV 指标进行比选。

根据已知条件求得各个方案的 NPV 值,并进行排序,结果如下:

	A	B	C	D	E
$NPV=B-K$	30	33	103	94	58
NPV 排序	5	4	1	2	3

NPV 值从大到小排列,分别为 C、D、E、B、A,如果资金不存在约束,则这些项目可以全部投资。现在有 800 万元的资金限制,在投资项目可分的条件下,就应该选择 C、D 和 40% 的 E 项目进行投资。由此而获得的收益为:

$$103+94+40\%\times58=220(万元)$$

(2) 如果用净现值率($NPVR$)作为比选指标。

净现值率($NPVR$)是净现值与投资现值之比,该指标反映了单位投资带来的超额净效益。计算公式为:

$$NPVR = \frac{NPV}{K} = \frac{B-K}{K} \qquad (5.5)$$

计算各个项目的净现值率,并按照净现值率排序,结果如下:

	A	B	C	D	E
$NPVR$	0.30	0.08	0.52	0.24	0.11
排序	2	5	1	3	4

净现值率从大到小依次是:C、A、D、E、B。同样地,根据资金约束条件选择的投资项目为:C、A、D 和 20%的 E。此时,投资获益为:

$$103+30+94+20\%\times58=239(万元)$$

明显地,在有资金约束的情况下,利用净现值率指标进行方案选择比较合适。

从实践来看,投资作为一种技术经济活动,基本上不存在可分的情况。如果项目不可分,那么简单地选择某种评价指标就未必合适。

例 5.6　已知 A、B、C、D 四个项目,其投资、生产期各年净收益的现值等分别表示如下,总的资金预算水平为 700 万元,假设项目不可分的,试确定最佳投资方案。

单位:万元

	A	B	C	D
投资现值(K)	125	175	200	400
净收益现值(B)	162.5	189	304	496
净现值率($NPVR$)	0.30	0.08	0.52	0.24
净现值率排序	2	4	1	3

解:净现值率从大到小依次为:C、A、D、B。由于资金有 700 万元的约束,且项目不可分,根据净现值率标准,选择 C 和 A 项目进行投资,此时,投资获益水平为:141.5(104+37.5)。但此时存在 375 万元的闲置资金。

不难发现,如果不选择净现值率最大的 C 项目,而是投资 A、D 和 B 项目,此时,700 万元资金全部得到利用,可以产生的收益为:147.5(37.5+96+14)。

因此,如果有资金限制,在投资项目可分的情况下,可以采用净现值率指标进行多方案比选,但是如果投资项目不可分,我们就需要进一步考虑是否充分地利用了现有资源。总之,资金约束条件下,仅仅利用 NPV 指标可能是不可靠的,NPV 指标并不是一个合适的比选标准,虽然它仍然是得出结论的最终依据。

4. 计算期不同方案比选

以上讨论的方案比选都以备选方案寿命期相同为基本条件,项目寿命期不同的方案则需要进行适当处理之后,才能进行比较。

(1) 最小公倍数法。最小公倍数法又称方案重复法,是以方案计算期的最小公倍数作为比较方案的计算期的方法。比较时,视方案为可重复实施,直至彼此期限相等为止。

例 5.7 在基准收益率为 15% 的条件下,方案 A 与方案 B 的有关资料如下表所示。

项目	投资(万元)	年收益(万元)	残值(万元)	寿命(年)
A	45	30	5	4
B	80	32	10	6

解:由于方案的使用寿命不同,所以取其最小公倍数 12 为共同的计算期。这时两方案的现金流量图如下。

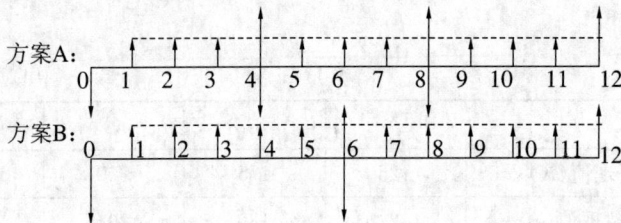

分别计算方案的净现值:

$$NPV_A = -45 + (-45+5)(P/F,15\%,4) +$$
$$(-45+5)(P/F,15\%,8) + 5(P/F,15\%,12) +$$
$$30(P/A,15\%,12)$$
$$= 82.16(万元)$$

$$NPV_B = -80 + (-80+10)(P/F,15\%,6) +$$
$$10(P/F,15\%,12) + 32(P/A,15\%,12)$$
$$= 65.08(万元)$$

由于 $NPV_A > NPV_B$,所以选择方案 A。

最小公倍数法只适用于方案的寿命期成整数倍且数字不大的情况。如果最小公倍数非常大,就会产生两个困难:① 计算非常不方便。② 该方法实质上假设项目可以按原有的技术、投资额以及收益等条件被重复实施,但如果时期很长,这种假设就是不合适的,而且要做到准确地预测也不可能。所以在实际应用中一般采用年值法。

(2) 年值法。年值法又称年等值法,是指分别计算备选方案净收益的等额年值(AE)进行比较的方法。当年值大于零时,方案是可行的。当进行方案的比较时,年值大的方案是较优的方案。

年值计算公式为:

$$AE = NPV(A/P, i, t) \qquad (5.6)$$

当比较方案的销售收入大致相当,或者方案的效益因素基本相同,且为无形效益而难以估算时,为简化计算,仅比较其不同因素(支出),此时,年等值法又转换为年费用法。

为计算简便,将支出值负号省去,故年费用(AC)较低的方案即为可取的方案。计算公式为:

$$AC = PC(A/P, i, t) \qquad (5.7)$$

PC 为费用现值。

例 5.8 两个寿命期不同的投资项目 A 与 B,其初始投资及净年费用等如下表所示。基准收益率为 10%,试确定最佳方案。

项目	初始投资(万元)	净年费用(万元)	计算期(年)
A	40 000	2 800	4
B	28 000	4 400	3

解:根据题意,分别计算两个项目的年费用:

$AC_A = 15\,418$(万元)

$AC_B = 15\,645$(万元)

由于 $AC_A < AC_B$,故选择 A 项目进行投资。

四、*IRR* 指标与方案比选

分析表明,在利用 *NPV* 指标对互斥方案进行评价和优选时,可以根据其绝对效果检验的标准,*NPV* 值最大的方案就是最优方案。那么,如果利用 *IRR* 指标对互斥方案进行比选,是否同样可以认为内部收益率最大的方案就是最优的方案呢?

通过下例可以说明,按内部收益率最大准则选择最优方案可能会出现与净现值法结论相矛盾的情况。因此,一般在互斥方案的比选中,直接利用内部收益率法并不合适。

例 5.9 互斥项目 A 与 B 的现金流量如下表所示,在内部收益率为 10％的条件下,分别计算了两个项目的净现值和内部收益率,具体数值见下表。

通过计算发现 A 项目的内部收益率高于 B 项目,如果按照内部收益率最大准则,应该投资 A 项目;但是 A 项目的净现值比 B 项目低,按照净现值最大准则,应该投资 B 项目。

年序	A 项目		B 项目	
	净现金流量	现值	净现金流量	现值
0	−1 600	−1 600.00	−1 900	−1 900.00
1	550	500.00	400	363.64
2	500	413.22	800	661.16
3	500	375.66	800	601.05
4	800	546.41	800	546.41
NPV		235.29		272.26
IRR		16.23％		15.85％

出现矛盾的原因在于 NPV 与 IRR 的比较基础是不同的。$NPV \geqslant 0$ 既是对项目绝对经济效果的检验,也是对项目相对经济效果的检验;而 $IRR \geqslant I$ 仅仅检验了项目的收益率与基准收益率相比是高还是低,并不能说明高或者低的绝对水平。

如果希望利用收益率指标进行方案优选,就需要计算方案的差额投资内部收益率。差额投资内部收益率是两个方案各年的净现金流量差额的现值之和等于零时的折现率,用 ΔIRR 表示。这个指标反映的是投资大的方案与投资小的方案相比,其增量投资能否被增量收益抵销,是对增量现金流的经济评价。

其计算公式如下:

$$\sum_{t=1}^{n} (C_2 - C_1)_t (P/E, \Delta IRR, t) = 0 \tag{5.8}$$

其中:C_2——投资大的方案的年净现金流量;

C_1——投资小的方案的年净现金流量;

ΔIRR——差额投资内部收益率。

评价标准为:当差额投资内部收益率大于基准收益率时,投资额大的方案为优;当差额投资内部收益率小于基准收益率时,投资额小的方案为优。

根据调整后的差额内部收益率及其评判标准,对上例重新计算,结果如下表所示。

年序	0	1	2	3	4
差额净现金流量	−300	−150	300	300	0
现值	−300	−136.36	247.93	225.39	0
NPV	36.96	IRR	14.21%		

下图反映了该例中利用 NPV、IRR 以及 ΔIRR 指标进行比选时的情况。

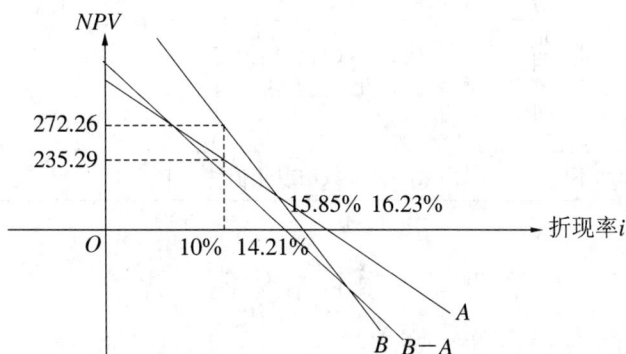

如图所示，上述两个项目的 NPV 曲线相交，在交点左侧，A 项目的 NPV 低于 B 项目，而在交点右侧，A 项目的 NPV 高于 B 项目。而基准收益率低于两项目的交点，因此出现了利用 NPV 和 IRR 指标会出现矛盾结论的情况。

由于 ΔIRR 大于基准收益率，选择投资额大的 B 项目。这与按 NPV 指标进行优选得到的结论是一致的。

在进行多个方案的比较时，一般先按投资额由小到大排序，再依次就相邻的方案两两进行比较，从中选出最优方案。

实际上，利用内部收益率(差额内部收益率)进行方案的比选不仅计算过程复杂(如果利用计算机实现，则比较方便)，而且也不是十分必要，因为与最终利用 NPV 指标得出的结论是一致的。所以，在方案比选中，一般是比较倾向于采用 NPV 指标。

虽然投资项目方案的类型有很多，但是最基本的还是互斥方案。独立方案和互补方案实际上都可以转换为一定条件下的互斥方案，然后再按互斥方案的优选原则进行评价和选择。

互斥方案比选中评价指标应用的一般范围如表 5-1 所示。

表 5-1　投资方案类型与比选指标

方案类型＼指标			净现值	内部收益率
单一项目评估			$NPV \geqslant 0$,可考虑接受	$IRR \geqslant I$,可考虑接受
互斥方案比选	资金约束	无	NPV 最大方案最优	不直接使用 一般计算 ΔIRR,如果 ΔIRR 大于等于基准收益率,投资额较大的方案为最优。
		有 项目可分	$NPVR$ 法,按 $NPVR$ 大小排序,在满足资金约束条件下进行选择	
		有 项目不可分	NPV 或 $NPVR$ 法,需要考虑是否最大化地利用了有限资源。	
	计算期不同		采用最小公倍数法或年值法	

第四节　项目清偿能力评价

一、项目全部投资回收期

投资回收期反映的是项目净收益抵偿全部投资所需的时间。投资者在计算该指标时(无论是静态,还是动态),都假定全部投资是由自有资金来完成的,因此所有的利息,包括固定资产借款利息和流动资金借款利息都不考虑。

1. 静态全部投资回收期(Pt)

静态全部投资回收期是反映项目投资回收能力的重要指标,它反映了通过项目的收益来回收总投资所需要的时间。一般地投资回收期是从建设开始年计算起,如果从投产开始年计算起,应注明起算时间是投产年,以免产生误解。

计算公式为:

$$\sum_{t=1}^{P_t} C_t = 0 \tag{5.9}$$

其中:C_t——第 t 年的净现金流量。

全部投资回收期可根据财务净现金流量表(全部投资所得税前)累计净现金流量求得,计算公式为:

$P_t =$(累计 C_t 开始出现正值年份数)$-1+$

(上年累计净现金流量的绝对值/当年净现金流量) (5.10)

将求出的 P_t 与部门和行业的基准全部投资回收期 P_c 比较,当 $P_t < P_c$ 时,可

以考虑接受该项目。

例 5.10　某项目建设期为 2 年,第 1 年年初投资 1 000 万元,第 2 年年初投资 1 500 万元。第 3 年开始投产,并达 50% 的设计生产能力。第 4 年可达 100% 的设计生产能力。正常年份销售收入为 1 000 万元,经营成本为 200 万元,其中固定成本为 150 万元,变动成本为 50 万元,销售税等支出为销售收入的 10%。求静态的全部投资回收期。

解:首先列出现金流量表。

再根据题意计算各年的净现金流量,填入表中。

$C_1 = -1\,000$(万元)

$C_2 = -1\,500$(万元)

$C_3 =$ 销售收入－销售税金及附加－经营成本

$\quad = 1\,000 \times 50\% \times (1-10\%) - 150 - 50 \times 50\%$

$\quad = 275$(万元)

正常年份 $C_4 = 1000 \times (1-10\%) - 200$

$\quad = 700$(万元)

单位:万元

年序	净现金流量 C_t	累计净现金流量
1	−1 000	−1 000
2	−1 500	−2 500
3	275	−2 225
4	700	−1 525
5	700	−825
6	700	−125
7	700	575

最后,根据计算 P_t 的公式得出:

$P_t = 7 - 1 + 125/700$

$\quad = 6.18$(年)

全部投资回收期在国际上被广泛地使用了几十年,主要原因是该指标能反映项目本身的资金回收能力,比较容易理解、直观,尤其对于技术上更新迅速的项目进行风险分析时特别有用(特别是在资金缺乏时)。

这个指标的主要问题是侧重于强调迅速获得财务效益的能力,只考虑了投资回收期前的现金流量,而没有此后的现金流量,因而忽略了对项目计算期内的总收益和获利能力的评价。在进行多方案比较时,必须与其他指标结合使用,否则可能导致错误的结论。另外,静态投资回收期不考虑资金的时间价值因素也是一个重要的缺陷。

2. 动态全部投资回收期(P_t')

动态全部投资回收期是在考虑资金时间价值的条件下计算的投资回收期。计算公式为:

$$\sum_{t=0}^{P_t'} C_t(P/F,i,t) = 0 \tag{5.11}$$

也可以从财务现金流量表求得。报表计算法的公式为:

P_t' =(累计财务净现值出现正值年份数)-1+

上年累计财务净现值的绝对值/当年财务净现值 (5.12)

例 5.11 同上例,设折现率为 8%,求动态投资回收期。

解:首先列表,再根据题意计算各年的净现值,填入表中。

单位:万元

年序	净现金流量	现值	累计现值
0	-1 000	-1 000.00	-1 000.00
1	-1 500	-1 388.89	-2 388.89
2	0	0.00	-2 388.89
3	275	218.30	-2 170.59
4	700	514.52	-1 656.06
5	700	476.41	-1 179.66
6	700	441.12	-738.54
7	700	408.44	-330.09
8	700	378.19	48.09

最后,根据报表计算公式,求动态投资回收期,得:

P_t' =8-1+330.09/378.19

=7.87(年)

与静态投资回收期相比,动态投资回收期考虑了现金收支的时间因素,是资金真正的回收时间。一般来讲,项目的动态投资回收期比静态投资回收期要长,在折现率不大的情况下,两者差别并不大,如本例的情况,不至于影响项目和方案的选择。但如果静态回收期较长,折现率较大,则差别可能较大。在不同的方案比较中,动态投资回收期可以较准确地反映出不同方案的效益水平,可以采用,而不宜采取静态投资回收期进行比较。

二、项目清偿能力分析

项目清偿能力分析主要是考察项目计算期内各年的财务状况即偿债能力,主要是通过借款还本付息计算表、资金来源与运用表和资产负债表的评估,计算财务比率和固定资产投资借款偿还期进行。

1. 财务比率

财务比率分析是通过资产负债表计算资产负债率、流动比率和速动比率等财务比率,与同行业的平均水平和其他参照物相比较,以确定项目财务的清偿能力。

资产负债率是负债总额与资产总额之比,公式为:

$$资产负债率 = \frac{负债总额}{资产总额} \times 100\% \tag{5.13}$$

一般地说,这一比率应低于100%,因为企业负债只能最终以资产清偿。该指标反映了债权的安全,但同时也反映企业利用负债经营的能力。单独用这一比率,因为过于综合,不足以说明问题,可联系其他指标进行分析。

流动比率是流动资产总额与流动负债总额之比,公式为:

$$流动比率 = \frac{流动资产总额}{流动负债总额} \times 100\% \tag{5.14}$$

$$流动资产 = 应收账款 + 存货 + 现金 + 累积盈余资金$$

$$流动负债 = 短期借款 + 应付账款$$

这一指标是衡量企业流动资产在短期债务到期前用于偿付流动负债能力的财务指标。一般200%是最佳的状态。如果比例高了,说明资产闲置;过低则表明债权不安全。

速动比率是速动资产总额与流动负债总额之比,公式为:

$$速动比率 = \frac{速动资产总额}{流动负债总额} \times 100\% \tag{5.15}$$

$$速动资产 = 流动资产 - 存货$$

这一指标是衡量企业流动资产中可以立即用于偿付流动负债的能力。最佳比率为100%。

2. 固定资产借款偿还期

固定资产投资借款偿还期,简称借款偿还期,是指在国家政策规定及项目具体财务条件下,项目投产后可用作还款的利润、折旧及其他收益额偿还固定资产投资借款本金和利息所需要的时间。计算公式为:

$$I_d = \sum_{t=1}^{P_d} (R_P + D' + R_0 - R_t) \tag{5.16}$$

其中：I_d——固定资产投资借款本息和；

R_P——年利润总额；

D'——年可用作偿还借款的折旧；

R_0——年可用作偿还借款的其他收益；

R_t——还款期内的年企业留利；

$(R_P + D' + R_0 - R_t)$——第 t 年的可用于偿债的收益额；

P_d——借款偿还期（从建设期开始，若从投产年算，需要注明）。

借款偿还期也可以从借款还本付息计算表推算，公式为：

$$P_d = （借款偿还后开始出现盈余年份数）-1+$$
$$（当年应偿还借款额/当年可用于还款的收益额） \quad (5.17)$$

借款还本付息计算表的格式见表 5-2。

表 5-2　固定资产借款还本付息表

序号	年份 项目	利率 （%）	建设期	投产期		达产期				
			1	2	3	4	5	6	···	N
1	借款及还本付息									
1.1	年初借款本息累计									
1.1.1	本金									
1.1.2	建设期利息									
1.2	本年借款									
1.3	应计利息									
1.4	本年还本									
1.5	本年付息									
2	偿还借款本金的资金来源									
2.1	利润									
2.2	折旧									
2.3	摊销									
2.4	其他资金									
	合计(2.1+2.2+2.3+2.4)									

从本质上讲，固定资产借款偿还期并不是按照拟签订的借款合同的规定来计算的年应偿还的本息额及偿还期，而是用项目产生的收益能实现的年还本付息额及偿还期。因此，它可用来作为签订借款合同的根据，或判定项目能否获得银行的

贷款。当项目借款偿还期符合贷款机构的要求期限时,可以认为该项目具有还贷能力。

例 5.12　一项目固定资产投资为 12 369 万元,其中外资 1 179 万美元,汇率为 1∶8.297,折合人民币 9 782 万元。人民币投资 2 587 万元。假定全部是贷款,外资贷款利率为 8.24%,人民币贷款利率为 10.95%。第 1 年年初付款,建设期 2 年。第 3 年年初投产,达到设计生产能力的 1/3,第 4 年达到设计生产能力的 2/3,第 5 年达到设计能力的 100%。

正常年份的国内销售收入为 15 000 万元,国外销售收入为 270 万美元。销售税金为销售收入的 6%。正常年份的经营成本为 10 000 万元,其中固定成本为 3 400 万元,变动成本为 6 600 万元。成本均可采用人民币支付。

该项目的使用寿命为 20 年,期末残值为 0。采用直线折旧法。外币贷款必须用外币偿还,人民币贷款可以用人民币偿还,也可以用外币偿还。

求外币贷款和人民币贷款的偿还期(不考虑所得税)。

解:根据题意,应该先求外币贷款的偿还期,再求人民币贷款的偿还期。

(1) 外币贷款的偿还期计算

首先列出借款还本付息表,再填表。

由于成本由人民币来支付,所以外币贷款的还款来源主要是外销收入。

第 3 年的还款来源=270×1/3=90(万美元)

第 4 年的还款来源=270×2/3=180(万美元)

正常年份的还款来源=270(万美元)

外币贷款还本付息表　　　　　　　　　　单位:万美元

序号	项　目	建设期		投产期		达产期						
		1	2	3	4	5	6	7	8	9	10	11
1	年初借款累计	1 179.00	1 276.15	1 381.30	1 405.12	1 340.91	1 181.40	1 008.74	821.86	619.59	400.64	163.65
2	本年应计利息	97.15	105.15	113.82	115.78	110.49	97.35	83.12	67.72	51.05	33.01	13.48
3	本息合计	1 276.15	1 381.30	1 495.12	1 520.91	1 451.40	1 278.74	1 091.86	889.59	670.64	433.65	177.14
4	本年还本付息	0.00	0.00	90.00	180.00	270.00	270.00	270.00	270.00	270.00	270.00	177.14
5	年末本息欠款	1 276.15	1 381.30	1 405.12	1 340.91	1 181.40	1 008.74	821.86	619.59	400.64	163.65	0.00

最后,根据报表计算公式求贷款偿还期,得

$$P_d = 11 - 1 + 177.14/270$$

$$= 10.66(年)$$

(2) 人民币贷款的偿还期计算

同样,先列表,再填表。

第 3 年:销售收入 $=1/3 \times 15\,000 = 5\,000$(万元)

经营成本 $=3\,400 + 1/3 \times 6\,600 = 5\,600$(万元)

折旧 $=1/20 \times$ 固定资产原值

$=1/20 \times$(固定资产投资额 $\times$ 固定资产形成率)

$=1/20 \times$(固定资产投资 + 建设期利息)

$=1/20 \times [2\,587 \times (1+10.95\%)^2 + 9\,782 \times (1+8.24\%)^2]$

$=732.25$(万元)

利润 = 销售收入 − 销售税金及附加 − 经营成本 − 折旧

$=5\,000 \times (1-6\%) - 5\,600 - 732.25$

$= -1\,632.25$(万元)

还款来源 = 利润 + 折旧

$= -900$(万元)

第 4 年:销售收入 $=2/3 \times 15\,000 = 10\,000$(万元)

经营成本 $=3\,400 + 2/3 \times 6\,600 = 7\,800$(万元)

还款来源 $=10\,000 \times (1-6\%) - 7\,800$

$=1\,600$(万元)

可用于还款 $=1\,600 - 900 = 700$(万元)

正常年份:还款来源 $=15\,000 \times (1-6\%) - 10\,000$

$=4\,100$(万元)

序号	项目	建设期		投产期		达产期
		1	2	3	4	5
1	年初借款累计	2 587.00	2 870.28	3 184.57	3 533.28	3 220.17
2	本年应计利息	283.28	314.30	348.71	386.89	352.61
3	本息合计	2 870.28	3 184.57	3 533.28	3 920.17	3 572.78
4	本年还本付息	0.00	0.00	0.00	700.00	3 572.78
5	年末本息欠款	2 870.28	3 184.57	3 533.28	3 220.17	0.00

最后根据公式求 $P_d = 5 - 1 + 3572.78/4100 = 4.87$(年)

复习思考题

1. 项目之间存在的经济关系有哪些？互斥方案的比选方法有哪些？

2. 为什么 *IRR* 不能直接用于多项目的比选？

3. 某投资项目有 A、B、C、D 四个备选方案。已知折现率为 10%，资金不受限制，试用净现值法、年等值法和内部收益率法进行方案比较，请问能发现什么问题，如何处理？四个方案的基本数据如下表所示。

方案	A	B	C	D
初始投资（万元）	170 000	260 000	300 000	330 000
年收入（万元）	114 000	120 000	130 000	147 000
年费用（万元）	70 000	71 000	64 000	79 000
寿命期（年）	10	10	10	10

4. 某公司的资金预算为 30 000 元，现考虑三个独立的投资项目：A 项目需要投资 12 000 元，连续 5 年每年均可获得 4 281 元的年收益；B 项目需要投资 10 000 元，连续 5 年每年均可获得 4 184 元的年收益；C 项目需要投资 17 000 元，连续 10 年每年均可获得 5 802 元的年收益。未被用作投资的资金可以存入银行，利率为 15%（也是行业基准收益率）。

   (1) 请列出所有可能的投资组合方案。

   (2) 该公司应该如何进行项目的选择？

5. 某项目的建设期为 2 年，生产期为 8 年。该项目需从银行贷款 4 000 万元用于固定资产投资，年利率为 10%，分别在第 1 年、第 2 年各投入 50%。借款协议规定建设期暂不付利息，但要求尽快偿还，且借款偿还期不得超过 7 年（从借款开始年算起）。项目其他所需资金皆为自有资金。根据有关规定，企业在还款期间每年可从税后利润中留成 9 万元用于职工奖励，在投产后的 3 年内（包括投产年）其折旧的 90% 可用于偿还贷款，投产 3 年后至还清借款为止的各年中，其折旧的 60% 可用于偿还借款，其余资料见下表。所得税率为 33%。试计算项目的借款偿还期，并判断项目的偿债能力。

	建设期		投产期	达产期
	1	2	3	4～10
销售收入（万元）			4 200	5 000
经营成本（万元）			2 500	3 000
折旧（万元）			1 000	1 000
销售税金及附加（万元）			200	300

第六章 国民经济评价

第一节 国民经济评价概述

一、国民经济评价的基本概念

国民经济评价又称经济评价,是从国民经济整体的角度,采用费用与效益分析方法,运用影子价格、影子汇率、影子工资和社会折现率等经济参数,计算分析项目需要国家付出的代价和对国家的贡献,评价投资行为的经济合理性。

对国民经济评价的范畴有两种不同的理解。一种是狭义的国民经济评价。这种观点认为,一个项目对国民经济的影响是多方面的,不仅带来经济的增长,也会给人民的就业、消费、文化教育、文学艺术等方面带来影响,所以经济评价和社会评价应该分开。经济评价只分析和评价项目对经济产生的影响,而对就业、消费、文化、生态、科技等社会生活方面的影响应放在社会评价中单独进行。另一种是广义的国民经济评价。这种观点认为可以将项目在各个方面产生的影响用统一的费用和效益比较方法进行评价。任何的影响都可以化为统一的、可比较的量纲计算和评价。目前,国际上最有影响的是联合国工发组织和世界银行发表的两种项目评价方法,都是采用了广义的国民经济评价概念。

我国颁布的《建设项目经济评价方法与参数》也基本上是按照广义的概念进行理解的。但是在具体方法的处理上,根据我国的国情,采用的是比较简单的评价方法。比如西方的经济评价中要进行项目对社会分配和储蓄的影响分析,而在我国实际的项目评估工作中,为避免过于复杂而没有这两项。所以,我国的国民经济评价虽然在原则上采用的是广义概念,但是在实际操作上却更接近于狭义的概念。

二、国民经济评价的意义

1. 进行国民经济评价首先符合合理配置资源的要求

项目投资活动是资源的配置和利用过程,而资源的有限性要求我们要充分、合理地利用这些资源,使其发挥最大的效用,也就是说投资项目的选择必须符合资源有效利用的原则。然而在广大的发展中国家,发展过程中普遍存在着各种非均衡的经济现象。即使是发达国家,由于存在外部效应、垄断,以及因贸易配额、补贴、税收而导致的市场扭曲,商品的市场价格并不能反映真正的市场供求关系。在这种条件下,按现行价格计算项目的投入和产出,不能确切地反映项目建设给国民经济带来的影响。因此,在国民经济评价中,利用能反映资源真实价值的影子价格等参数可以正确地反映出社会资源的配置效率,以此为根据进行项目比选,可以保证在充分合理利用有限资源的前提下,使国家获得最大的经济效益。

2. 国民经济评价可以真实地反映项目对国民经济的净贡献

微观有效并不能代表宏观有效。有些项目,从企业角度考察,经济效益很好,利润很高,但是从国家的角度考察,从社会利益出发,这些项目的高经济效益是有问题的。继续上马价高利大的长线产品,从微观上来讲,企业难以实现规模经济;从宏观上来讲,不仅加剧了产业结构失衡,甚至还会引起市场竞争秩序的混乱。而有些项目虽然微观效益不高,但是对国家的经济建设和经济发展贡献很大,如水利工程、城市交通等基础设施项目。因此,国民经济评价可以弥补企业经济评价的不足,正确反映项目对国民经济的真实效益和费用。

3. 国民经济评价是宏观调节的手段,是经济管理科学化的需要

目前我国市场化改革已经取得了很大程度的进展,但是市场体系仍然不够健全,市场分配资源的机制也并不完善,仍然需要政府的宏观经济调控。国民经济评价的作用在于可以体现国家宏观经济政策,引导社会投资方向,调节投资规模,促进经济管理手段的科学化。

影子价格、影子汇率以及社会折现率等参数可以充分地反映市场的状况和国家的宏观意图,运用这些参数,计算经济净现值、经济内部收益率等指标进行项目的评价和比选,可以起到鼓励或抑制某些行业和项目发展的作用,以促进国家产业政策和投资政策的实现。

三、国民经济评价与企业经济评价

国民经济评价与企业经济评价是项目经济评价的两部分内容,又分别称为经

济评价和财务评价。两者相互联系,它们之间既有共同之处,又有区别。两者的共同之处在于:

(1) 评价目的相同。两者都是运用基本的经济评价理论,寻求以最小的投入获得最大的产出。

(2) 评价基础相同。两者都是在完成产品需求预测、厂址选择、工艺技术路线和工程技术方案论证、投资估算和资金筹措等基础上进行的。

(3) 基本分析方法和主要指标的计算方法相同。两者都采用现金流量分析方法,并通过基本财务报表计算净现值、内部收益率等指标进行经济效益的分析。

它们的主要区别在于:

(1) 评价的角度不同。财务评价是从企业财务角度,站在投资者、债权人的立场,分析项目的财务盈利能力、清偿能力,确定投资行为的财务可行性;经济评价是从国民经济角度,站在全社会的立场,分析项目的经济合理性。

(2) 费用与效益的含义与划分范围不同。财务评价是根据企业直接发生的实际财务收支,计算项目的费用和效益;而经济评价则将社会资源耗费列入费用,真正给社会提供有用的产品和服务列为效益。因此,在经济评价中不只考察直接费用和效益,还要考察项目的间接费用和效益。而有些在财务评价中列为实际收支的,如税金、国内借款利息、补贴,从全社会的角度考虑是转移支付,并不作为经济评价的费用和效益。

(3) 采用的价格体系不同。财务评价采用的是实际的财务收支价格,即现行市场价格或计划销售价格;而经济评价为避免价格不合理对项目的国民经济效益的真实性产生影响,采用影子价格。

(4) 评价的根据不同。采用的贴现率不同。财务评价的根据是行业基准收益率;经济评价的根据是社会贴现率,是国家根据长期贷款利率等因素统一规定的。

(5) 评价的内容不同。财务评价的内容包括盈利能力和清偿能力两个方面;而经济评价只有对盈利能力的分析,没有对清偿能力的分析。

由于上述区别,财务评价与经济评价的结论可能存在以下四种情况:

(1) 财务评价和经济评价都可行,项目可以通过。

(2) 财务评价和经济评价都不可行,项目不能通过。

(3) 财务评价可行,经济评价不可行,一般应予以否定。

(4) 财务评价不可行,经济评价可行,一般应予以推荐,必要时可以提出相应的财务政策方面的建议,调整项目的财务条件,使项目在财务上也可行。

财务评价和经济评价的联系是非常紧密的。很多情况下,经济评价是在财务评价的基础上进行的。经济评价利用财务评价中已经使用过的数据资料,以财务评价为基础进行适当的调整,得出经济评价的结论。当然,经济评价也可以不以财务评价为基础而直接进行。

具体项目不同,经济评价的程序也不同。比如,工业项目可以在财务评价的基础上进行经济评价。而有些项目,如交通运输项目,也可先作经济评价。大中型项目两种评价都要作,小项目一般可以只进行财务评价。

四、国民经济评价的程序

进行国民经济评价包括以下几个步骤:

(1) 从整个国民经济角度来划分、确定项目的效益和费用,包括直接的和间接的效益和费用。

(2) 确定各种投入物和产出的合理经济价格,这是国民经济评价关键的一步。此价格称为影子价格。

(3) 将项目的各项经济数据按影子价格进行调整,重新计算项目的销售收入、投资、成本等经济数据。

(4) 在效益、费用数值调整的基础上,编制国民经济评价基本报表。

(5) 计算国民经济评价的主要经济指标。

(6) 从整个社会的角度来考察、研究、预测项目对于社会目标所作贡献的大小,即进行社会效果指标分析(包括对收入分配、就业、环保等进行定量分析;也包括无形的如对地区经济发展影响、产业结构、经济结构合理化程度、科学技术进步等定性分析)。

(7) 综合评价。

第二节　国民经济评价中的费用与效益

由于国民经济评价是从国家整体角度评价项目的经济可行性,因此不仅要对项目的直接费用和效益进行分析,还要对项目间接费用和间接效益进行分析。

划分建设项目的费用与效益,是相对于项目的目标而言的。经济评价是从整个国民经济增长的目标出发,以项目对国民经济的净贡献大小考察项目。识别的基本原则是:凡项目对国民经济所作的贡献,均计为项目的效益;凡国民经济为项目付出的代价,均计为项目的费用。在考察项目的效益与费用时,应遵循效益和费用计算范围相对应的原则。

一、直接费用与直接效益

项目的直接效益是由项目本身产生,由其产出物提供,并用影子价格计算的项目产出物的经济价值。

一般来讲,项目的直接效益表现为社会生产提供的物质产品及劳务。比如工业项目生产的产品,运输项目提供的运输服务,学校提供的就学机会等等。如果项目产品是最终产品,则会直接增加社会最终产品的总量;如果是中间产品,会导致社会最终产品的增加;如果项目并不增加产出,那么它的直接效益表现为投入的节约。

项目的直接费用主要指项目所需的投入物用影子价格计算的经济价值。

根据使用投入的情况,这些费用一般表现为:其他部门内供应本项目的投入而扩大生产规模所耗用的资源费用;减少其他项目和最终消费者的投入物供应所放弃效益;增加进口所增加的国家外汇支出;减少出口来满足项目对投入的需要而减少的外汇收入。

一般的项目,其直接效益和直接费用大多数已经在财务经济评价中得到了反映。

二、间接费用与间接效益

项目的间接费用是指国民经济为项目付出了代价,而项目直接费用中并没有反映的费用。例如工业项目产生的废水、废气和废渣引起环境污染及对生态平衡的破坏,项目并不支付任何费用,而国民经济付出了代价。

项目的间接效益是指项目对社会作出了贡献,而项目本身并未得到的那部分效益。例如有些项目不仅能为社会提供产品和服务,还能为社会提供劳动就业机会,创造新的消费观,改善社会投资环境等。前者可以直接反映为项目的财务收入,而后者却不得到反映。

项目的间接费用(外部费用)和间接效益(外部效益)统称为外部效果。在项目的经济评价中,只有同时符合以下两个条件的费用和效益才能称为外部费用和外部效益。

(1)项目将对与其并无直接关联的其他项目和消费者产生影响,包括产生费用和效益。

(2)这种影响在财务报表(如现金流量表)中并没有得到反映,或者说没有将其价值量化。

直接费用和效益一般比较容易识别,而间接费用和效益的识别则要困难得多,通常要考虑以下几个方面:

(1)环境影响。有些项目的建设会带来环境污染、生态的破坏,比如,排放污水、废气,噪音污染,放射性污染等等。这种影响一般难以计量,除根据环保部门规定征集的排污费计算外,可以参照同类企业所造成的损失来计算,或者按恢复环境质量所需的费用估计。有时这种影响不能作定量的计算,但至少也应作定性的描述。

（2）技术扩散效果。有时由于一个项目的建设，会带来先进的技术、知识和管理经验等，而这种先进性的扩散则会使整个社会受益。这种技术扩散的效果通常难以计量，一般只作定性分析。

（3）产业关联效果。一个项目的实施会给处于产业链上下游的企业带来影响。首先，刺激上游企业的发展，即为该项目提供原材料、中间产品的产业部门需要新增投资扩大生产能力或者充分利用原有生产能力，才能满足新增的需求；其次，带动下游企业的发展，即以该项目产品为中间投入的产业部门可能会由此降低生产成本、交易成本而产生更好的经济效益。

在大多数情况下，项目对上下游企业的影响可以在项目的投入和产出物的影子价格中得到反映，计入项目的直接效益和费用，不应再计算间接效果。对于那些难以在影子价格中反映的，则要作为项目的外部效果进行计算。

（4）乘数效果。乘数效果是指新建项目的实施，使原来闲置的资源得到利用，从而产生一种连锁性的外部效果，刺激地区或全国的经济发展。但是，只有在满足下列条件时才能把这种乘数效果归因于某个具体项目：① 资源闲置原因是国内需求不足，且除实施该项目之外，别无其他办法来提高总需求。② 该项目使用的资金没有机会用于其他项目。③ 应考虑整个项目周期内这种闲置资源被利用的情况。

一般情况下，在项目国民经济评价中不考虑这种乘数效果，只有在不发达地区建设项目时，如扶贫项目，才有必要考虑，而且只计算一次相关效果，不连续扩展计算。

（5）价格影响。拟建项目的产出物大量出口，从而导致出口价格下降，减少了创汇效益，减少效益可计为项目的负效应，或该项目的外部费用。如果该产品在国内销售，导致产品市场价格下降，则不应计入间接费用。因为，从整个国民经济体系来讲，企业效益的损失是转移给了国内的消费者，并没有效益的减少和损失，这与产品出口导致的影响不同。

由于项目外部效果在计算上的困难，项目评价有时也采用调整项目范围的办法，改变项目的外部效果，使之变为项目内的直接费用或效益。

第三节　影子价格与影子定价

在现实经济生活中，由于社会环境、经济体制、经济政策等因素的影响，市场价格并不能真实地反映各种产品及服务对于国民经济的价格，也不能反映各种资源的供求关系、稀缺状况。因此,为了正确度量项目产出物和投入物的价值,实现国民经济评价的目标,还必须对项目的各项财务价格进行调整。这种调整是通过影子定价进行的,是国民经济评估中最重要的工作环节。

一、影子价格的概念及理论计算

影子价格是指能够反映社会劳动的消耗、资源稀缺程度和对最终产品需求情况的价格。影子价格是根据一定的原则,人为确定的比财务价格更合理的价格。所谓合理,是指从定价原则来看,应该能更好地反映产品对国民经济的价值,反映资源稀缺程度,反映市场的供求状况;从定价结果来看,能使资源优化配置。

实际上,影子价格是建立在一般均衡的思想上的,以资源最优配置理论为基础的最优化价格。根据西方经济学理论,当市场达到完全竞争的均衡状态时,社会各种资源得到最有效的配置,此时的均衡价格就等于影子价格。影子价格的概念最早是在 20 世纪 30 年代末 40 年代初,由荷兰经济学家丁伯根以及苏联数学家、经济学家康特洛维奇分别提出的(他们分别是 1969 年和 1975 年诺贝尔经济学奖获得者),用来反映资源得到最优配置时的价值,也被称为预测价格、最优计划价格等。苏联学者康特洛维奇和美国学者库普曼用线性规划方法都证明了资源的最优配置与影子价格密切相关。

线性规划是由若干决策变量组成的线性目标函数,在满足若干约束条件的情况下,求极大值或极小值。任何一个使目标函数最大化的线性规划问题,都有唯一的使目标函数最小化的对偶的线性规划问题。这是一个问题的两个方面。只要其中一个问题解出来了,另一个问题就迎刃而解了。

理论上用线性规划方法可以求出各种资源和产品的影子价格。以国民收入为目标函数,作出各种资源得到充分利用的最优社会生产状态,此时该方程组的对偶解就是各种资源的影子价格,它在数值上等于资源变化一个单位时目标函数的增减量。

假设经济活动中共有 n 种产品,其产量用矩阵 $X=(x_1, x_2, \cdots, x_n)$ 表示,生产这些产品需要消耗的资源有 m 种,资源数量用 $B=(b_1, b_2, \cdots, b_n)$ 表示。则在资源有限的约束条件下的收益最大化目标函数可以表示为:

目标函数:$\max Z = CX$

$$s.t. : \begin{cases} AX \leqslant B \\ X \geqslant 0 \end{cases}$$

其中:Z——收益水平的矩阵;

C——产品价格的矩阵;

A——资源的单位消耗。

对这个线性规划求解可以等价于求其对偶问题。

目标函数：$\min W = YB$

$$s.t.:\begin{cases} YA^T \leqslant C^T \\ Y \geqslant 0 \end{cases}$$

其中：W——产品成本的矩阵；

　　　　Y——资源的价格矩阵。

可以证明均衡解

$$Y^* = \frac{\partial Z}{\partial B}$$

即影子价格是单位资源对社会产出的边际贡献。

可以发现，影子价格有两个主要特点：一是反映资源的稀缺程度、市场供求关系。供大于求的资源，其影子价格为 0；二是边际性，即影子价格是资源使用量的边际变化对国家的基本社会经济目标所贡献的价值。项目投入物的影子价格就是它的机会成本，反映了某种资源由于项目的使用而放弃了其他用途的收益；而项目产出物的影子价格就是消费者的支付意愿，是消费者购买这种产品愿意支付的价格。

由于线性规划求解需要大量的参数和完善的信息，而获取这些参数和信息又非常困难，因此，实际工作中往往采取简单实用的方法，将市场价格朝着接近影子价格的方向进行调整。L-M 法和 UNIDO 法都推荐了如何调整的具体方法，开始时二者差别较大，经过 10 多年的实践和不断地修正，两者的基本方法趋于一致，并在国际上被广泛采用。我国投资项目的国民经济评价也主要是以其为基础。

一般来说，国际市场比国内市场较少地受到政策影响，各种商品价格主要在市场竞争中形成，也更能反映产品真实的机会成本，所以常将国际市场价格作为调整价格的基础。

价格调整可直接选用某一适宜的价格作为影子价格，也可以事先确定一个价格换算系数，再根据财务价格计算调整后的影子价格，计算公式为：

价格换算系数＝影子价格/财务价格

影子价格＝财务价格×价格换算系数

二、影子价格的类型

进行影子价格换算，首先要明确货物（项目投入物和产出物）类型，因为货物类型不同，定价原则也不同。一般地，货物的类型分为三种：外贸货物、非外贸货物和特殊投入物。

外贸货物是指其生产及使用将直接或间接影响国家的进出口贸易，从而影响国家外汇的物品。

非外贸货物是指其生产及使用不影响国家进出口贸易的物品。

在区别外贸货物和非外贸货物时，一般采用以下原则：

(1) 直接进口的投入物和直接出口的产出物，应视为外贸货物。

(2) 对于项目的产出物来讲，还有两种间接影响进出口的情况，也应将其视作外贸货物处理：① 项目产出物间接出口。指该项目的产品并不出口，而在国内销售，但可以替代其他产品，使这些产品得以出口。② 项目产出物替代进口。指项目的产品在国内销售，可以减少同类产品的进口，实现进口替代。

(3) 对于项目的投入物来讲，也有两种情况，要将其视作外贸货物处理：① 项目投入物间接进口。指这种产品是国内生产的货物，由于项目的使用，国内原有用户不能满足需求而导致进口增加。② 项目投入物减少出口。指这种产品是国内生产的货物，原来有出口机会，由于拟建设项目的使用，丧失了出口机会，导致出口减少。

(4) 符合下列情况的货物，应视为非外贸货物：① 国内运输、电力、水利等基础设施所提供的产品和服务。②由于地理位置所限，运费过高，不能进行外贸的货物。③受国内外贸易政策的限制，不能进行外贸的货物。

总之，区分外贸与非外贸货物应注意防止：把外贸货物划得过宽，凡是国家有进出口额的货物都列为外贸货物；或者划得过严，认为只有项目本身直接出口货物或进口的投入物才算外贸货物。

特殊投入物是指项目使用的劳动力、土地以及资金等特殊资源的投入物。这些特殊投入物分别要采取不同的方法确定其影子价格。

三、影子价格的定价方法

(一)外贸货物的影子价格

口岸价格(进口货物为到岸价格，出口货物为离岸价格)又叫世界价格，是对外贸货物进行影子定价的基础。在完善的市场条件下，如果不考虑运输费用，国内市场价格应该等于口岸价格。因为如果国内市场价格高于到岸价格，那么消费者宁愿进口，而不愿购买国内货物；如果国内市场价格低于离岸价格，那么生产者宁愿出口，而不愿意在国内销售。所以，口岸价格相当于外贸货物的机会成本或消费者支付意愿，在完善的市场条件下，口岸价格就是影子价格。

然而在现实中没有约束的市场是不存在的，由于关税、限额等贸易政策的原因，国内市场价格和口岸价格会有差距，因此，要根据口岸价格调整计算外贸货物的影子价格。口岸价格的获得可以根据海关统计数据对历年的口岸价格进行回归和预测，或根据国际上一些组织机构提供的信息，分析一些重要货物的国际市场价格趋势。

1. 项目投入物影子价格的确定

项目投入物的影子价格是指到厂影子价格或到项目的影子价格,具体分为三种情况。

(1) 直接进口。

$$影子价格＝到岸价格＋国内运费＋贸易费用$$

用图解表示如图 6-1。

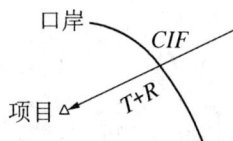

图 6-1　直接进口的投入物的影子价格计算

即:$SP = CIF + T + R$

其中:SP——影子价格。

CIF(Cost Insurance Freight)——到岸价,是指进口货物到达本国口岸的价格,包括国外购进的货价及货物运到本国口岸并卸下货物所需的运输费和保险费。这里的到岸价是用影子汇率调整的本币价格。

T——国内运输费,是将进口货物从口岸运到项目的国内运输费。

R——贸易费,是商品在国内流通过程中所发生的费用(长途运输费除外),等于贸易费用率×出厂价(或到岸价),贸易费用率反映的是物资流通的效率,没有特殊情况,一般取 6%。

(2) 间接进口。间接进口是指项目的供货单位向其原用户提供某种货物,在项目上马后,其原用户不得不依靠进口满足需求。此时,影子价格为:

$$SP=CIF+(T+R)_1-(T+R)_2+(T+R)_3$$

用图解表示如图 6-2。

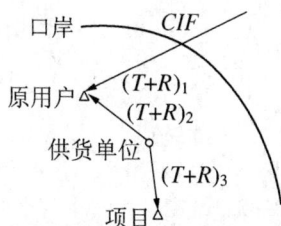

图 6-2　间接进口的投入物的影子价格计算

其中：$(T+R)_1$——口岸至原用户的运费加贸易费用；

$(T+R)_2$——供货单位到原用户的运费加贸易费用；

$(T+R)_3$——供货单位到拟建项目的运费加贸易费用。

当原用户和生产商的资料难以取得时，可简化作直接进口计算。这时要假定一个进口口岸，估计项目投入物的进口到岸价及从口岸到项目地点的运费和贸易费用，再按直接进口计算。

（3）减少出口。

$$SP = FOB - (T+R)_1 + (T+R)_2$$

用图解表示如图6-3。

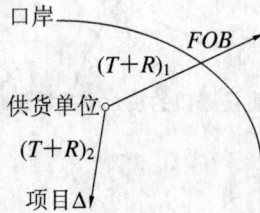

图6-3　减少出口的投入物的影子价格计算

其中：FOB(Free on Board)——离岸价，是指出口产品在口岸交货的价格，包括货物的出厂价、运抵口岸的国内运费及国内出口商的经销费用。这里的价格也是用影子汇率调整后的本币价格。

$(T+R)_1$——供货单位产品在供应项目前出口货物的国内运输费加贸易费。

$(T+R)_2$——供货单位到项目的运输费用加贸易费。

2. 项目产出物影子价格（出厂价格）的确定

（1）直接出口。

$$SP = FOB - (T+R)$$

用图解表示如图6-4。

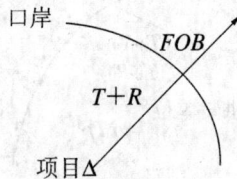

图6-4　直接出口的产出物影子价格计算

其中：$T+R$——项目到最近的口岸的国内运输费加贸易费。

（2）间接出口。

间接出口是指用户的需求被项目的产品满足，原供货单位的产品转为出口。

$$SP = FOB-(T+R)_1+(T+R)_2-(T+R)_3$$

用图解表示如图 6-5。

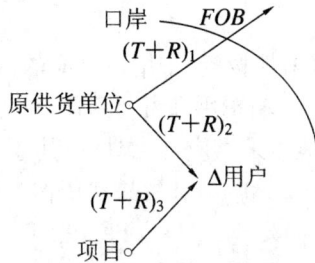

图 6-5　间接出口的产出物影子价格计算

其中：$(T+R)_1$——原供货单位到口岸的运输费加贸易费；

$(T+R)_2$——原供货单位运往用户的运输费用加贸易费；

$(T+R)_3$——项目产出物运往用户的运输费加贸易费。

当原供货商及用户难以确定时，可简化为直接出口计算。仍需假定一个产品出口的口岸，估算出口的离岸价及项目所在地到口岸的运输费和贸易费用，再计算产品的出口影子价格。

（3）替代进口。

$$SP=CIF+(T+R)_1-(T+R)_2$$

用图解表示如图 6-6。

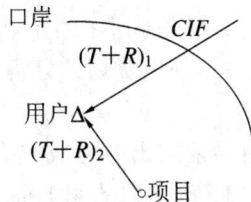

图 6-6　替代进口的产出物影子价格计算

其中：$(T+R)_1$——用户原进口货物从口岸到仓库的运输费加贸易费；

$(T+R)_2$——项目到用户的运输费加贸易费。

（二）非外贸货物的影子价格

非外贸货物要根据市场情况确定项目使用或生产的货物对市场产生的影响，分别定价。

1. 项目投入物影子价格的确定

（1）通过原有企业挖潜（不增加投资）来增加供应的，通常只对它的可变成本进行分解，得到货物出厂的影子价格，加上运输费用和贸易费用，就是货物到项目的影子价格。

（2）通过新增生产能力（增加投资）来增加供应的，可对它全部成本进行分解，得到货物出厂影子价格，加上运输费用和贸易费用，就是货物到项目的影子价格。

（3）无法通过扩大生产能力来供应，而靠挤占其他用户的用量的，可按市场价格、国家统一价格中较高的加上运输费和贸易费用作为影子价格。

2. 项目产出物影子价格确定

（1）增加国内供应数量，满足国内消费需求。如果市场供求均衡的，按财务价格定价；如果供不应求的，按市场价格变化的趋势定价，但不应高于同质产品的进口价格。

（2）对于市场上已经供大于求的，项目产品不增加国内的总消费量，而是替代其他企业的产出，致使其他企业减产甚至停产。若两者的质量相同，应该分解被替代企业相应产品的可变成本作为影子价格；如果项目产品的质量确有提高，可按被替代产品的可变分解成本加提高质量而产生的效益之和定价。提高产品质量带来的效益等于被替代产品的国内市场价格和国际市场价格之差。

3. 分解成本和成本分解法

确定非外贸货物影子价格的一个重要方法是成本分解法。用成本分解法对某种货物的成本进行分解，可得到该货物的分解成本。它是在从社会角度考虑资金时间价值的基础上，计算为增加单位该种非外贸货物所发生的投资和生产消耗的真实价值。计算原理为：将货物的财务成本按生产费用要素分解，然后分别计算其影子价格，汇总后便可得到该种非外贸货物的分解成本，并以此作为影子价格。

成本分解的步骤如下：

（1）数据准备。按生产费用要素列出财务成本表并剔除可能包含的税金，主要项目有：原材料、燃料和动力、工资、提取的职工福利基金、折旧费、大修理基金、流动资金利息支出以及其他支出。列出单位产品所占用的固定资产原值和固定资产投资额，其占用流动资金数额。设定产品的建设期限、建设期各年投资比例、经济寿命年限以及固定资产形成率等参数。

（2）计算重要原材料、燃料、动力、工资等投入物的影子价格及单位费用。可直接套用国家发布的影子价格和价格换算系数，然后用同一价格计算该投入品对于该物品的单位费用。这一数值可称为该投入品对该货物的经济单位费用,以区别于财务价格计算的该投入品对该货物的财务单位成本。

重要的原材料、燃料和动力中,有些可能属于非外贸货物,而且找不到现成的影子价格,这时可据成本分解法的各个步骤,对其进行第二次分解。

对财务成本中的工资和提取的福利费,用工资换算系数把它们调整为影子工资。

对财务成本中单列的运费,用运费换算系数进行调整。

(3)对固定资产投资进行调整,用固定资产投资的资金回收费用代替折旧。具体的调整是:

首先,根据各年的投资比例,把单位固定资产投资额分摊到建设期各年。

其次,将各年的固定资产投资额等值计算到建设期末或者生产期初,公式为:

$$I_F = \sum_{t=0}^{n_1} I_t (1 + i_s)^{n_1 - t} \tag{6.1}$$

其中:I_F——调整到生产期初的固定资产投资额;

I_t——建设期第 t 年固定资产投资额;

n_1——建设期;

i_s——社会折现率。

最后将 I_F 等值计算为生产期内每一年的固定资产投资的资金回收费用 M_F。计算公式为:

$$M_F = I_F (A/P, i_s, t) - S_V (A/F, i_s, t) \tag{6.2}$$

其中:M_F——每单位货物占用的固定资产投资回收费用;

S_V——固定资产残值;

t——生产期。

若不考虑残值,则:

$$M_F = I_F (A/P, i_s, t) \tag{6.3}$$

(4)用流动资金回收费用取代财务成本中的流动资金利息。设每单位货物的流动资金回收费用为 M_W,则有

$$M_W = W \cdot i_s \tag{6.4}$$

其中:W——单位货物所占用的流动资金。

(5)财务成本中其他项目可不予调整。

(6)各项费用调整后的总额即为该货物的分解成本,即总投资的资金回收、生产期生产要素费用之和,作为该货物的出厂影子价格。

需要说明的是:

(1)用成本分解法求非外贸货物的影子价格,应该用它的边际成本而非平均成本。但实际中由于数据的难以获得,往往忽略两种成本之别,而采用平均成本。

（2）由于多轮分解很复杂，因此只对重要的要素进行第二轮分解。

（3）在用成本分解法求取影子价格时，也可以按财务总成本进行分解，然后除以产量，即可得到单位货物的分解成本。

（4）对于那些生产能力富裕，不必新增投资即可增加供应量的非外贸货物，应按可变成本进行分解，即：剔除折旧之后，不再计算固定资金回收费用。

例 6.1 X 是非外贸货物，作为某拟建轻工项目的主要原料，进行国民经济评价时，需确定其影子价格。经调查，该产品每吨的固定资产原值为 1 164 元，占用流动资金 180 元，建设期为 2 年，投资比例是 1∶1，经济寿命为 20 年，固定资产形成率为 95％。其财务成本可见下表。由于该货物供不应求，应按全部成本进行分解。国内运输费用暂不考虑。

解：1. 数据准备

除已知的数据外，还可知：固定资产投资中建筑工程费占 20％，根据估算的"三材"（钢材、木材、水泥）用量调整的换算系数为 1.35。社会折现率为 12％。影子汇率为 1∶5.8。贸易费用率为 6％。

项　　目	单位	耗用量	耗用金额（元）	调整后金额（元）
一、外购原材料、燃料和动力			704.53	1823.71
原料 A	米³	4.42	412.37	1358.71
原料 B	吨	0.25	21.64	7.22
燃料 C	吨	1.4	65.82	109.82
燃料 D	吨	0.07	13.04	51.64
电力	千度	0.33	28.74	49.5
其他			94.31	94.31
铁路货运			59.24	142.77
汽车货运			9.37	9.74
二、工资			39.62	39.62
三、提取的职工福利基金			4.19	4.19
四、折旧费			58.2	208.3
五、大修理费			23.24	23.24
六、利息支出			7.24	21.6
七、其他支出			26.48	26.48
单位财务成本	吨		863.5	2147.14

2. 计算重要原材料的影子价格

(1) 外购原材料 A 为直接进口的外贸货物,到岸价 50 美元/米^3。

用影子价格调整的该项费用为:
$$50 \times 5.8 \times (1+6\%) \times 4.42 = 1358.71(元)$$

(2) 外购燃料 C 为非外贸货物,出厂影子价格为 74 元/吨。

用到厂影子价格调整的该项费用为:
$$74 \times (1+6\%) \times 1.4 = 109.82(元)$$

(3) 外购燃料 D 为外贸货物,可出口,离岸价扣减运费和贸易费用后为 120 美元/吨。

用影子价格调整后的费用为:
$$120 \times 5.8 \times (1+6\%) \times 0.07 = 51.64(元)$$

(4) 已知该地区的电力的分解成本为 0.15 元/度,以其为影子价格调整后的费用为:
$$0.15 \times 0.33 \times 10^3 = 49.5(元)$$

(5) 铁路货运价格换算系数为 2.41,用影子价格调整后的费用为:
$$59.24 \times 2.41 = 142.77(元)$$

(6) 汽车货运价格换算系数为 1.04,用影子价格调整后的费用为:
$$9.37 \times 1.04 = 9.74(元)$$

(7) 工资换算系数为 1,所以工资和职工福利费不作调整。

(8) 外购原料 B 是非外贸货物,可通过老企业挖潜增加供应,故应按可变成本进行第二轮分解确定影子价格。具体步骤如下:

① 收集数据,编制原料 B 的可变成本财务成本表。

项 目	单位	耗用量	耗用金额(元)	调整后金额(元)
原料 a	米^3	0.01	0.62	3.07
原料 b	吨	0.002	1.59	4.03
燃料 c	吨	0.01	0.44	0.78
燃料 d	吨	0.12	0.78	1.33
电力	千度	0.06	3.79	9
铁路货运			0.16	0.39
汽车货运			0.08	0.08
其他		8.57	8.57	
单位财务可变成本		27.25		

② 原料 a 为外贸货物,到岸价 50 美元/米^3,用影子价格调整的费用为:

$$50 \times 5.8 \times 1.06 \times 0.01 = 3.07(元)$$

③ 原料 b 为外贸货物,到岸价 328 美元/吨,用影子价格调整的费用为:

$$328 \times 5.8 \times 1.06 \times 0.002 = 4.03(元)$$

④ 燃料 c 为非外贸货物,影子价格为 74 元/吨,用影子价格计算的费用为:

$$74 \times 1.06 \times 0.01 = 0.78(元)$$

⑤ 燃料 d 为非外贸货物,价格换算系数为 1.61,用影子价格调整的费用为:

$$0.78 \times 1.61 \times 1.06 = 1.33(元)$$

⑥ 电力的地区影子价格为 0.15 元/度,用影子价格调整的费用为:

$$0.15 \times 0.06 \times 103 = 9(元)$$

⑦ 铁路货运费用按价格换算系数 2.41 调整,为:

$$0.16 \times 2.41 = 0.39(元)$$

⑧ 其他两项不作调整。

将调整后的各项加总得出原料 B 的出厂影子价格:27.25 元。到货物 X 的影子价格为:$27.25 \times 1.06 \times 0.25 = 7.22(元)$。列入 X 的单位财务成本表中。

3. 单位固定资产投资的调整

单位货物 X 所占用的固定资产投资额为:

$$1164 \div 95\% = 1225(元)$$

考虑固定资产投资中建筑工程费用的调整,单位固定资产投资额调整为:

$$1225 \times 20\% \times 1.35 + 1225 \times 80\% = 1310.75(元)$$

将固定资产投资按各年投资比例换算为生产期初的数值:

$$I_F = 1310.75 \times 50\% \times (F/P, 12\%, 2) + 1310.75 \times 50\% \times (F/P, 12\%, 1)$$
$$= 1555.86(元)$$

年固定资产投资资金回收费用

$$M_F = I_F(A/P, 12\%, 20)$$
$$= 208.30(元)$$

4. 流动资金回收费用的计算

$$M_W = W \cdot i_s$$
$$= 180 \times 0.12 = 21.6(元)$$

5. 其他财务成本不调整

6. 将上述各项调整后的费用填入货物 X 的财务成本表中,得到单位财务成本为:2 147.14 元,即为 X 的出厂影子价格

在对拟建的轻工项目进行国民经济评价时,这一影子价格还要另加运输费用和贸易费用,才成为货物 X 的到厂影子价格。

（三）特殊投入物的影子价格

1. 劳动力的影子价格——影子工资

职工工资和提取的福利费之和称为名义工资。名义工资和影子工资不是同样的概念。在财务评价中,名义工资作为费用计入成本。在国民经济评价中,名义工资因为是企业向职工的支付并不构成费用,对社会来讲,构成费用的是影子工资。

影子工资是劳动力的机会成本,是因项目使用劳动力,国家和社会为此付出的代价。它包括了两个部分:一是由于劳动力投入到所评价项目而放弃的在原来所在部门中的净贡献;二是由于劳动力就业转移所发生的额外的资源消耗,如培训费、交通运输费等。

在评价中,影子工资一般是以名义工资乘以一个系数来取得,这个系数称为工资换算系数。即,影子工资＝名义工资×工资换算系数。

某一类劳动力影子工资的高低主要取决于其技术熟练程度和稀缺性。技术熟练程度越高,则机会成本越高,影子工资也越高;此类劳动力越稀少,机会成本越高,影子工资也越高。

国外常将劳动力分成若干种类,分别给予不同的换算系数计算影子工资。但是在我国,由于一般的工业项目中该项费用在成本中所占比重不大,精确地计算影子工资的意义不大,因此1993年第二版的《建设项目经济评价方法与参数》把工资换算系数粗略地计为1,并不会影响国民经济评价的结果。

《建设项目经济评价方法与参数》还说明,在实际评估工作中,可根据项目所在地劳动力的充裕程度及所用劳动力的技术熟练程度,由评估人员确定影子工资的换算系数。对于就业压力大的地区,对于使用非熟练劳动力的影子工资换算系数可小于1;对于占用短缺的熟练技术人员的项目,系数可以大于1。例如《建设项目经济评价方法与参数》规定,对于建设期内大量使用民工的项目,如水利、公路、铁路等建设项目,其民工劳动力的影子价格换算系数为0.5。

2. 土地的影子价格——土地费用

土地是一种特殊的投入物,一旦项目占用了某块土地,其他项目就不能使用该块土地。土地在我国是稀缺性资源,项目使用了土地,国民经济要付出代价,这一代价就是土地费用,即土地的影子价格。

一般来讲,土地费用包括两个部分:

（1）土地的机会成本,是指该土地用于建设项目而使社会放弃的原有效益。

（2）土地用于建设项目而使社会增加的资源消耗。

土地的影子价格可直接从机会成本和新增资源消耗两个方面进行计算。但大多数情况下,土地的影子价格是从财务评价中土地的征用费出发进行调整计算。一般情况下,项目的实际征地费用可以分为三个部分:

（1）属于机会成本性质的，如土地补偿费、青苗补偿费等。

（2）属于新增资源消耗的费用，如拆迁费、剩余劳动力安置费、养老保险费等。

（3）属于转移支付性质的，如粮食开发基金、耕地占用税等。

对于属于机会成本性质的费用，要按机会成本计算方法进行调整计算；对于新增资源消耗性质的费用，要按影子价格计算调整；对于转移支付性质的费用，则不考虑。

对于土地机会成本的计算，项目所占用的土地类型对土地的机会成本影响很大：

（1）荒地和不毛之地，土地的机会成本为零。也就是说项目占用了这样的土地，国家不受任何损失。

（2）经济用地，不管用于农业、工业，还是商业，项目占用之后都会引起经济损失。对于农田，应该计算项目占用土地导致的农业净收益的损失。北方的主要农作物是小麦，我国是小麦进口国；南方的主要农作物是水稻，我国也是大米出口国。这样，农作物应以口岸价格而不是以国内收购价来计价。

（3）居住用地和其他非生产性建筑物、非营利性单位的用地。居住用地，首先要为原住户购置新的居住用地，其费用是新居住用地的机会成本；其次是实际花费的搬迁费。二项费用之和，是项目所占用居住土地的影子价格。

在项目的国民经济评价中，土地机会成本有两种计算方法：① 计算项目占用土地在整个占用期间逐年净效益的现值之和。② 将逐年其效益的现值换算为年等值效益，作为项目的每年的投入。具体计算中，一般采用第一种方法。

例 6.2 某项目建设期和生产期为 30 年，占用土地 1 000 亩，实际征用费用估计为 3 500 万元。费用构成如下表所示，请计算该土地的影子价格。

费 用 项 目	金 额（万元）
1. 土地补偿费	350
2. 青苗补偿费	30
3. 撤组转户老年人保养费	150
4. 养老保险金	10
5. 剩余农业劳动力安置费	800
6. 粮食开发基金	300
7. 农转非人口粮食差价补贴	200
8. 耕地占用税	500
9. 拆迁总费	1 000
10. 征地管理费	160
合 计	3 500

解：(1) 计算该土地的机会成本。

已知该土地可用于种植蔬菜，开工前一年的每亩土地净效益为 1 446.9 元，据分析，这块地的净效益将以平均每年递增 2% 的速度增加。在社会折现率为 12% 的条件下，该土地的机会成本为：

$$\sum_{t=1}^{30} 1\,446.9 \times (1+2\%)^{t+1}(P/F, 12\%, t)$$

$$= 1\,446.9 \times 1.02 \times \sum_{t=1}^{30} \frac{(1+2\%)^t}{(1+12\%)^t}$$

$$= 14\,142.8 (元 / 亩)$$

1 000 亩土地的机会成本为 1 414 万元。

(2) 计算新增资源消耗

新增资源消耗由撤组转户老年人保养费、养老保险金、剩余农业劳动力安置费、农转非人口粮食差价补贴、拆迁总费用、征地管理费六项构成。总额为 2 320 万元。

征地拆迁费用主要是建筑施工费用，用房屋建筑工程影子价格换算系数 1.1 进行调整，其影子价格为 1 000×1.1＝1 100 万元；其余五项不作调整。

新增资源消耗总计为 2 420 万元。

(3) 实际征地费中的粮食开发基金和耕地占用税属于转移支付，不列入土地影子价格。

因此，该土地的影子价格为 1 414＋2 420＝3 834 万元。

3. 资金的影子价格——社会折现率

资金的影子价格是资金用于项目投资而放弃的用于其他用途的收益，即使用项目资金的机会成本。社会折现率表示的是从国民经济整体出发对资金时间价值的度量。它一方面反映了投资的稀缺性，另一方面又反映了资金的实际获利能力。因此，社会折现率就是资金的影子价格。

在国民经济评价中，社会折现率的作用有：

(1) 作为统一的时间价值率标准。在经济评价中，往往需要衡量同一时点发出的各种投入和产出，进行不同时点的资金等值计算，所采用的时间价值率就是社会折现率。

(2) 作为国民经济评价主要指标——经济内部收益率的判断根据。只有在经济内部收益率大于或者等于社会折现率，本项目才是可行的。这就是说，社会折现率同时又是国民经济评价的基准收益率。

社会折现率的取值会对项目国民经济评价的结果产生重要的影响，因此，在实际工作中，这个参数是由国家根据一定时期内的投资收益率、资金的供求状况、通货膨胀、投资规模等因素统一测定并颁布的。1993 年公布的数值是 12%，现在实际取 9%。

4. 外汇的影子价格——影子汇率

在经济评价中常常涉及到外汇与本币的换算。在财务评价中,外汇是按照实际或预计将要发生的结算汇率计算成人民币。但是这种结算汇率并不总是代表外汇对于国民经济的真实价值。尤其是在发展中国家,由于各种经济的和非经济的原因,官方汇率往往不能真实地反映外汇价值,因此要用影子汇率替代官方汇率,以把外汇转化为统一的国内货币单位。

影子汇率不仅用于外汇与人民币之间的换算,还是经济换汇成本和经济节汇成本指标的判断依据。影子汇率应由国家统一测定和发布,并作定期调整。

根据我国外汇体制的改革,现已由直接公布影子汇率的做法转变为公布影子汇率换算系数。1993 年的《建设项目经济评价方法与参数》发布的系数为 1.08。

第四节 经济评价的基本报表

与企业财务经济评价一样,国民经济评价也要编制一些报表,用来归集项目的国民经济效益和费用,计算国民经济评价指标。国民经济评价的基本报表一般包括国民经济效益费用流量表(全部投资)、国民经济效益费用流量表(国内投资)和经济外汇流量表三种。

一、经济效益费用流量表(全部投资)

该表的编制是以全部投资为口径,计算项目计算期内各年项目的国民经济效益和费用的流量,用来计算全部投资的经济内部收益率和经济净现值。

具体格式见表 6-1。

表 6-1 国民经济效益费用流量表(全部投资)

序号	项目	合计	建设期		生产经营期				
			1	2	3	4	5	···	N
1	效益流量								
1.1	产品销售收入								
1.2	回收固定资产余值								
1.3	回收流动资金								
1.4	项目间接效益								
2	费用流量								
2.1	固定资产投资								

序号	项目	合计	建设期		生产经营期				
			1	2	3	4	5	⋯	N
2.2	更新改造投资								
2.3	流动资金								
2.4	经营费用								
2.5	项目间接费用								
3	净效益流量(1－2)								

计算指标

经济内部收益率$(EIRR)=$

经济净现值$(ENPV)=$　　　　　　　　$i_s=$　　%

该表与全部投资财务现金流量表相比,不同之处主要有:

(1) 财务现金流量表中的现金流入和现金流出是按财务价格计算的,而在国民经济效益费用流量表中的效益和费用则均按影子价格计算。

(2) 财务现金流量表中的销售税及所得税等因素系国民经济内部的转移支付,所以既不作为费用,也不作为效益。

(3) 由于是从国民经济角度考察项目的效益和费用,因此在项目流入和流出中分别增加了"项目外部效益"和"项目外部费用"。

二、经济效益费用流量表(国内投资)

对于涉及国外投资和国外贷款的项目,还应该编制国内全部投资经济效益费用流量表。该表是以国内投资为口径,计算项目计算期内的国民经济各项费用和效益的流量。

具体格式见表6-2。

表6-2　国民经济效益费用流量表（国内投资）

序号	项目	合计	建设期		生产经营期				
			1	2	3	4	5	⋯	N
1	效益流量								
1.1	产品销售收入								
1.2	回收固定资产余值								
1.3	回收流动资金								
1.4	项目间接效益								

序号	项目	合计	建设期		生产经营期				
			1	2	3	4	5	…	N
2	费用流量								
2.1	固定资产投资中国内投资								
2.2	更新改造投资中国内投资								
2.3	流动资金中国内投资								
2.4	经营费用								
2.5	流至国外的资金								
2.5.1	国外借款本金偿还								
2.5.2	国外借款利息支付								
2.5.3	其他								
2.6	项目间接费用								
3	净效益流量(1-2)								

计算指标

经济内部收益率(EIRR)＝

经济净现值(ENPV)＝ $i_s=$ %

该表的效益流量项与全部投资国民经济效益费用表是一致的,主要的区别在于费用流量项。

国内投资效益费用流量表中的 2.1 和 2.2 都不包括用于固定资产和流动资金投资的国外借款,因为借款是用来投资的,对于整个项目体系来讲,一借一支在净效益流量中是抵消的,不需再计算这部分投资。而当偿还国外借款本息的时候,则要在 2.5 项的流至国外的资金一项中列支。

三、经济外汇流量表

对于涉及产品出口创汇及替代进口节汇的项目,除了经济流量表以外,还应该编制经济外汇流量表。

经济外汇流量表显示了项目计算期内每年各项外汇实际收入和支出的流量,用来对项目的外汇效果进行分析。

具体格式见表 6-3。

表6-3 经济外汇流量表

序号	项目	合计	建设期		生产经营期				
			1	2	3	4	5	…	N
1	外汇流入								
1.1	产品销售外汇收入								
1.2	外汇借款								
1.2.1	长期借款								
1.2.2	流动资金借款								
1.3	自有外汇资金								
1.4	其他外汇收入								
2	外汇流出								
2.1	固定资产投资中外汇支出								
2.2	进口原材料								
2.3	进口零部件								
2.4	技术转让费								
2.5	偿付外汇借款本息								
2.6	其他外汇支出								
3	净外汇流量(1-2)								
4	产品替代进口收入								
5	净外汇效果(3+4)								

对于产品替代进口的项目,产品替代进口在国内销售收到外汇的收入或因国家减少进口而节约的外汇支出还应填入表中的第4项"产品替代进口收入",并成为计算净外汇效果的一部分。

表6-1、表6-2和表6-3这三种主要经济报表中的数据都是反映项目对国民经济影响的效益或费用。因此,报表的编制首先要对国民经济效益和费用进行计算。国民经济效益和费用的计算有两种方法:一是直接用影子价格等参数估算;二是在财务评价收支测算的基础上进行调整。为了简化计算,一般只对价格扭曲较大的主要投入物和产出物的影子价格进行调整。

在编制经济评价报表的基础上,就可以进行国民经济效益的评价了。

第五节 国民经济评价指标

广义的项目国民经济评价包括国民经济盈利能力分析、外汇效果分析和社会效益分析三个部分,而实践中一般只进行狭义的国民经济评价,对社会效益等外部效果主要是进行定性分析。

一、国民经济盈利能力指标

盈利能力分析是国民经济评价最主要的内容,主要是通过计算经济内部收益率和经济净现值两个指标进行分析。根据计算的口径不同,还可以具体分为:全部投资内部收益率、全部投资经济净现值与国内投资内部收益率、国内投资经济净现值。用全部投资的口径不考虑项目投资的来源,假设全部投资都是国内投资,分析项目建设对国民经济的效益。用国内投资的口径计算则要考虑项目投资资金的筹集方案,考虑从国外借款获得的资金对项目的影响,针对国内投资进行盈利能力分析。

1. 经济内部收益率

经济内部收益率(EIRR)是项目在计算期内各年经济净效益流量累计现值等于零时的折现率。经济内部收益率用来反映项目经济盈利能力的大小,是项目国民经济评价的主要指标,必须计算。

计算公式为:

$$\sum_{t=0}^{n} (B-C)_t (P/F, EIRR, T) = 0 \qquad (6.5)$$

其中:$EIRR$——经济内部收益率;

B——效益流入量;

C——费用流出量;

$(B-C)_t$——第 t 年的净效益流量;

n——项目的计算期。

当项目的经济内部收益率等于或大于社会折现率时,表明项目对国民经济的净贡献达到或者超过了预定的要求,项目可行。

2. 经济净现值

经济净现值(ENPV)是用社会折现率将项目计算期内各年净效益流量折算到项目建设期初的现值之和。计算公式为:

$$ENPV = \sum_{t=0}^{n} (B-C)_t (P/F, i_s, t) \qquad (6.6)$$

其中:i_s——社会折现率;

其他符号含义同前式。

当经济净现值大于或等于零时,表明国家为拟建项目付出代价后,可以得到符合或超过社会折现率要求的社会盈余。经济净现值越大,盈利能力越大。

二、经济外汇效果指标

外汇是对国家经济发展具有特殊价值的重要资源,外汇平衡也是国家宏观调控的重要经济目标之一。对于涉及产品出口创汇及替代进口结汇的项目,应进行经济外汇效果分析,计算经济外汇净现值、经济换汇成本和经济节汇成本三个指标。

1. 经济外汇净现值

经济外汇净现值(ENPV_F)是将项目计算期内各年的净外汇流量按社会折现率折算到建设期初的现值之和。计算公式为:

$$ENPV_F = \sum_{t=0}^{n}(FI-FO)_t(P/F,i_s,t) \tag{6.7}$$

其中:FI——外汇流入量;

FO——外汇流出量;

$(FI-FO)_t$——第 t 年的净外汇流量;

n——计算期。

该指标是按照项目的实际外汇净收支计算的,当它等于或大于零时,从外汇的获得或者节约的角度表明了项目是可行的。

2. 经济换汇成本

当项目有产品直接出口时,要进行经济换汇成本的计算,来评价项目实施后在国际上的竞争力,继而判断其产品出口对国民经济是否真正有利。

经济换汇成本(CF)是指换取一单位的净外汇收入需要耗费多少价值的国内资源。它是用货物影子价格、影子工资和社会折现率计算的为生产出口产品而投入的国内资源价值(以人民币计价)与生产的出口产品的净外汇收入(以美元计价)的比值。由于产品的出口创汇与其生产支出之间的时间并不总是一致的,因此,该指标要用现值来计算。计算公式为:

$$CF = \frac{\sum_{t=0}^{n}DR_t(P/F,i_s,t)}{\sum_{t=0}^{n}(FI'-FO')_t(F/P,i_s,t)} \tag{6.8}$$

其中:DR_t——项目第 t 年为生产出口产品而投入的国内资源价值(以人民币计价,包括原材料、劳动力影子工资、其他投入费用以及应分摊的投资费用);

FI'——出口产品的外汇流入,以美元计价;

FO'——生产出口产品的外汇流出(包括进口原材料、零部件已经应由出口产品分摊的固定资产投资及经营费用中的外汇流出),以美元计价;

$(FI' - FO')_t$——第 t 年的产品出口净外汇收入；

n——计算期。

当 CF 小于或等于影子汇率时，项目产品出口是有利的。

3. 经济节汇成本

当项目的产品可以替代进口的时候，需要计算经济节汇成本。它与经济换汇成本类似，所不同的是它的外汇收入不是产品直接出口带来的外汇收入，而是产品替代进口从而为国家节省下来的外汇支出。这一指标也是用产品替代进口的净节汇额与相应的国内资源投入的现值之比来计算。计算公式为：

$$经济节汇成本 = \frac{\sum_{t=0}^{n} DR_t''(P/F, i_s, t)}{\sum_{t=0}^{n} (FI'' - FO'')_t(F/P, i_s, t)} \tag{6.9}$$

其中：DR_t''——项目在第 t 年为生产进口替代产品而投入的国内资源，以人民币计价；

FI''——产品替代进口的节汇额，以美元计价；

FO'——生产替代进口产品的外汇流出，以美元计价；

$(FI'' - FO')_t$——第 t 年的产品净节汇额；

n——计算期。

经济节汇成本可以反映项目产品以产顶进节汇在经济上是否合理。当它小于或等于影子汇率时，则表明产品替代进口是有利的。

第六节　案例分析[①]

1. 项目选址

项目建设地点为一麦田，面积 300 亩，土地征用费用 100 万元，根据前 3 年的数据该麦田年平均亩产 400 公斤。收购价为每 100 公斤 45 元，生产成本为每 100 公斤 30 元。小麦出口离岸价格为每吨 150 美元。贸易费用率为 6%。运输距离（产地到港口）为 300 公里，运输的影子价格为每吨公里 0.05 元。

2. 项目投资

该项目固定资产投资假定全部为贷款。其中外币贷款为 150 万美元，人民币贷款为 445 万元。外币贷款利率为 5%，人民币贷款利率为 8%。第 1 年年初全部

---

① 案例选自姚长辉，金萍编著：《投资项目评估》，企业管理出版社，1998 年版。

付清。该项目建设期为 3 年,第 4 年年初开始投产,并达设计生产能力的 50%。第 5 年以后达到设计生产能力的 100%,项目的使用期为 15 年。固定资产形成率为 100%,流动资金投资为 250 万元,由贷款解决,利息率为 8%。

3. 经营情况

正常年份产量为 1 万吨,销售价为每吨 900 元。产品属于进口替代品。进口到岸价格(已扣除进口关税和增值税)为每吨 200 美元,贸易费用率为 6%。内销收入可以偿还外币贷款。销售税金、城市建设税、教育费附加为销售收入的 5%。正常年份的经营成本为 260 万元,其中固定成本 130 万元,变动成本为 130 万元。企业最低收益水平为 12%,固定资产期末净残值为 50 万元,直线折旧。

4. 参数

美元对人民币汇率为 1:5.7,影子汇率为 8.8 元/美元。社会折现率为 12%。固定资产投资中"三材"占内资投资的 60%,其综合价格换算系数为 1.5。项目所使用的原材料为非外贸货物,国内市场供求平衡,故不作调整。除上述条件外,其他投入物均不作调整。

5. 要求

(1) 计算正常年份的销售利润、项目周期内总销售利润、贷款偿还期(外币债务优先,归还贷款在年底进行)。

(2) 计算项目的财务净现值、财务内部收益率。

(3) 计算建设项目的经济净现值(全部投资)。

解:先画出现金流量图:

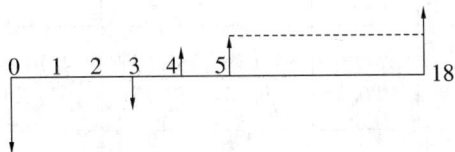

(1) 总投资＝固定资产投资＋流动资金＋建设期利息

$$＝150 \times 5.7 \times (1+5\%)^3 + 445 \times (1+8\%)^3 + 250$$

$$＝1800.8(万元)$$

$$年折旧＝\frac{固定资产原值-固定资产残值}{折旧年限}$$

$$＝\frac{固定资产投资 \times 固定资产形成率-固定资产残值}{折旧年限}$$

$$＝\frac{(固定资产投资+建设期利息) \times 固定资产形成率-固定资产残值}{折旧年限}$$

$$＝\frac{(1\,800.8-250) \times 100\%-50}{15}$$

$$=100.1(万元)$$

第 4 年销售利润＝产品销售收入－销售税金及附加－产品成本

　　　　　　＝产品销售收入－销售税金及附加－

　　　　　　（经营成本＋折旧＋流动资金利息）

$$=900×1×(1-5\%)×50\%-130-130×50\%-$$

$$100.1-250×8\%$$

$$=112.4(万元)$$

正常年份的销售利润＝产品销售收入－销售税金及附加－

　　　　　　　　（经营成本＋折旧＋流动资金利息）

$$=900×1×(1-5\%)-260-100.1-250×8\%$$

$$=474.9(万元)$$

项目周期内总销售利润$=112.4+474.9×14$

$$=6\ 761(万元)$$

（2）编制贷款还本付息表，并填入数据。

外币贷款的偿还期$=6-1+305.55/575$

$$=5.5(年)$$

人民币贷款的偿还期$=7-1+471.65/575$

$$=6.8(年)$$

序号	项目	建设期			投产期	达产期		
		1	2	3	4	5	6	7
1	年初借款累计	855＋445	897.75＋480.6	942.64＋519.05	989.77＋560.57	824.76＋605.42	291＋653.85	436.71
2	本年应付利息	42.75＋35.6	44.89＋38.45	47.13＋41.52	49.49＋44.85	41.24＋48.43	14.55＋52.31	34.94
3	本息合计	897.75＋480.6	942.64＋519.05	989.77＋560.57	1037.26＋605.42	866.00＋653.85	305.55＋706.16	471.65
4	本年还本付息	0	0	0	112.4＋100.1	474.9＋100.1	575	471.65
5	年末本息欠款	897.75＋480.6	942.64＋519.05	989.77＋560.57	824.76＋605.42	291＋653.85	436.71	0

（3）计算 NPV 及 IRR。

$$FNPV = -(150 \times 5.7 + 445) - 250(P/F,12\%,3) + [900 \times 50\% \times (1-5\%)$$
$$-130 - 130 \times 50\%] \times (P/F,12\%,4) + (900 - 900 \times 50\% - 260)$$
$$(P/A,12\%,18-4)(P/F,12\%,4) + (50+250)(P/F,12\%,18)$$
$$= 1215（万元）$$

当 $i_1 = 20\%$ 时，$FNPV_1 = 1.72$（万元）

当 $i_2 = 25\%$ 时，$FNPV_2 = -400.79$（万元）

$$FIRR = 20\% + \frac{1.72}{1.72 + 400.79} \times 5\%$$
$$= 20.02\%$$

（4）求经济净现值。

① 对项目投资进行调整

a. 外币投资 $= 150 \times 8.8 = 1\,320$（万元）

b. 人民币投资中的土地征用费 100 万元用土地机会成本代替。

土地的机会成本计算如下：

每吨小麦的产地影子价格 $= 150 \times 8.8 - 0.05 \times 300 - $ 产地影子价格 $\times 6\%$

产地影子价格 $= 1\,231$（元）

每吨小麦的净收益 $= 1\,231 - 300 = 931$（元）

18 年内每亩小麦的净收益现值 $= 0.4 \times 931(P/A,12\%,18) = 2\,699.9$（元）

300 亩小麦的机会成本为：$300 \times 2\,699.9 = 81$（万元）

c. 投资中的"三材"调整

$445 \times 60\% \times 1.5 = 400.5$（万元）

所以，项目固定资产投资总额 $= 1\,320 + 445 \times 40\% + 400.5 - 100 + 81 = 1\,879.5$（万元）

② 正常年份的销售收入调整

产品的影子价格 $= 200 \times 8.8 \times 1.06 + 300 \times 0.05$
$$= 1\,880.6（元）$$

销售收入 $= 1 \times 1\,880.6 = 1\,880.6$（万元）

③ 经营成本调整

根据题意，不作调整。

$$ENPV = -1\,879.5 - 250(P/F,12\%,3) + (50\% \times 1\,880.6 - 130 - 130 \times 50\%)(P/F,12\%,4) + (1\,880.6 - 260)(P/A,12\%,14)(P/F,12\%,4) + (50+250)(P/F,12\%,18)$$
$$= 5\,281.2（万元）$$

复习思考题

1. 为什么要进行国民经济评价？国民经济评价与企业财务经济评价有何异同？

2. 什么是影子价格？在国民经济评价中影子价格是怎样确定的？

3. 国民经济评价的具体步骤有哪些？

4. 某产品是非外贸货物，虽然该类产品的市场已经供大于求，但是由于项目工艺先进，产品质量高于其他同类产品，因此仍然取得了较好的经济效益。该产品的销售价为每吨5 120元，被替代的同类产品国内销售价为每吨5 000元，进口产品在国内销售价为每吨5 810元。该产品的财务可变成本如下表所示。

序号	项目	单位	消耗量	财务可变成本（元）
1	A	吨	1	1 500
2	B	吨	0.5	1 700
3	C	吨	0.2	213
4	电力	吨	500	200
5	煤	吨	0.3	54
6	铁路运费			60
7	其他费用			500
	合计			4 227

其中，A为外贸货物，到岸价每吨180美元；B为非外贸货物，价格换算系数为1.054 6；C为非外贸货物，价格换算系数1.086 5；铁路运费换算系数为1.333。影子汇率为8.964。贸易费用率为6%。其他不作调整。请计算该产品的影子价格。

5. 某项目固定资产投资共448 344万元，建设期2年，投资比例为49：51。第3年投产，并达到设计生产能力的80%，第4年达到设计生产能力的90%，第5年达到100%。项目生产期为12年，期末残值为93 895万元。流动资金投资40 176万元，分别在生产期的前3年投入，比例为80：10：10，并于期末一次性回收。项目正常年份的销售收入为318 575万元，经营成本为225 426万元，其中固定成本为9 306万元，变动成本为216 120万元。以上是按国民经济效益与费用调整后的数值。社会折现率为12%。请计算该项目的国民经济盈利指标。

第七章 不确定性及风险分析

第一节 不确定性及风险分析概述

如前所述的项目评估,无论是企业财务经济评价还是国民经济评价,都是建立在对未来项目投资、成本及收益的预测和估算的基础上进行的,并假定计算期、利率、税率等参数确定不变。这种假定一系列要素确定不变的分析方法是确定性分析。但是现实的投资活动会因为诸多因素而发生与预测结论相偏离的情况,例如国内外经济、政治、文化等方面的变化,经济发展周期、自然条件和资源状况的变化,甚至是科学技术的发展等等,都有可能对投资活动的市场条件产生深刻的影响,从而改变项目的效益或成本条件,导致投资项目的经济效益受到损失。实际情况与预测结论有差异是绝对存在的普遍现象,因此,投资决策实际上就是一种风险行为。

任何的投资决策都是有限理性条件下的经济行为,也就是说,投资主体进行的决策,是在他当时的条件下和所知的可能选择方案中,与其决策目标一致的最佳选择。确定性项目评估中的各种财务数据就是投资主体决策时的条件,当这些条件,如投资额、原材料价格、产品价格发生了变动,或者折现率等参数被重新调整了,那么,原来的最佳选择就不再是最佳的了,甚至还有可能导致经济利益的损失。因此,为了充分考虑项目外部条件的变化对项目经济效益的影响,为了提高投资决策的水平和保证投资决策的科学性、准确性,有必要在确定性经济评价的基础上,对项目,尤其是大中型投资项目,进行不确定性和风险分析。

在项目评估中,不确定性与风险是可以互换使用的两个概念,虽然它们是有区别的。不确定性分析是对项目不确定性因素进行分析,以判别其对项目经济效益产生的影响。风险分析是对不确定性分析的补充和延伸,主要是根据项目风险管理的要求,对项目投资活动达到预期效果目标方面可能存在的各种风险进行必要的分析,重点是分析某一种事件发生的不确定性或者可能性的程度有多大;并决定这样的不确定性是否构成显著的风险;决定对于项目决策而言,该风险是否可以接受。

本章主要介绍项目不确定性分析中的盈亏平衡分析、敏感性分析和概率分析三种方法,其中盈亏平衡分析只用于财务效益分析,敏感性分析和概率分析可以同时用于财务效益分析和国民经济效益分析。最后,本章还将对风险决策的基本原则及方法进行讨论。

第二节 盈亏平衡分析

一、盈亏平衡分析的基本原理

盈亏平衡分析是在一定的市场、生产能力及经营管理条件下,研究项目投产运行后正常生产年份的成本与收益平衡关系的方法。

投资项目的收益与亏损有个转折点,即盈亏平衡点(BEP)。在这一点上,销售收入与生产成本相等,项目刚好盈亏平衡。盈亏平衡点越低,项目实现盈利的可能性越大,造成亏损的可能性就越小。

盈亏平衡分析法就是要找出这个盈亏平衡点,用以衡量项目适应生产或销售情况变化的能力,考察项目的风险承受能力。

盈亏平衡点的表达形式有多种,可以用实物产量、单位产品售价、单位产品的可变成本,以及每年固定成本的绝对量表示,也可以采用相对值表示,例如生产能力利用率等。其中以产量和生产能力利用率表示的盈亏平衡点应用最为广泛。

二、线性盈亏平衡分析及应用

1. 前提条件

进行线性盈亏平衡分析,首先有一系列的前提条件:

(1)需采用项目建成投产后正常年份的数据进行分析。

(2)假设生产量等于销售量,产品没有积压,能够全部出清。

(3)假设项目只生产单一产品。若同时生产几种产品,可采取某种方式折算成一种产品进行分析。

(4)建设项目的产品组合应保持不变或按规定的比例变动,不能随意变动。

(5) 产品的销售价格、可变成本和固定成本在项目寿命期内保持不变。

2. 分析方法

在假定企业产品的成本函数是线性的条件下,企业生产成本可以表示为:

$$TC = C_F + C_V$$
$$= C_F + V \times Q$$

其中:TC—— 生产总成本;

C_F—— 固定成本;

C_V—— 可变成本;

V—— 单位产品可变成本;

Q—— 产量。

销售收入为:

$$TR = P \times Q$$

则利润方程为:

$$L = TR - TC$$

根据盈亏平衡点的涵义,$L = 0$,则可求出以年产量表达的盈亏平衡点:

$$Q_E = \frac{C_F}{P - V} \qquad (7.1)$$

若考虑销售税金及附加(t 为税率),则:

$$Q_E = \frac{C_F}{P(1 - t) - V} \qquad (7.2)$$

盈亏平衡分析还可以通过图解法进行。

右图中的横轴为年产量,纵轴为生产总成本和销售收入。根据生产函数与收入函数的特点,总成本曲线与销售收入曲线相交于点 E,两线交点对应的产量即为盈亏平衡点。在盈亏平衡点的左侧,项目生产成本大于销售收入,是亏损区;在盈亏平衡点的右侧,项目生产成本小于销售收入,是盈利区。

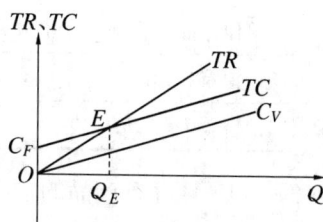

盈亏平衡点还有其他的表现形式,主要有:

(1) 用生产能力利用率表示:

$$BEP = \frac{Q_E}{设计生产能力} \qquad (7.3)$$

(2) 用销售价格表示的:

$$BEP = \frac{年固定总成本 + 总可变成本 + 总销售税金及附加}{年产量} \qquad (7.4)$$

盈亏平衡点越低,项目适应市场变化的能力越大,抗风险能力越强;反之,项目在存在不确定的条件下,达到预期效益的可能性越小。

通过上述公式可知,要降低盈亏平衡点可以有两个途径:一是通过技术改进、提高劳动生产率及加强管理等方法降低项目的固定成本 C_F 和可变成本 C_V;二是增强市场势力,提高单位产品价格。

例 7.1 某项目财务评估数据如下:正常年份的产量为 53 万吨,销售收入为 90 000 万元,销售税金为 3 000 万元,总成本费用为 34 967 万元,可变成本为 24 073 万元,年固定成本为 10 894 万元。求盈亏平衡点。

解:根据已知条件,选择生产能力利用率表示盈亏平衡点:

$$BEP = \frac{10\ 894}{90\ 000 - 3\ 000 - 24\ 073} \times 100\% = 17.31\%$$

3. 盈亏平衡分析与多产品组合

经济现实中企业往往是多产品生产的,在这种情况下,进行盈亏平衡分析就需要选择合适的计算方法。

例 7.2 某项目生产甲、乙、丙三种产品,年总固定成本为 500 万元,可变成本为 800 万元,年销售收入达 2 300 万元。各种产品的售价等信息如下表所示,试确定该项目的盈亏平衡点。

产　　品	A	B	C
单位产品售价(元)	500	400	200
单位产品可变成本(元/吨)	300	250	100
销售量(万吨)	3	1.5	1
销售收入(万元)	1 500	600	200

解:(1)计算各产品的边际贡献率。

甲产品:边际贡献率 $= \dfrac{500-300}{500} \times 100\% = 40\%$

乙产品:边际贡献率 $= \dfrac{400-250}{400} \times 100\% = 37.5\%$

丙产品:边际贡献率 $= \dfrac{200-100}{200} \times 100\% = 50\%$

(2)计算三种产品的加权平均边际贡献率。

加权平均边际贡献率 $= 40\% \times \dfrac{1\ 500}{2\ 300} + 37.5\% \times \dfrac{600}{2\ 300} + 50\% \times \dfrac{200}{2\ 300}$

$= 40.22\%$

（3）计算以销售收入表示的盈亏平衡点。

$$BEP = \frac{总固定成本}{加权平均边际贡献率} = \frac{500}{40.22\%} = 1\,243.16（万元）$$

即项目的销售收入达到 1 243.16 万元时,项目盈亏平衡。

利用盈亏平衡分析,还可以帮助企业调整产品结构,寻找最佳产品组合。关键是销售量及销售收入随着产品组合的变化而变化,以销售收入表示的盈亏平衡点低者为较好的组合结构。

4. 盈亏平衡分析与互斥方案比选

在进行互斥方案的比选时,如果有某个不确定因素影响方案的取舍,可以采用盈亏平衡分析方法,确定最优方案。

例 7.3 某项目可以有两种方案实施,A 方案固定资产投资 20 万元,单位产品可变成本为 9 元,B 方案固定资产投资 35 万元,但是单位产品可变成本较低,仅为 6 元。试确定哪个投资方案更好。

解：影响两个方案的主要是成本因素,设产量为 Q,则两个方案的总成本函数为：

$$C_A = 200\,000 + 9Q$$

$$C_B = 350\,000 + 6Q$$

可以发现,使两个方案总成本相等的产量即为选择方案的关键值。通过计算得出该平衡点的产量为 5 万单位产品。即当产量小于 5 万时,A 方案比 B 方案好;当产量大于 5 万时,B 方案比 A 方案好。

三、非线性盈亏平衡分析

实际工作中,经常遇到的是成本与产量、销售收入与产量都不成线性变化的情况。这时就要用非线性盈亏平衡分析。

根据经济学基本原理,非线性的成本函数可以用一个二次曲线表示为：

$$TC = C_F + \alpha_1 Q + \alpha_2 Q^2$$

非线性的销售收入函数可用一个过零点的二次曲线表示,为：

$$TR = \beta_1 Q + \beta_2 Q^2$$

由盈亏平衡点的原理 $TR=TC$,得：

$$(\alpha_2 - \beta_2)Q^2 + (\alpha_1 - \beta_1)Q + C_F = 0 \tag{7.5}$$

该二次方程的非负实根即为盈亏平衡点的产量。设 $Q_E^1 < Q_E^2$,则有：$Q_E^1 < Q_E < Q_E^2$ 时,项目盈利;若 $Q < Q_E^1$ 或 $Q > Q_E^2$ 时,项目亏损。即 Q_E^1 为转亏为盈点,而 Q_E^2 为转盈为亏点。

且利润最大时的产量为：

$$Q^* = -\frac{\alpha_1 - \beta_1}{2(\alpha_2 - \beta_2)} \tag{7.6}$$

用图解法表示可如下图：

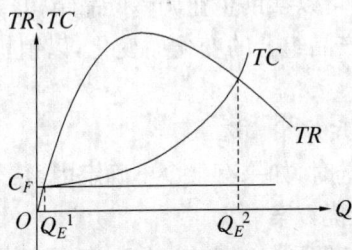

盈亏平衡点分析是以最基本的经济学原理为基础，利用产量、售价以及成本等主要参数，对项目可能承担的风险进行的分析，简单明了，但主要问题是有比较严格的前提条件，往往难以得到全面的结论。尽管如此，但由于其简便易行，目前仍被广泛采用。

第三节 敏感性分析

一、敏感性分析的含义与作用

敏感性分析是研究建设项目主要因素发生变化时，项目经济效益发生的相应变化，以判断这些因素对项目经济目标的影响。这些可能发生变化的因素即不确定性因素。进行敏感性分析的目的就是要找出项目的敏感因素，并确定其敏感程度，以预测项目承担的风险。

一般进行敏感性分析所涉及的不确定因素有：产品产量，售价，主要原料价格、燃料和动力价格，可变成本，固定资产投资建设期及汇率等等。

敏感性分析不仅可以使决策者了解不确定性因素对项目评价指标的影响，从而提高决策的准确性，还可以启发评价者对那些较为敏感的因素重新进行分析研究，以提高预测的可靠性。另外，在多方案比选中，也可以利用敏感性分析选择经济效益相似但敏感性小的方案。

根据项目经济目标，敏感性分析可以分为国民经济敏感性分析和财务敏感性分析两种。国民经济敏感性分析是对国民经济评价指标作的敏感性分析；财务敏感性分析是对财务评价指标所作的敏感性分析。或者也可以根据每次考虑的变动因素的数目不同，分为单因素敏感性分析和多因素敏感性分析。

二、单因素敏感性分析

单因素敏感性分析是假定经济流量中的其他参数保持在某一水平不变,只考察某一参数变化对项目经济效益的影响。通过单因素敏感性分析,确定各个因素中最敏感的,找出因素变化的原因和解决途径,为项目经济评价提供可靠的依据。

进行敏感性分析的步骤如下:

(1)确定敏感性分析的研究对象。敏感性分析是研究不确定因素对投资项目效益指标的影响,因此它的研究对象就是各投资效益指标。对具体项目进行分析时,应根据项目所处不同阶段选取不同研究对象。如一般是对项目的内部收益率和净现值等评价指标进行敏感性分析,必要时也可以对投资回收期和借款偿还期等进行敏感性分析,而在项目建议书阶段,通常选择投资收益率和投资回收期作为评价指标。

(2)确定不确定性因素及其变化幅度。影响项目经济效益的不确定性因素很多,不可能对所有的因素都作敏感性分析,一般都是选择那些影响较大的不确定性因素,或是那些在确定性分析中所选择的数据可靠性不大的因素,或是在项目计算期内有可能发生较大变化的因素,如:固定资产投资、固定成本、变动成本、产品价格等。

因素的变化一般用相对值来表示。相对值是每个不确定性因素从原始值进行变动的幅度,例如±10%、±20%等号。一般最大幅度不超过±30%。

(3)计算并分析不确定性因素的变动影响。计算各个不确定性因素不同幅度的变动所导致的经济效益评价指标的变动结果,一般通过列表表示。根据因素相对变化对经济评价指标影响大小,可以得到各个因素的敏感性程度,即因素变化率。因素变化率最大的即为最敏感性因素。计算因素变化率的公式为:

$$变化率＝效益指标变动差额/变量因素的变动幅度$$

(4)绘制敏感性曲线图,确定敏感因素变化的临界值。敏感因素的临界值是导致项目由可行变为不可行的不确定因素变化值。

具体做法是:将不确定性因素变化率作为横坐标,以某评价指标,如净现值或内部收益率为纵坐标。每条曲线与基准收益率线的交点称为该不确定性因素变化的临界点,该点对应的横坐标为不确定性因素变化的临界值,即该不确定性因素允许变动的最大幅度,或称极限变化。当不确定性因素的变化超过了这个极限,项目就由可行变为不可行。

将这个幅度与估计可能发生的变化幅度相比较,若后者大于前者,则表明项目经济效益对于该因素比较敏感,项目将承受一定的风险。

例7.4　某项目确定性经济效益分析的现金流量表如下。根据分析,预计由于未来市场条件的变化,固定资产投资、产品价格和经营成本均有可能在±20%的范围内变动,设行业基准收益率为10%。试分别对上述三个不确定性因素进行敏感性分析。

财务现金流量简表　　　　　　　　单位:万元

年　序	0	1~10	11
固定资产投资	10 000	0	0
流动资金投资	600	0	0
产品销售收入	0	2 500	2 500
销售税金及附加	0	250	250
经营成本	0	300	300
期末回收流动资金和残值	0	0	3 000
净现金流量	−10 600	1 950	4 950

　　解:选择财务净现值作为经济效益指标,根据题意计算不确定性因素的变动对项目经济效益的影响,结果如下表所示。

单位:万元

	−20%	−10%	−5%	0	5%	10%	20%
固定资产投资额	5 116.85	4 116.85	3 616.85	3 116.85	2 616.85	2 116.85	1 116.85
产品价格	603.16	1 860.01	2 488.43	3 116.85	3 745.27	4 373.69	5 630.54
经营成本	3 166.44	3 141.64	3 129.25	3 116.85	3 104.45	3 092.06	3 067.26

绘制敏感性分析图,再求敏感因素的临界值。

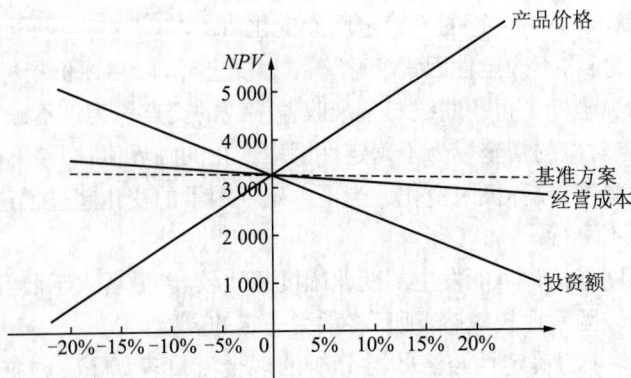

由上图可发现,产品价格是最敏感因素,其次是固定资产投资,最后是经营成本。设产品价格变动的临界值为 $x\%$,则

$$\frac{x\%-20\%}{x\%}=\frac{603.16}{3\,116.85}$$

$$x\%=25\%$$

即当产品价格降低的幅度大于 25% 时,项目由可行变为不可行。

三、双因素敏感性分析

在投资项目的实际运作中,往往是多个不确定性因素同时发生作用,单因素敏感性分析假设只有一个因素发生变动,显然不符合实际情况。为了考察多因素同时变化对项目经济目标所产生的影响,就需进行多因素敏感性分析。

当只考虑两个因素时,便是敏感面分析,当同时考虑的因素有三个的时候,就是三因素敏感分析。为了简便起见,这里只介绍双因素敏感性分析。

双因素敏感性分析是研究两个相互独立的因素同时发生变化对分析对象产生的影响,以确定该项目承担的风险程度。双因素敏感性分析一般是在单因素敏感性分析的基础上,先确定出两个主要变动因素,然后再分析这两个因素同时变动时对项目经济效益的影响。

分析的步骤是:

(1) 确定两个敏感性因素 X 和 Y。

(2) 列出敏感面分析方程式,并按分析的期望值要求,将方程式变为不等式。

(3) 绘制分析图。

例 7.5　某投资项目折算到投资年初的投资总额为 18 000 万元,建设期 1 年,且当年投产。年销售收入为 22 000 万元,销售税金及附加为销售收入的 10%,年经营成本 15 000 万元,项目寿命期 12 年,无残值。项目基准收益率为 10%。经分析,影响该项目效益的因素中不确定性最大的是投资总额和销售收入。试对此项目的净现值进行敏感面分析。

解：设投资变化率为 x,y 为销售收入变化率,则 NPV 的计算方程为:

$NPV=-18\,000(1+x)+22\,000\times(1-10\%)(1+y)(P/A,10\%,12)-$
　　　$15\,000(P/A,10\%,12)$

当 $NPV\geqslant0$ 时,方案可以盈利,经化简,将评价标准方程变成不等式:

$$y\geqslant-0.109\,0+0.133\,4x$$

在 x-y 坐标系中,画出临界曲线:

$$y=-0.109\,0+0.133\,4x$$

临界曲线将坐标平面分成两个区域,在临界曲线上方的部分 $NPV>0$,是盈利

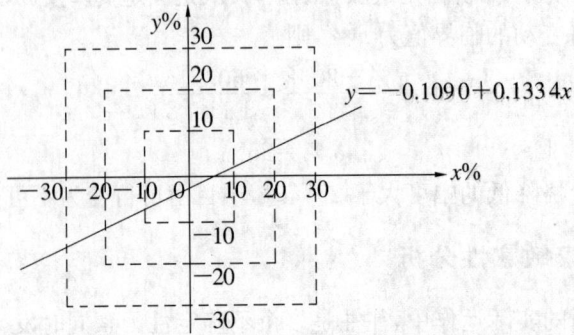

区;在临界曲线下方的部分 $NPV<0$,是亏损区。通过观察发现,临界曲线几乎与 x 轴平行,说明 NPV 对投资变化不敏感,而对销售收入的变化较为敏感。

在临界曲线上方的面积反映了当 x、y 共同变化一个程度时,项目盈利性有多大。通过计算,本项目的盈利性要大于 50%。

利用敏感性分析,评估者不仅可以了解到不确定因素对于项目经济效益的影响程度,找出最敏感因素,同时还可以测定达到项目效益临界点时敏感因素的允许变动程度,进而分析项目由于敏感因素的变化而承受的风险程度。

但是敏感性分析本质上仍然是一种定性分析,它假定各个不确定性因素发生各种变动的可能性是一样的,例如,投资额增加 10% 与增加 15% 的概率相同。但实际上,任何因素在未来发生某一幅度变动的概率不可能全部相同。这样就会发生一种情况,对一项目而言,某敏感性程度不强的因素现实中发生不利变化的可能性很大,实际带来的风险反而要比另一个敏感性程度高的但发生不利变化的可能性小的因素带来的风险要大得多。

由于敏感性分析无法预测不确定因素发生的可能性有多大,也就不能正确地计算敏感因素对项目效益指标的影响程度,所以有必要深入地进行概率分析,以确定项目抵抗风险能力到底有多大。

第四节　概率分析

一、概率分析的基本原理

概率分析是运用概率方法研究各种不确定性因素和风险因素的变动对项目经济效益影响程度的一种定量分析方法。

敏感性分析只能研究项目经济效益对不确定性因素的敏感程度,而不能确定这些敏感性因素发生某种变化的可能性大小。概率分析比敏感性分析更进一步,它是在选择了敏感性因素的基础上,先估计其发生变动的范围,然后根据已有资料和知识经验等,估计出变动范围内各种事件的概率,然后根据这些概率的大小,分析测算因素变动对项目经济效益带来的影响,并估计所获结果的稳定性。

当我们利用 NPV 等指标评价项目时,对未来现金流量往往进行的是区间估计而不是点估计。例如,一般而言,未来市场状况可以有三种基本情况:好、一般和差。在这三种市场条件下,某项目的现金流量如下表所示,若基准收益率为10%,则可以得到三个经济效益指标值。

状态	0	1	2	3	NPV
好	−1 000	500	700	980	769.35
一般	−1 000	500	600	700	476.33
差	−1 000	300	300	250	−291.51

此时可以得出结论:敏感性分析发现该项目的经济效益值位于−291.51 到769.35 的范围之内。进一步的分析发现,市场状况好、一般和差三种情况出现的可能性是不同的,根据三种状态的概率,就可以计算出项目效益指标在未来可以达到的平均水平,为 410.67。

状态	概率	NPV	NPV×概率
好	0.3	769.35	230.80
一般	0.5	476.33	238.17
差	0.2	−291.51	−58.30
合计			410.67

项目经济效益指标值在未来可以达到的平均水平即经济效益的期望值。期望值又称数学期望,是随机事件的各种变量与相应概率的加权平均值,代表了不确定性因素在实际中最可能出现的值。

影响项目经济效益的不确定性因素都是随机变量,由于现金流量最终由这些因素的取值所决定,因此,作为不确定因素的函数的项目经济效益指标也是随机变量,可以先对参数值作出概率估计,再以此为基础计算项目效益指标的期望值。

计算项目经济效益期望值的一般公式如下:

$$E(Y) = \sum_{i=1}^{n} Y_i P_i \tag{7.7}$$

其中:Y_i—— 在第 i 种状态下方案的经济效益;

P_i——第 i 种状态发生的概率；

n——项目在寿命周期内可能发生的状态种数。

二、概率分析的基本程序

在项目评估中进行概率分析的一般步骤为：

(1) 根据要分析的项目效益指标，列出各种需考虑的不确定性或敏感性因素。

(2)估计出每个不确定性因素的变化范围，并根据已有的统计数据和经验，确定该因素在其变动范围内最可能出现的概率。

评价结论的准确性与概率估计的准确与否有很大的关系。概率的计算方法有两种：一种是根据大量实验，用统计的方法进行计算；另一种是根据概率的古典定义，将事件分解为基本事件，用分析的方法进行计算。用这两种方法得到的概率称为客观概率。

但在实际工作中，经常不可能获得足够多的信息，特别是在对经济活动进行分析时，也不可能做大量实验，因而很难计算出客观概率，只好由决策者和专家对事件的概率作出一个主观估计，这就是主观概率。主观概率是使用较少信息量作出估计的一种方法。当然这种个人观点和估计不是不切实际的胡乱猜测，而是将过去长期的经验与目前的信息相结合，得出合理的估计值。

(3) 分别求出各种可能发生事件的经济效益指标值，如净现值，然后求出它的期望值，确定在该不确定性因素情况下项目的经济效益指标的期望值。

(4) 求出使项目经济上可行的累计概率。

例7.6 已知某项目各参数值及其概率如下表所示。试计算该项目净现值的期望值并判断项目的风险性。

参数	数值	概率
投资(万元)	2 000	1.0
i	12%	1.0
寿命(年)	8	0.2
	10	0.5
	13	0.3
年经营利润(万元)	100	0.2
	300	0.3
	500	0.5

解：根据题意,计算项目经济效益指标 NPV,其一般公式为:

$$NPV= -2\,000+年经营利润(P/A,12\%,寿命)(P/F,12\%,1)$$

通过分析发现,年经营利润、寿命期同时发生变化有 9 种可能性,分别计算每一种可能性时的 NPV 值,计算过程如下。

投　资	年经营利润	P	寿命	P	共9种情况	组合	概率	NPV	$NPV\times P$
			8	0.2	1	0.2×0.2=0.04		−1 556.44	−62.26
	100	0.2	10	0.5	2	0.2×0.5=0.1		−1 495.49	−149.55
			13	0.3	3	0.2×0.3=0.06		−1 426.45	−85.59
			8	0.2	4	0.3×0.2=0.06		−669.33	−40.20
200	300	0.2	10	0.5	5	0.3×0.5=0.15		−486.48	−72.97
			13	0.3	6	0.3×0.3=0.09		−279.34	−25.14
			8	0.2	7	0.5×0.2=0.1		217.79	21.78
	500	0.5	10	0.5	8	0.5×0.5=0.25		522.53	130.63
			13	0.3	9	0.5×0.3=0.15		867.77	130.17

$$\sum=-153.13$$

计算结果表明,项目 NPV 的期望值为−153.13 万元,是不可行的。而实际上只有当年经营利润为 500 万元时,项目才可行。

再求累计概率。

按 NPV 值的大小次序排列	概率	累计概率
−1 556.44	0.04	0.04
−1 495.49	0.1	0.14
−1 426.45	0.06	0.2
−669.33	0.06	0.26
−486.48	0.15	0.41
−279.34	0.09	0.5
217.79	0.1	0.6
522.53	0.25	0.85
867.77	0.15	1

绘制累计概率图

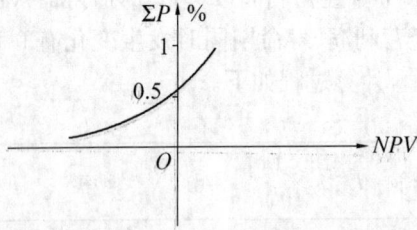

根据分析发现,净现值大于 0 的累计概率要小于 50%,即项目亏损的可能比盈利的可能大,项目存在一定的风险。

三、期望值的稳定性分析

经济指标的期望值只是平均水平的反映,并不反映实际指标值与其平均水平之间的距离到底有多大,因此仅仅用经济效益的期望值作为评价标准,往往会影响到结论的准确性和客观性。

下图中的曲线反映了两个项目 A 和 B 的经济效益分布。

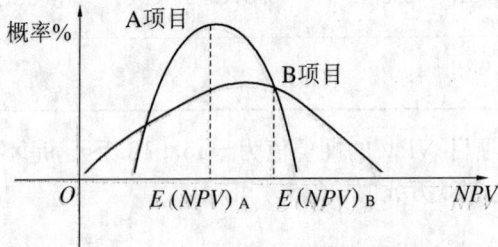

B 项目的平均收益水平要高于 A 项目,但是实现这个高收益的可能性却比 A 项目小,即 A 项目实际发生的可能情况与期望值比较接近。

为了衡量这种与平均水平的离散程度,或者说期望值的稳定性,就要计算标准差。标准差表示的是事件发生的变量与数学期望值的偏离程度。该指标越小,说明实际发生的可能情况与期望值越接近,该期望值的稳定性也越高,项目风险就小。一个好的项目应该具有较高的期望值和较小的标准差。

标准差的计算公式为:

$$\sigma = \sqrt{\sum_{i=1}^{n} \left[Y_i - E(Y) \right]^2 P_i} \qquad (7.8)$$

实际的情况往往是当项目投资额比较大时,不同方案的期望值很大,但是标准差也比较大,如上图中的 B 项目。因此,同时应用期望值和标准差指标会产生矛盾,从而无法作出判断。为了解决这个矛盾,实践中更多的是计算变异系数,综合考虑项目的盈利性和风险性。

变异系数的计算公式为：

$$v = \frac{\sigma}{E(NPV)} \tag{7.9}$$

一般而言，该系数越小，项目的相对风险越小，反之亦反是。

综上所述，运用概率分析选择项目最优方案，一是要比较期望值的大小；二是要用标准差和变异系数来衡量风险的大小。一般情况下，如果项目风险相同，应选择期望值大的方案；如期望值相同，则应选择风险小的方案。

例 7.7 方案 A、B 在各种市场情况下的净现值及其概率如下表所示。试作风险与不确定性分析。

A		B	
NPV	P	NPV	P
100	0.1	100	0.2
200	0.8	300	0.6
300	0.1	500	0.2

解：根据题意计算方案的净现值期望值、标准差以及离差系数。

	A	B
$E(NPV)$	200	300
σ	44.72	126.49
v	22.36	42.16

根据净现值的期望值的大小选择方案为 B，根据标准差选择方案为 A，综合考虑两个因素，就要参考离差系数的大小，最终选择方案为 A。因为方案 B 要达到净现值的期望值时的风险远大于方案 A。

第五节 风险决策的基本原则与方法

一、风险决策的条件与基本原则

1. 风险决策的条件

风险性决策问题也叫统计型决策问题，或称随机型决策问题。它是指人们通过大量实践,发现这一类决策问题的变量可能发生的结果有统计规律可循,并根据这一统计规律,可得到变量不同结果发生的概率分布。但由于决策者在决策过程中,尽管掌握了这种统计规律也不能避免一定的风险,故称这类决策问题为风险性决策。

进行风险决策应具备的条件为:

(1) 决策者希望达到的目标,如收益最大化或损失最小。

(2) 存在两个或两个以上可供选择的行为方案。

(3) 存在两个或两个以上不以决策者主观意志为转移的自然状态。

(4) 决策者根据过去的经验和科学理论可以预先估计和计算出每种自然状态出现的概率。

(5) 可以计算出不同方案在不同自然状态下的经济效益指标值。

2. 概率已知条件下的风险决策原则

投资风险决策是决策者根据一定的评价原则作出的项目投资决策,为了进行风险决策,首先应确定决策的基本原则。在不确定性因素发生某种概率事件的可能性已知的条件下,一般有以下几种决策原则:

(1) 优势准则。优势准则是指在 A 与 B 两个备选方案中,如果不论在什么状态下,A 总优于 B,则可认定 A 相对于 B 是优势方案,B 为劣势方案,从而将 B 从备选方案中筛去。

在两个以上的方案选择时,应用优势准则一般不能决定最佳方案,但可减少备选方案数目,缩小决策范围。因此多方案比选时,往往先用优势准则剔除劣势方案,再利用其他准则进行方案的优选。

(2) 期望值准则。期望值准则是指根据各备选方案经济效益指标的期望值大小进行决策的原则。如果经济效益指标用收益表示,则选择期望值最大的方案;若经济效益指标用费用表示,则应选择期望值最小的方案。

例 7.8 某投资项目要确定每年的产品生产批量。通过市场预测和调查,已知产品销路好、一般和差三种状态的概率分别为 0.2、0.6 和 0.2。产品可采用大批量、中批量和小批量生产三种策略,各策略在不同状态下每年的净现值如下表。

单位:万元

NPV	Q(销路好)	Q(销路一般)	Q(销路差)
	$P=0.2$	$P=0.6$	$P=0.2$
A_1(大批量)	35	23	−15
A_2(中批量)	25	20	0
A_3(小批量)	12	12	12

在上例中,各方案净现值的期望值为:

$E_{A_1} = 35 \times 0.2 + 23 \times 0.6 - 15 \times 0.2 = 17.8(万元)$

$E_{A_2} = 25 \times 0.2 + 20 \times 0.6 + 0 \times 0.2 = 17(万元)$

$E_{A_3} = 12 \times 0.2 + 12 \times 0.6 + 12 \times 0.2 = 12(万元)$

按期望值原则,应该选择大批量生产方案 A_1。

（3）最小方差准则。最小方差准则是指人们倾向于选择经济效益指标方差较小的方案。因为方差越大,表明实际发生的方案经济效益值偏离期望值的可能性越大,风险也越大。

上例中的各方案净现值方差为:

$$\sigma_{A_1}^2 = 290.56$$

$$\sigma_{A_2}^2 = 76$$

$$\sigma_{A_3}^2 = 0$$

按最小方差准则,应选择方案 A_3,这又与期望值准则的选择结论发生矛盾。在备选方案期望值相同或收益值大的方案方差较小的情况下,期望值准则与最小方差准则的结论是一致的。但很多情况下,两者并不一致,对于这个矛盾,还没有找到广泛接受的解决办法,因为投资风险决策取决于决策者对风险的承受能力。一般的说,风险偏好者倾向于按期望值准则进行决策,而风险厌恶者则倾向于按最小方差准则决策。

（4）最大可能原则。在风险决策中,一种状态概率越大说明该状态发生的可能性越大,故可以从各个状态中选择一个概率最大的状态,根据这种状态下各方案的经济效益值的大小进行决策,称为最大可能准则,其实质是将风险决策问题转化为确定性决策问题来考虑。

采用最大可能原则的前提条件是:某状态发生的概率大大高于其他状态的概率,且各方案在不同状态下的经济效益的差别不大。

在上例中,状态 Q（产品销路一般）出现的状态概率最大,按这种状态决策,应选择在该状态下净现值最大的方案 A_1。

（5）满意原则。满意原则是事先确定一个令决策者足够满意的目标值,再将各备选方案在不同状态下的经济效益指标值与该目标值比较,经济效益指标值优于或等于该满意目标值概率最大的方案即为所选择的方案。对于复杂的风险决策问题,有时人们往往很难发现最佳方案,因此该准则是一种比较现实的决策准则。

在上例中,如果假定满意目标值为净现值不小于 23 万元,则各方案达到该目标的概率分别为:

$$P_{A_1}(NPV \geqslant 23) = 0.2 + 0.6 = 0.8$$

$$P_{A_2}(NPV \geqslant 23) = 0.2$$

$$P_{A_3}(NPV \geqslant 23) = 0$$

方案 A_1 实现满意目标的可能性最大，即为所选方案。

3. 概率未知条件下的风险决策原则

实际情况往往是我们不能事先通过计算或者估计得到各种自然状态出现的概率，也就是说，投资决策往往不能依靠预先估计的自然状态的概率来解决。此时，就只能单纯依靠各方案在不同自然状态下经济效益指标值进行分析、比较和决策。由于决策者分析问题的方法和环境条件各不相同，评价方案所采用的准则各异，所以，对于同一问题，可能有不同的决策结论。通常所采用的决策准则有：乐观准则、悲观准则、等可能性准则和后悔决策准则等。下面举例说明其具体的含义及应用。

（1）乐观准则。乐观准则也称极大极大值决策准则，这种准则表明决策者相当乐观，认为事情总是会向最有利于自己的方向发展。如果是以成本或者费用做为分析对象，乐观准则就是极小极小准则。

例7.9 已知一个求最大收益的投资决策问题，现有四个备选方案，结果可能有四种状态，但是无法估计每种状态出现的概率，四个备选方案在每种状态下的净现值已知，如下表所示。试选择合适的投资方案。

	θ_1	θ_2	θ_3	θ_4
A_1	7	15	24	25
A_2	27	19	22	15
A_3	11	19	23	31
A_4	20	14	16	26

根据乐观准则，由于决策者相信无论其采取什么行动，最有利的情况都会发生，因此，对于不同的方案，其赋予的效益值分别为：$A_1=25$；$A_2=27$；$A_3=31$；$A_4=26$。根据收益最大原则，应该选择方案 A_3。

（2）悲观准则。悲观准则也称最大最小值准则。该准则表明决策者认为最不利的情况总会发生，因此，对每个方案都取各自然状态下的最小收益值，而在各个方案之间则以最大收益为标准进行优选。如果是求最小费用的决策问题，则为极小极大准则。

同上例，对于不同的方案，采用悲观准则的决策者将对各个方案赋值：$A_1=7$；$A_2=15$；$A_3=11$；$A_4=14$。根据最大收益的原则，最终应选择方案 A_2。

（3）加权系数准则。该准则是乐观准则和悲观准则的折中。多数情况下，不可能有绝对的乐观或者悲观，根据具体情况，可以事先估计一个乐观系数 α，

$0 \leqslant \alpha \leqslant 1$，再利用下列公式对每一个方案求出一个 C 值。

对于收益最大问题：

$$C_i = \alpha \max + (1-\alpha) \min \qquad i = 1, 2, \cdots, m, m \text{ 为方案数}.$$

比较各方案的 C 值，最大者则为所选方案。

对于求费用最小的决策问题：

$$C_i = \alpha \min + (1-\alpha) \max \qquad i = 1, 2, \cdots, m$$

比较各方案的 C 值，最小值为所选方案。

设 α 为 0.6，则上例中，每一种方案的收益值分别为：$A_1 = 17.8$；$A_2 = 22.2$；$A_3 = 23$；$A_4 = 21.2$。

根据最大收益原则，最佳方案为 A_3。

（4）等概率准则。等概率准则的基本思想是：既然不能准确地估计各种状态发生的概率，那么就可以将各种自然状态出现的概率视为相等，然后再按概率已知条件下的风险决策原则中的期望值准则进行决策。

上例中，如果每种状态出现的概率均取 1/4，计算各方案的期望值如下：

$$E(A_1) = 1/4 \times (7 + 15 + 24 + 25) = 17.75$$
$$E(A_2) = 1/4 \times (27 + 19 + 22 + 15) = 20.75$$
$$E(A_3) = 1/4 \times (11 + 19 + 23 + 31) = 21$$
$$E(A_4) = 1/4 \times (20 + 14 + 16 + 26) = 19$$

根据最大收益原则，应该选择方案 A_3。

（5）后悔值准则。当决策者决定采取某一行动方案以后，出现了某一自然状态，如果发现在该自然状态下取其他方案将更为有利时，必然产生后悔之感。例如选择了方案 A_1，但实际情况是状态 θ_2 发生了，此时只能得到净现值 15，但是如果选择方案 A_2 或 A_3，则可以获得更高的收益。那么最有利的决策标准就是使得这种后悔的感觉程度最小。

我们可以定量地描述这种后悔的感觉，即后悔值。对应于某一自然状态，用该状态下各方案净现值的最大值减去某一方案净现值所得的差，即为该方案的后悔值。所有后悔值将构成一个后悔值矩阵，然后，在后悔值矩阵中按最小最大的准则决策。

该决策准则着眼于在最不利条件下尽可能使损失（后悔值）最小。显然，这也是一种比较保守和审慎的决策准则，因而也是人们乐于使用的一种比较稳妥的准则。

上例中，后悔值矩阵计算如下表所示。

	θ_1	θ_2	θ_3	θ_4	max
A₁	20	4	0	6	20
A₂	0	0	2	16	16
A₃	16	0	1	0	16
A₄	7	5	8	5	8
决策					min[max] 8

下表综合了上例中应用不同的决策准则进行决策的过程及其结论。

	θ_1	θ_2	θ_3	θ_4	乐观准则	悲观准则	加权系数准则	等概率准则	后悔值准则
A₁	7	15	24	25	25	7	17.8	17.75	20
A₂	27	19	22	15	27	15	22.2	20.75	16
A₃	11	19	23	31	31	11	23	21	16
A₄	20	14	16	26	26	14	21.2	19	8
决策					A₃	A₂	A₃	A₃	A₄

二、风险决策方法——决策树法

风险决策的分析方法较多,最常用的方法是决策树法。决策树法以期望值准则为决策基本原则,利用概率分析原理,用树状图描述各个阶段备选的内容、参数、状态以及各阶段方案的相互联系,对方案进行系统分析和评价。该方法的特点是鲜明直观,便于分析和集体讨论研究,尤其是适用于复杂的多级决策问题。

1. 决策树法的一般模型

决策树分析法在对各种可供选择的项目或方案进行决策时,采用形象化的决策树图形,把各种备选方案及其可能出现的状态、概率及结果(收益)直接标在图形上,以供计算分析并作出选择。

决策树的图形结构如图 7-1 所示。

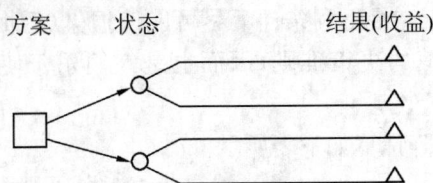

图 7-1　决策树图的基本结构

"□"为决策点。从决策点引出去的若干分枝,称为方案枝,表示可供选择的行动方案。方案枝的分叉点是"○",称为自然状态点,表示由于存在风险与不确定性,方案实施后可能出现的多种结果和状态。"○"分出的是状态分枝,代表不同的状态,又称主观抉择点。因为在这一点上,决策者可以凭主观意志选择方案。而出现的事件是随机的,故又称随机决策点或机会点。在随机点上计算期望值,在决策点上进行方案选择。在分枝线上标注各个状态分支的代号与其概率,并将经济效益指标值标在相应的状态点上。

我们将只在决策树根部有一个决策点的决策行为称为单级决策;如果不但在根部有决策点,树中间也有决策点,则称之为多级决策。所谓多级决策,是指对于同一投资项目要分阶段前后进行若干次投资经济分析和决策。这类决策问题一般具有如下特点:总决策由若干阶段决策构成;后阶段的决策是在假设前阶段决策付诸实施并出现某种结果后进行的;各阶段决策相互间存在有机联系,最优方案是在对各阶段方案不断进行比较和连贯的系统分析基础上产生的。

决策树的求解步骤是从最远的决策点开始,从该点找到最优解的方案;再用该点最优方案的期望值代替那个最远的决策点,进而逐步往树根推算。对于落选方案应该进行修枝,最后选出最佳方案。整个过程是从右往左,逐步推算。

2. 决策树法的应用

进行决策树分析要具备如下的前提条件:

(1) 应存在两个以上的备选方案。

(2) 每一方案应具有一种以上可能出现的机会事件,且这些事件出现的可能性可以用概率表示。

(3) 可以根据每一机会事件及其概率计算出量化的结果,用效益值表示。

决策树法的分析步骤如下:

(1) 根据已知条件,画出决策图,并标明各方案的状态、概率和结果。

(2) 计算决策变量的期望值,并标在结点上。

(3) 比较各方案的期望值,并作出最佳决策。

例 7.10　某项目有三个投资规模方案,一是小规模投资,建小厂,需投资120 万元;二是中等规模投资,建中厂,需投资 360 万元;三是大规模投资,建大厂,需投资 600 万元。这三种方案的经济寿命期都是 10 年。在这 10 年内,产品销路好的概率为 0.7,差的概率为 0.3,在不同的概率下,各方案有不同的收益值。已知行业基准收益率为 10%,试进行风险决策。

销售状况	概率	年损益值		
		建大厂	建中厂	建小厂
好	0.7	210	150	50
差	0.3	—100	—30	—10

解：根据题意,画出决策图,并在树状图上标明各种参数。

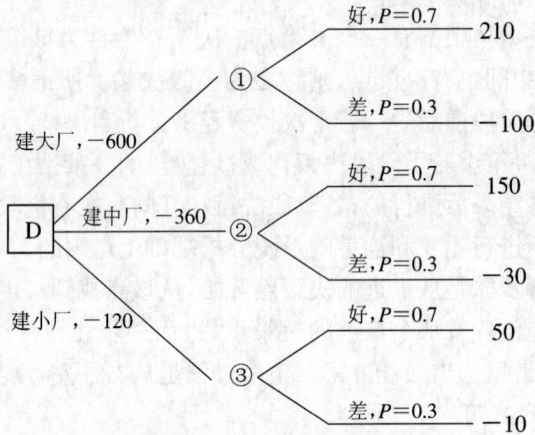

再分别求出各个随机决策点的经济效益期望值：

$E(①)=210×(P/A,10\%,10)×0.7-100×(P/A,10\%,10)×0.3=718.85$（万元）

$E(②)=150×(P/A,10\%,10)×0.7-30×(P/A,10\%,10)×0.3=589.82$（万元）

$E(③)=50×(P/A,10\%,10)×0.7-10×(P/A,10\%,10)×0.3=196.61$（万元）

则三种方案的经济效益值分别为：建大厂 118.85 万元；建中厂 229.82 万元；建小厂 76.61 万元。

比较分析表明建中厂是比较好的投资方案。

例 7.11 某公司拟生产一种新产品,根据市场预测,该产品今后 10 年的销路可能会有三种前景,见下表。

状态	前 2 年	后 8 年	概率
θ_1	销路好(H_1)	销路好(H_2)	$P(H_1,H_2)=0.6$
θ_2	销路好(H_1)	销路差(L_2)	$P(H_1,L_2)=0.1$
θ_3	销路差(L_1)	销路差(L_2)	$P(L_1,L_2)=0.3$

该公司目前要作出的决策是：建大厂还是建小厂。若建大厂，需投资 400 万元，建成后无论销路如何，10 年内将维持原规模；如果建小厂，则需投资 150 万元，但 2 年后还需根据市场情况决定是否扩建，若扩建，需要新增投资 300 万元。各种情况下的每年净收益见下表。若内部收益率为 10%，试运用决策树法作最优方案选择。

市场前景 方　　案		$\theta_1(H_1,H_2)$		$\theta_2(H_1,L_2)$		$\theta_3(L_1,L_2)$	
		1～2	3～10	1～2	3～10	1～2	3～10
建大厂		100	100	100	60	50	50
建小厂	两年后扩建	30	80	30	40	—	—
	不扩建	30	20	30	10	18	18

解： 显然，这是一个多级决策问题。首先，根据题意画出决策树图，并将有关信息标注在该图上，如下图所示。

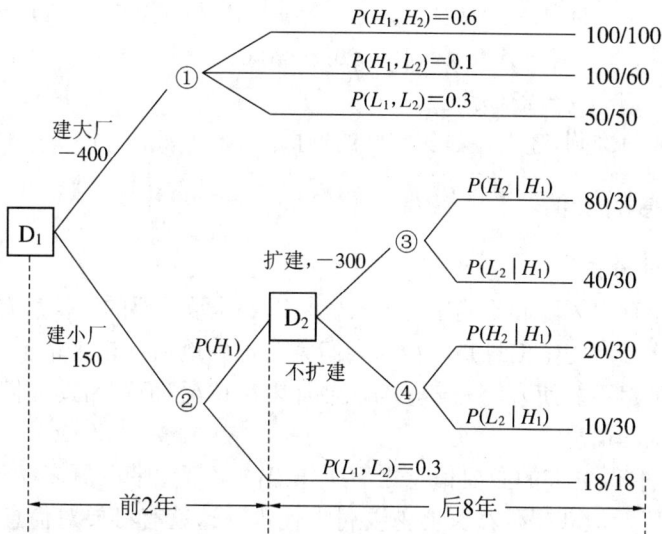

其次，根据决策树的分析步骤，先对二级决策点进行计算，分析在建小厂的前提下，2 年后是否要扩建。

在前 2 年销路好的条件下，后 8 年销路也好的概率为：

$$P(H_2|H_1) = \frac{P(H_1,H_2)}{P(H_1)} = \frac{0.6}{0.6+0.1} = 0.86$$

在前 2 年销路好的条件下，后 8 年销路差的概率为：

$$P(L_2|H_1) = \frac{P(H_1,L_2)}{P(H_1)} = \frac{0.1}{0.6+0.1} = 0.14$$

以第 2 年末,第 3 年初为基准,可以计算出扩建方案和不扩建方案净现值的期望值,并进行比较。计算过程如下:

$$E(NPV_{扩建})=80\times(P/A,10\%,8)\times0.86+40\times(P/A,10\%,8)\times0.14-300$$
$$=96.9(万元)$$

$$E(NPV_{不扩建})=20\times(P/A,10\%,8)\times0.86+10\times(P/A,10\%,8)\times0.14$$
$$=99.2(万元)$$

根据期望值准则,在第 2 年末时应选择不扩建方案。

用不扩建方案净现值的期望值代替第二级决策点,再以第 0 年为基准,对一级决策点进行比较分析。计算过程如下:

$$E(NPV_{建大厂})=100\times(P/A,10\%,10)\times0.6+50\times(P/A,10\%,10)\times0.3+$$
$$[60\times(P/A,10\%,8)(P/F,10\%,2)+100\times(P/A,10\%,2)]\times$$
$$0.1-400$$
$$=104.65(万元)$$

$$E(NPV_{建小厂})=[99.2\times(P/F,10\%,2)+30\times(P/A,10\%,2)]\times0.7+18\times$$
$$(P/A,10\%,10)\times0.3-150$$
$$=-23(万元)$$

根据期望值准则,建大厂是比较好的选择。

三、信息的价值

1. 信息的价值

信息对于存在风险和不确定性的投资来讲是非常重要的。信息有完全信息和不完全信息之分。完全信息是能帮助人们完全正确地估计未来情况的信息;不完全信息是指虽然不能使人们完全正确地估计未来情况,但可帮助人们较为正确地估计未来情况的信息。

一般地,取得更多的必要信息之后所作出的决策能带来更多经济效益,这就是信息的价值。但获得信息又必然要付出代价。这就有必要对信息的价值进行计算。

由于可以获取完全信息的情况是不存在的,这里仅介绍不完全信息价值的计算原理。

不完全信息的价值等于获得不完全信息的条件下,所选方案的经济效益期望值与原有信息条件下所选方案的经济效益期望值之差。其计算步骤为:

(1) 计算原有信息条件下所选方案的经济效益期望值。

(2) 计算在补充信息条件下所选方案的经济效益期望值。

(3) 计算不完全信息的价值。

2. 信息价值的计算

例 7.12　某开发中心面对一项工作任务有两种选择:准备承担和不准备承担。若准备承担,要支出 4 万元进行方案论证与调研,经过与同行竞争取得任务的概率是 0.4。若得到任务,决策人可选择两个方案:开发设计和改造更新设备。若决定开发设计,需投资 260 万元,成功概率为 0.8,成功可获利 600 万元,失败要损失 100 万元。若决定改造,需投资 150 万元,成功与失败概率各为 0.5,若成功获利 600 万元,失败要损失 100 万元。试作出最优决策。决策者通过咨询获得了补充信息:开发设计成功的概率为 0.8;改造更新设备成功的概率为 0.9。求补充信息的价值。

解:(1) 计算原有信息条件下决策的收益值。

根据题意,画出决策树图,并标明各种信息。

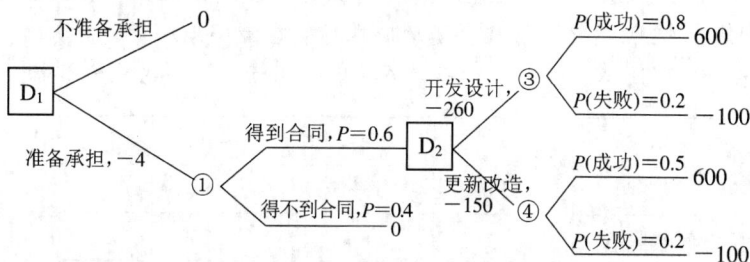

根据条件,先进行二级决策分析。

$E(收益_{开发设计})=600×0.8-100×0.2-260=200(万元)$

$E(收益_{更新改造})=600×0.5-100×0.5-150=100(万元)$

根据收益最大原则,在得到合同后,应该进行开发设计。

将开发设计的预期收益值作为得到合同时的收益,再进行一级决策。

$E(收益_{准备承担})=200×0.6-4=116(万元)>0$,因此,应该选择承担。

(2) 计算补充信息条件下决策的收益值。

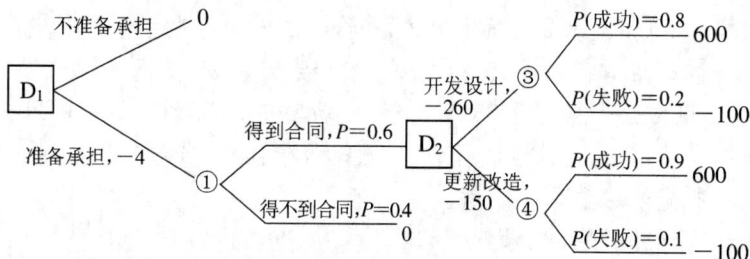

根据条件,先进行二级决策分析。

$E(收益_{开发设计})=600×0.8-100×0.2-260=200(万元)$

E(收益_{更新改造})＝600×0.9－100×0.1－150＝380(万元)

根据收益最大原则,在得到合同后,应该进行更新改造。

将更新改造的预期收益值作为得到合同时的收益,再进行一级决策。

E(收益_{准备承担})＝380×0.6－4＝224(万元)＞0,因此,应该承担。

(3) 计算补充信息的价值。

补充信息的价值＝224－116＝108(万元)

复习思考题

1. 不确定性及风险分析的基本方法有哪些? 各自有何特点及局限性?
2. 风险决策的基本原则有哪些? 这些原则是怎样反映决策者风险态度的?
3. 某项目用于进行确定性经济效益评价的现金流量表如下。预计投资额可能在±20%,产品价格和变动成本可能在±15%的范围内变动。标准折现率为10%。试对上述三个不确定性因素分别作敏感性分析。

年末	0	1	2~10	11
投资额	－15 000			
销售收入			22 000	22 000
固定成本			－3 200	－3 200
变动成本			－12 000	－12 000
销售税金			－2 200	－2 200
残值				2 000

4. 某研究所考虑向某工厂提出开发一种新产品的建议。为提出此建议需进行进一步的科研工作,需花费2万元。根据该所的经验及其对该工厂和产品及竞争者的估计,建议提出后,估计有60%的可能可以得到合同,40%得不到。如果得不到该合同,则2万元的费用无法补偿。

　　该产品有两种生产方法,老方法要花费28万元,成功的概率为80%,新方法只需花费18万元,但成功率仅为50%。如果得到合同并研制成功,厂方将付给该所70万元技术转让费,若研制失败,按合同规定该所需付赔偿费15万元。

　　该研究所是否应提出提议?

第八章　项目评估报告的编制及案例

第一节　项目评估报告的编制

项目评估是决策的辅助工具而不是决策工具或决策本身，其基础作用在于为决策者提供有关投资项目的客观信息，因此，在完成了对项目方案的审查分析和评估之后，评估人员还需要根据评估的结果编写项目评估报告。编制的评估报告首先要客观地反映有关项目的建设条件、技术方案及经济效益等方面的信息，还要根据决策目标及项目背景等条件，提出评估的意见及结论，为决策者提供服务。

由于项目的具体情况不尽相同，因此并没有统一的评估报告格式，但是一篇好的评估报告至少应该包括以下四个方面的关键内容：

（1）项目概况。项目概况也是评估报告的摘要，包括项目的背景、主要的利益关系人、评估的主要内容及基本结论等内容。一般来讲，这部分内容不宜过细，并不需要具体地描述项目及评估工作，因为其主要目的在于使决策者了解评估的项目基本情况以及主要评估发现与结论。

（2）评估的依据与方法。这部分实际上是对评估方法论的说明。报告中虽然不需要解释评估及评估指标的基本原理，但是却非常有必要具体说明评估的相关依据，包括是否存在某些该行业特有的评估惯例，基准收益率及税收条件等评估参数是如何随着经济形势及政策的变化而调整的，评估指标标准是如何确定的等等。

（3）评估与分析。这是评估报告最核心的部分，主要是通过大量的主要财务报表及辅助报表，具体而翔实地反映整个评估工作的内容和发现。一般来讲，正文中仅体现主要的发现和结论，而将报表作为附录用以反映具体的信息并支持分析结论。

（4）评估结论。该部分不仅仅是在重复评估与分析中的主要发现，更重要的是在这个部分中要综合这些发现，讨论在决策目标及项目背景条件下评估结论对投资决策有何意义。同时，在这个部分也应该提出为实现投资目标还需要哪些进一步的工作以及政策建议等。

在下面的内容中，将提供若干的评估案例，用以说明项目评估的全过程以及评估报告编制的主要方法。

第二节　项目评估案例

为了重点示范财务经济评价，这里提供了一个企业的可行性研究报告和一个银行的评估报告；为重点演示国民经济评价的过程，又提供了一个经济主管部门的评估报告。在项目的选择上，为了提供更全面的参考，有化工、电力、造纸三个不同的行业，既有新建项目，也有改建、扩建项目，既有竞争性行业也有基础性行业项目，希望读者能从中获益。

需要指出的是，根据保密性和突出经济评价特点的要求，这些案例是在对资料来源进行处理的基础上编制的，并不反映项目的真实情况。

案 例 一

某直接纺短纤维项目可行性研究报告

一、项目概况

本项目是 X 化纤股份有限公司年产 10 万吨直接纺短纤维项目系四期工程优化调整方案中的项目，1998 年，经国家计划委员会[计机轻(1998)××号]文批复，同意该公司四期工程优化调整方案，采用具有国际先进水平的熔体直接纺丝的工艺技术，按 2 条年产 5 万吨生产线建设 10 万吨涤纶短纤维项目。

该项目总投资 38 973 万元，其中：建设投资 37 315 万元，建设期利息 1 076 万元，流动资金 582 万元。项目所需资本金 15 589 万元由企业自有资金解决，其余 23 384 万元由银行贷款解决。

本着既要降低投资，又要确保装置的可靠性和先进性的原则，结合与外方交流和对 5 万吨/年技术研究分析情况，本项目拟引进关键技术和设备，根据技术先进，代表国际一流水平，生产安全可靠，运转效率高，产品质量稳定等原则通过国际招标的形式引进。热煤系统、组件清洗、环境空调、浸渍槽、蒸汽加热箱、卷曲预热箱等辅助装置由国内配套。

二、建设必要性分析

随着我国人口的增长，人民生活水平的提高，纺织品和服装出口创汇的需要，以及天然纤维发展受自然条件制约等因素的影响，使得纺织工业对化纤的需求越来越大。近年来，国内化纤工业虽然发展迅猛，化纤产量高速发展，但仍无法满足国内纺织业对原料的需求，仍需大量进口化纤产品。有关资料表明，我国聚酯短纤维需求量在逐年增长，2000 年总需求量达 257 万吨，进口量为 62.5 万吨，化纤的市场缺口为 30%，目前的缺口全部依赖进口，因此尽快提高涤纶短纤维的生产量，替代进口来满足人们日益增长的纤维需求量是当务之急。

该公司每年涤纶短纤维的订货需求量均超过实际产量 10 万吨以上，因此尽快启动建设年产 10 万吨直接纺涤纶短纤维项目，具有重大意义。

该公司现有直接纺涤纶短纤维生产线单线设计生产能力 1.5 万吨/年。目前，国内已建成了 10 多条单线生产能力 3～5 万吨/年以上的大容量熔体直接纺生产装置。而 X 公司短纤维装置单线能力已偏小，生产大宗常规产品时，在产品均一性与运行成本等方面的竞争优势已不明显。为此，经反复论证，决定扩建大容量熔体直接纺短纤维生产装置，以质量、成本优势覆盖市场，生产高档差别化涤纶短纤维产品，抢占高档涤纶短纤维市场，有效地替代同类进口产品。

国内小聚脂目前尚无熔体直接纺技术，如拟建设大容量熔体直接纺涤纶短纤维生产线，势必从建设大容量装置开始。但对小聚脂而言，存在资金需求进一步积累的过程。因此 X 公司早建造大容量熔体直接纺涤纶短纤维装置，可以避免与国内小聚脂在低水平上的竞争。同时，进入 WTO 后，为使涤纶短纤维产业能参与国际竞争，与跨国公司相抗衡，也必须做大做优，从而提高在国际市场上的整体竞争能力。

三、市场分析

本项目产品方案以生产高强/高模棉型涤纶短纤维为主，可生产缝纫线型和毛型涤纶短纤维。

涤纶短纤维作为纺织品的主要原料之一，也是化纤业的重要产品。近年来,我国涤纶短纤维工业发展迅速,产量逐年递增,但由于人口的不断增长,纺织行业的迅速发展,差别化纤维需求的提高,仍需每年大量进口涤纶短纤维,进口量约占短纤维需求量的28%。所以国内涤纶短纤维的发展前景良好。

随着国民经济的发展,纺织工业结构调整的完成,人口增长导致粮棉争地矛盾的日益突出,以及我国加入WTO后纺织品出口量的增加,国内聚脂市场前景将更加广阔,只是公司生产能力和产品品种不足,亟待解决。

近年来,涤纶短纤维国内市场价格基本维持在19 000元/吨左右,但从1996年开始,由于我国纺织企业普遍不景气,加上亚洲金融危机后中国台湾、东南亚的低价倾销,短纤市场价格大幅回落,价格一路下跌,1997年平均价为10 000元/吨左右,到1998年下降到7 600元/吨,已基本处于相对历史低位,1999年价格有所反弹,平均价约为9 200元/吨。目前正处于逐步上升阶段,预计今后几年价格将在9 000元/吨左右。

我国化纤市场的需求量很大,但由于前几年进口量大幅增长,加之非法进口水货倾销,使得化纤产品价格迅速下滑,在市场竞争激烈的情况下,中国化纤企业规模小,生产地分散,新产品开发能力差,市场竞争生存能力缺乏的情况日益突出。我国涤纶短纤维生产企业,年产能力在5万吨以上的仅有6家,平均企业能力次于韩国和中国台湾,而占国内企业总数83%的涤纶短纤维生产企业的平均规模仅3 000吨左右。

由于国内涤纶短纤维生产厂家大都规模小,技术和设备落后,能耗过大,在国内市场和国际市场日益接轨的经济环境下,在市场出现较大的波动时,缺乏市场竞争能力。在国内市场价格波动较大的前几年,小规模涤纶短纤维生产厂家被迫停产。

近年来,我国纺织品需求量和出口量迅速增长,由于市场波动,使得一批规模偏小、技术落后、成本过高的企业将被淘汰,我国涤纶短纤维企业需要在技术先进、规模大、成本低、质量高以及有竞争力的大型企业中继续发展,才能造就出一批能与国际大公司相竞争的大企业,有效占有国内市场,加大出口竞争能力。

本项目采用熔体直接纺技术,将以大规模、稳定生产、低成本、产品高质量的优势,在市场占有率最高的常规品种上,满足国内市场需求,参与国际市场的竞争。同时也能根据需要生产高附加值产品,增加企业效益。

四、项目配套条件落实情况

1. **厂址选择和土地征用**

10万吨直接纺短纤维项目在现有厂区内建设,无需征地。现有部分辅助建筑物及部分地上地下综合管线已经拆除或拆迁改造,可满足本装置要求。公用工程均利用公用工程装置富余能力,总建筑面积 23 394 平方米。

2. 原料、辅料、燃料供应落实情况

本项目主要原料是聚脂熔体,由 X 公司涤纶二厂六单元聚脂装置提供,熔体经过输送系统及熔体分配,直接进入涤纶短纤装置,因此本项目原料来源稳定、可靠,供应有充足的保证。

其他所需辅助材料,如:纺丝油剂、过滤砂、硅油等均由国内提供。

3. 水电汽落实情况

(1) 供水:本项目所需生产水、生活水、除盐水、循环冷却水及消防水均由 X 公司涤纶二厂给水系统供给。

(2) 供电:由 X 公司热电厂供给。热电厂有 60 MW 发电机四台,又有二路 110 KV 备用电源,可满足用电需求。

(3) 供热:为满足短纤生产工艺、空调及制冷等用汽需求,原热力站根据现在的实际用汽负荷及新增用汽负荷必须增加减温减压设备,以满足扩建、改建后全厂所需用汽负荷。

4. 运输条件的落实情况

本装置生产所需原材料采用管道输送,车间及仓库内外成品运输均采用电瓶叉车运输。厂外物料运输均由公司级运输公司承担,本项目不再增加厂外运输及行政生活运输设备,只增加厂内丝桶运输 15 吨电瓶叉车 3 台、成品运输 3 吨叉车 10 台和 1 吨夹包车 10 台。

5. 环境保护

X 公司一、二、三、四期工程中,根据国家环境保护法的有关规定,针对各生产装置排出"三废"物质的特点,从厂址选择、厂区规划布局、生产工艺选用以及"三废"治理等方面,都认真采取了相应措施。"三废"治理设施与生产装置同时建成投产,运转正常,治理效果较好。公司建立了专职环保部门和环境监测站,加强环保管理和监测工作。涤纶二厂在装置投产的同时,已充分考虑了环保的要求,该项目的污染主要是废水和噪音。废水进入二厂的污水处理站处理,PH 值达到 6~9 时,送至总厂污水处理厂进行生化处理。噪音选用防噪声设施降低噪音,使之达到环保要求,并给操作工配带隔音耳塞。

本项目对生产过程中所产生的污物和噪音采取了必要的措施,确保生产装置和环保设施同步建设、同步投产。

6. 消防

本装置生产区内的火灾危险性为丙类,建筑耐火等级为二级,消防设施设计严格执行《建筑设计防火规范》和《石油化工企业设计防火规范》等有关规定。

五、项目投资估算与资金筹措

经评估,10万吨直接纺涤纶短纤维项目,投资估算如下(1美元＝8.3元人民币,进口关税、增值税、固定资产投资方向调节税免征)。

(1) 总投资　　　　　　　　　　38 973 万元

　　固定资产投资　　　　　　　37 315 万元

　　其中:建筑工程　　　　　　 3 225 万元

　　　　　设备购置　　　　　　23 478 万元

　　　　　安装工程　　　　　　 6 138 万元

　　　　　其他费用　　　　　　 4 474 万元

　　　　　建设期利息　　　　　 1 076 万元

　　　　　流动资金　　　　　　　 582 万元

(2) 资金来源:

　　　　　自有资金　　　　　　15 589 万元

根据 X 公司 2001 年 6 月份会计报表,该公司货币资金达 13 亿元,每年折旧约 5 亿元,因此自筹 15 589 万元资本金不成问题。

申请银行贷款折合人民币 23 384 万元,其中 1 984.2 万美元用于进口设备,其余用来购置国产设备。

(3) 流动资金:由于本项目依托老厂现有生产能力,主要原料由涤纶二厂六单元聚脂装置提供聚脂熔体,流动资金需求不大,由公司作为资本金自筹解决。

(4) 投资进度:本项目建设期为 2 年。

六、项目财务经济评价

该项目达产后可实现年均销售收入 81 732 万元,年平均净利润 3 300 万元,销售税金 1 915 万元,所得税 1 625 万元。

投资利税率:　　　　　　　　　12.64%

投资利润率:　　　　　　　　　8.47%

内部收益率　　　　所得税前:16.52%

　　　　　　　　　所得税后:12.35%

财务净现值　　　　所得税前:8 589 万元

($i=12\%$)　　　　所得税后:615 万元

投资回收期	所得税前：7.18 年（静态） 10.98 年（动态）
	所得税后：8.33 年（静态） 15.55 年（动态）
贷款偿还期	人 民 币：5 年

七、不确定性分析

1. 盈亏平衡分析

BEP ＝年固定总成本/（年销售收入－年可变成本－年销售税金）×100%

$\quad$ ＝5 143/(81 732－69 749－1 915)×100%

$\quad$ ＝51.1%

根据盈亏平衡分析,该项目生产能力达到 51.1% 时可以保本,具有一定的抗风险能力。

2. 敏感性分析

根据敏感性分析,当总投资增加 10% 时,内部收益率降为 10.71%；当经营成本增加 5% 时,内部收益率上升为 13.12%；当销售价格下降 5% 时,内部收益率降为 5.027%,可见本项目对销售价格和经营成本特别敏感,尤其是产品售价。因此,本项目的建设必须是以高质量产品为起点,同时要多生产高附加值的产品。

八、总评估

通过财务经济评价,该项目的盈利能力好,且具有很强的清偿能力,经济上可行。根据敏感性分析发现,该项目对销售收入较为敏感,因此该项目的风险在于产品价格的不稳定。前几年,国内化纤市场行情大起大落,该公司的经济效益也随之起落。好在我国政府正采取有关措施搞活国有企业,并已有一定效果；加上该公司是我国的特大型企业,产品达到经济规模,预计将来几年内短纤维价格将逐年小幅盘升,具有较强的抗风险能力。

附表 1　主要技术经济指标汇总表　　　汇率:8.3元/美元

序号	指标名称	单位	指标	其中外汇	备注
一、	基本数据				
(一)	总投资	万元/万美元	38 973	1 984.2	
1	固定资产投资	万元/万美元	37 315	1 818.2	
2	流动资金	万元/万美元	582	0	
3	建设期利息	万元/万美元	1 076	0	
4	投资方向调节税	万元/万美元	0		
	其中:资本金	万元/万美元	15 589	0	
(二)	销售收入	万元/年	81 732		总平均
(三)	年总成本	万元/年	74 892		总平均
	其中:折旧费	万元/年	2 390		总平均
(四)	销售税金	万元/年	1 915		总平均
(五)	利润总额	万元/年	3 300		总平均
二、	经济评价指标				
(一)	财务内部收益率	%	12.35%		所得税后
		%	16.52%		所得税前
(二)	财务净现值	万元	615		所得税后
		万元	8 589		所得税前
(三)	资本金利润率	%	21.17%		总平均
(四)	投资利润率	%	8.47%		总平均
(五)	投资利税率	%	12.64%		总平均
(六)	投资回收期	年	7.18 年		所得税前
		年	8.33 年		所得税后
(七)	借款偿还期	年	5.00		人民币
		年			外币
(八)	盈亏平衡点	%	51%		

附表 2　建设投资估算表　　　　　　单位:万元/万美元

序号	项　　目	建筑工程	设备购置	安装工程	其他费用	总　计	其中外汇
一、	固定资产投资	3 225	23 478	6 138	4 474	37 315	1 984
1	第一部 工程费用	3 225	23 478	6 138	0	32 841	1 818
1.1	主厂房改造	2 828	0	0	0	2 828	0
1.2	工艺设备	397	23 478	6 138	0	30 013	1 818
1.2.1	主装置	0	22 385	4 616		27 001	1 818
1.2.2	辅助装置	397	1 093	1 522		3 012	
2	第二部分 其他费用	0	0	0	3 163	3 163	112
2.1	无形资产		0		1 681	1 681	102
2.2	递延资产				1 481	1 481	10
3	预备费用	0	0	0	1 311	1 311	55
3.1	基本预备费				1 311	1 311	55
二、	固定资产投资方向调节税				0	0	
三、	建设期利息				1 076	1 076	
	合计	3 225	23 478	6 138	5 550	38 391	1 984

附表 3　流动资金估算表

单位:万元

序号	项目	最低周转天数	周转次数	投产期	生产期													
				3	4	5	6	7	8	9	10	11	12	13	14	15	16
1	流动资产			3 939	4 889	4 889	4 889	4 889	4 889	4 889	4 889	4 889	4 889	4 889	4 889	4 889	4 889
1.1	应收账款	15	24	2 449	3 045	3 045	3 045	3 045	3 045	3 045	3 045	3 045	3 045	3 045	3 045	3 045	3 045
1.2	存货	5		1 420	1 767	1 767	1 767	1 767	1 767	1 767	1 767	1 767	1 767	1 767	1 767	1 767	1 767
1.2.1	原材料	1	360	153	191	191	191	191	191	191	191	191	191	191	191	191	191
1.2.2	燃料	10	36	42	53	53	53	53	53	53	53	53	53	53	53	53	53
1.2.3	在产品	0.5	720	82	102	102	102	102	102	102	102	102	102	102	102	102	102
1.2.4	产成品	7	51	1 143	1 421	1 421	1 421	1 421	1 421	1 421	1 421	1 421	1 421	1 421	1 421	1 421	1 421
1.3	现金	15	24	70	77	77	77	77	77	77	77	77	77	77	77	77	77
2	流动负债			2 359	2 948	2 948	2 948	2 948	2 948	2 948	2 948	2 948	2 948	2 948	2 948	2 948	2 948
2.1	应付账款	15	24	2 359	2 948	2 948	2 948	2 948	2 948	2 948	2 948	2 948	2 948	2 948	2 948	2 948	2 948
3	流动资金(1-2)			1 580	1 941	1 941	1 941	1 941	1 941	1 941	1 941	1 941	1 941	1 941	1 941	1 941	1 941
4	流动资金增加额			1 580	361	0	0	0	0	0	0	0	0	0	0	0	0

附表 4 投资使用计划与资金筹措表

单位：万元

序号	项 目	合计人民币	第 1 年	第 2 年	第 3 年
1	总投资	38 973	11 405	26 986	582
1.1	固定资产投资	37 315	11 195	26 121	—
1.2	投资方向调节税	0	0	0	
1.3	建设期利息	1 076	210	866	
1.4	流动资金	582	0	0	582
2	资金筹措	38 973	11 421	26 970	582
2.1	自有资金	15 589	4 453	10 554	582
	其中：用于流动资金	582	0	0	582
2.2	借款	23 384	6 968	16 416	

附表 5 固定资产折旧估算表

单位：万元

序号	项 目	折旧率(%)	投产期	达产期												
			3	4	5	6	7	8	9	10	11	12	13	14	15	16
1	固定资产合计	6.79														
1.1	原值	35 228														
1.2	折旧费		2 390	2 390	2 390	2 390	2 390	2 390	2 390	2 390	2 390	2 390	2 390	2 390	2 390	2 390
	净值		32 838	30 447	28 057	25 666	23 276	20 885	18 495	16 104	13 714	11 323	8 933	6 542	4 152	1 761

附表 6 无形及递延资产摊销估算表

单位：万元

序号	项目	摊销年限	原值	投产期					达产期				
				3	4	5	6	7	8	9	10	11	12
1	无形资产	10	1 681										
1.1	摊销			168	168	168	168	168	168	168	168	168	168
1.2	净值			1 513	1 345	1 177	1 009	841	673	504	336	168	0
2	递延资产(开办费)	5	1 481										
2.1	摊销			296	296	296	296	296					
2.2	净值			1 185	889	592	296	0					
3	无形及递延资产合计		3 163										
3.1	摊销			464	464	464	464	464	168	168	168	168	168
3.2	净值			2 698	2 234	1 769	1 305	841	673	504	336	168	0

附表 7 销售收入、销售税金及附加估算表

序号	项目	单价(万元/吨)	3		4	
			销售量(吨)	销售收入小计(万元)	销售量(吨)	销售收入小计(万元)
1	产品		79 920	66 334	99 900	82 917
1.1	高强、高模型棉型短纤	0.83	79 920.00	66 334	99 900.00	82 917
2	销售税金及附加			1 554		1 943
2.1	产品增值税(17%)			1 413		1 766
2.2	城市维护建设税(7%)			99		124
2.3	教育费附加(3%)			42		53

附表 8 生产成本估算表

单位:万元

序号	项目	单位	消耗量	单价(万元)	金额	投产期	达产期
1	原辅料				68 863	55 091	68 863
	聚脂熔体	吨	101 898	0.660 0	67 253	53 802	67 253
	纺丝油剂	吨	340	2.490 0	847	677	847
	包装材料	吨	99 900	0.007 4	739	591	739
	热煤	万只	4.04	1.200 0	5	4	5
	雾化硅油	万套	2.53	6.840 0	17	14	17
	过滤砂	吨	5	0.500 0	3	2	3
2	燃料及动力				1 896	1 517	1 896
	电	万度	2 490.66	0.280 0	697	558	697
	蒸汽	吨	77 708.59	0.009 4	730	584	730
	除盐水	千吨	963.79	0.210 0	202	162	202
	压缩空气	万标立米	3 890.67	0.058 5	228	182	228
	生活用水	千吨	641.72	0.060 0	39	31	39
3	工资及福利费	人	173	2.800 0	484	484	484
4	制造费用				3 000	3 000	3 000
4.1	折旧费				2 390	2 390	2 390
4.2	修理费				478	478	478
4.3	其他制造费				131	131	131
5	副产品回收			0.760 0			
6	生产成本(1+2+3+4-5)				74 244	60 092	74 244

附表 9　总成本费用估算表

单位:万元

序号	项目	合计	投产期 3	达产期 4	5	6	7	8	9	10	11	12	13	14	15	16
	生产负荷(%)		80	100	100	100	100	100	100	100	100	100	100	100	100	100
1	生产成本	1 025 264	60 092	74 244	74 244	74 244	74 244	74 244	74 244	74 244	74 244	74 244	74 244	74 244	74 244	74 244
1.1	外购原材料	950 312	55 091	68 863	68 863	68 863	68 863	68 863	68 863	68 863	68 863	68 863	68 863	68 863	68 863	68 863
1.2	外购燃料动力	26 170	1 517	1 896	1 896	1 896	1 896	1 896	1 896	1 896	1 896	1 896	1 896	1 896	1 896	1 896
1.3	工资及福利费	6 782	484	484	484	484	484	484	484	484	484	484	484	484	484	484
1.4	制造费用	42 001	3 000	3 000	3 000	3 000	3 000	3 000	3 000	3 000	3 000	3 000	3 000	3 000	3 000	3 000
1.4.1	折旧费	33 467	2 390	2 390	2 390	2 390	2 390	2 390	2 390	2 390	2 390	2 390	2 390	2 390	2 390	2 390
1.4.2	修理费	6 693	478	478	478	478	478	478	478	478	478	478	478	478	478	478
1.4.3	其他制造费用	1841	131	131	131	131	131	131	131	131	131	131	131	131	131	131
2	管理费用	8 879	873	873	873	873	873	576	576	576	576	576	408	408	408	408
2.1	无形资产摊销费	1 681	168	168	168	168	168	168	168	168	168	168				
2.2	递延资产摊销费	1 481	296	296	296	296	296									
2.3	其他管理费用	5 716	408	408	408	408	408	408	408	408	408	408	408	408	408	408
3	财务费用(利息、汇率损失)	2 898	1410	994	494	0	0	0	0	0	0	0	0	0	0	0
3.1	固定资产投资利息	2 898	1 410	994	494	0	0	0	0	0	0	0	0	0	0	0
3.2	流动资金利息支出															
4	销售费用	11 443	663	829	829	829	829	829	829	829	829	829	829	829	829	829
5	总成本费用	1 048 483	63 038	76 940	76 440	75 946	75 946	75 650	75 650	75 650	75 650	75 650	75 481	75 481	75 481	75 481
	固定成本	72 001	6 431	6 180	5 680	5 186	5 186	4 890	4 890	4 890	4 890	4 890	4 722	4 722	4 722	4 722
	可变成本	976 482	56 608	70 760	70 760	70 760	70 760	70 760	70 760	70 760	70 760	70 760	70 760	70 760	70 760	70 760
6	经营成本	1 008 956	58 773	73 091	73 091	73 091	73 091	73 091	73 091	73 091	73 091	73 091	73 091	73 091	73 091	73 091

附表 10 损益表

单位：万元

序号	项目	合计	投产期			达产期										
	年份		3	4	5	6	7	8	9	10	11	12	13	14	15	16
	生产负荷(%)		80%													
1	产品销售收入	1 144 255	66 334	82 917	82 917	82 917	82 917	82 917	82 917	82 917	82 917	82 917	82 917	82 917	82 917	82 917
2	销售税金及附加	26 815	1 554	1 943	1 943	1 943	1 943	1 943	1 943	1 943	1 943	1 943	1 943	1 943	1 943	1 943
3	总成本费用	1 048 483	63 038	76 940	76 440	75 946	75 946	75 650	75 650	75 650	75 650	75 650	75 481	75 481	75 481	75 481
4	利润总额(1-2-3)	68 957	1 741	4 034	4 534	5 028	5 028	5 324	5 324	5 324	5 324	5 324	5 492	5 492	5 492	5 492
5	所得税(33%)	22 756	575	1 331	1 496	1 659	1 659	1 757	1 757	1 757	1 757	1 757	1 813	1 813	1 813	1 813
6	税后利润(4-5)	46 201	1 166	2 703	3 038	3 369	3 369	3 567	3 567	3 567	3 567	3 567	3 680	3 680	3 680	3 680
7	可供分配利润	46 201	1 166	2 703	3 038	3 369	3 369	3 567	3 567	3 567	3 567	3 567	3 680	3 680	3 680	3 680
7.1	盈余公积(10%)	4 620	117	270	304	337	337	357	357	357	357	357	368	368	368	368
7.2	应付利润	0														
7.3	未分配利润	41 581	1 050	2 433	2 734	3 032	3 032	3 211	3 211	3 211	3 211	3 211	3 312	3 312	3 312	3 312
	累计未分配利润	288 290	1 050	3 483	6 217	9 248	12 280	15 491	18 701	21 912	25 123	28 333	31 645	34 957	38 269	41 581

附表 11 借款还本付息表

单位：万元

序号	项目	利率	建设期		投产期			达产期				
	年份		1	2	3	4	5	6	7	8	9	10
1	人民币借款	6.03%										
1.1	年初借款			6 968	23 384	16 479	8 192	0	0	0	0	0
1.2	本年借款		6 968	16 416	0							
1.3	本年应计利息		210	866	1 410	994	494	0	0	0	0	0
1.4	本年偿还本金			0	6 905	8 288	8 192	0	0	0	0	0
1.5	本年支付利息		210	866	1 410	994	494	0	0	0	0	0
2	偿还借款本金的资金来源				6 905	8 288	8 589	8 887	5 887	5 769	5 769	5 769
2.1	利润				1 050	2 433	2 734	3 032	3 032	3 211	3 211	3 211
2.2	折旧费				2 390	2 390	2 390	2 390	2 390	2 390	2 390	2 390
2.3	摊销费				464	464	464	464	464	168	168	168
2.4	其他				3 000	3 000	3 000	3 000				
3	偿还本金后余额		6 968				397	8 887	5 887	5 769	5 769	5 769

人民币借款偿还期（从借款开始年起）　　5年

单位：万元

附表 12　现金流量表（全部资金）

序号	项 目	合计	建设期		投产期							达产期						
			1	2	3	4	5	6	7	8	9	10	11	12	13	14	15	16
	生产负荷(%)				80	100	100	100	100	100	100	100	100	100	100	100	100	100
1	现金流入	1 146 598	0	0	66 334	82 917	82 917	82 917	82 917	82 917	82 917	82 917	82 917	82 917	82 917	82 917	82 917	85 261
1.1	产品销售收入	1 144 255			66 334	82 917	82 917	82 917	82 917	82 917	82 917	82 917	82 917	82 917	82 917	82 917	82 917	82 917
1.2	回收固定资产余值	1 761																1 761
1.3	回收流动资金	582																582
2	现金流出	1 097 500	11 405	26 986	61 485	76 365	76 530	76 693	76 693	76 791	76 791	76 791	76 791	76 791	76 847	76 847	76 847	76 847
2.1	固定资产投资	38 391	11 405	26 986														
2.2	流动资金	582	0	0	582													
2.3	经营成本	1 008 956			58 773	73 091	73 091	73 091	73 091	73 091	73 091	73 091	73 091	73 091	73 091	73 091	73 091	73 091
2.4	销售税金及附加	26 815			1 554	1 943	1 943	1 943	1 943	1 943	1 943	1 943	1 943	1 943	1 943	1 943	1 943	1 943
2.5	所得税	22 756			575	1 331	1 496	1 659	1 659	1 757	1 757	1 757	1 757	1 757	1 813	1 813	1 813	1 813
3	净现金流量	49 099	−11 405	−26 986	4 849	6 552	6 387	6 224	6 224	6 126	6 126	6 126	6 126	6 126	6 070	6 070	6 070	8 414
4	累计净现金流量	50 581	−11 405	−38 391	−33 542	−26 990	−20 604	−14 380	−8 156	−2 030	4 096	10 221	16 347	22 473	28 544	34 614	40 684	49 099
	现值系数(i=12%)	7	0.893	0.797	0.712	0.636	0.567	0.507	0.452	0.404	0.361	0.322	0.287	0.257	0.229	0.205	0.183	0.163
	净现值	615	−10 183	−21 513	3 451	4 164	3 624	3 153	2 815	2 474	2 209	1 972	1 761	1 572	1 391	1 242	1 109	1 373
	累计净现值	−191 794	−10 183	−31 696	−28 245	−24 081	−20 457	−17 304	−14 489	−12 014	−9 805	−7 833	−6 072	−4 500	−3 108	−1 866	−757	615
5	所得税前净现金流量	71 854	−11 405	−26 986	5 424	7 883	7 883	7 883	7 883	7 883	7 883	7 883	7 883	7 883	7 883	7 883	7 883	10 227
	所得税前累计净现金流量	208 351	−11 405	−38 391	−32 967	−25 084	−17 201	−9 319	−1 436	6 447	14 330	22 213	30 096	37 979	45 862	53 745	61 628	71 854
6	所得税前净现值	8 589	−10 183	−21 513	3 860	5 010	4 473	3 994	3 566	3 184	2 843	2 538	2 266	2 023	1 807	1 613	1 440	1 668
	所得税前累计净现值	−123 696	−10 183	−31 696	−27 836	−22 826	−18 353	−14 359	−10 793	−7 610	−4 767	−2 229	37	2 061	3 867	5 480	6 920	8 589

计算指标：

	所得税后	所得税前
财务内部收益率(FIRR)：	12.35%	16.52%
财务净现值(FNPV)(i=12%)：(静态)	615	8 589
投资回收期(从建设期算起)：(静态)	8.33年	7.18年
(动态)	15.55年	10.98年

附表 13　现金流量表（自有资金）

单位：万元

序号	项目	合计	建设期		投产期	达产期												
	年份		1	2	3	4	5	6	7	8	9	10	11	12	13	14	15	16
	生产负荷(%)				80	100	100	100	100	100	100	100	100	100	100	100	100	100
1	现金流入	1 146 598	0	0	66 334	82 917	82 917	82 917	82 917	82 917	82 917	82 917	82 917	82 917	82 917	82 917	82 917	85 261
1.1	产品销售收入	1 144 255			66 334	82 917	82 917	82 917	82 917	82 917	82 917	82 917	82 917	82 917	82 917	82 917	82 917	82 917
1.2	回收固定资产余值	1 761																1 761
1.3	回收流动资金	582																582
2	现金流出	1 101 474	4 663	11 420	69 799	85 647	85 216	76 693	76 693	76 791	76 791	76 791	76 791	76 791	76 847	76 847	76 847	76 847
2.1	自有资金	15 589	4 453	10 554	582													
2.2	借款本金偿还	23 384			6 905	8 288	8 192											
2.3	借款利息支付	3 973	210	866	1 410	994	494											
2.4	经营成本	1 008 956			58 773	73 091	73 091	73 091	73 091	73 091	73 091	73 091	73 091	73 091	73 091	73 091	73 091	73 091
2.5	销售税金及附加	26 815			1 554	1 943	1 943	1 943	1 943	1 943	1 943	1 943	1 943	1 943	1 943	1 943	1 943	1 943
2.6	所得税	22 756			575	1 331	1 496	1 659	1 659	1 757	1 757	1 757	1 757	1 757	1 813	1 813	1 813	1 813
3	净现金流量	45 125	-4 663	-11 420	-3 466	-2 730	-2 299	6 224	6 224	6 126	6 126	6 126	6 126	6 126	6 070	6 070	6 070	8 414
	现值系数($i=12\%$)	7	0.893	0.797	0.712	0.636	0.567	0.507	0.452	0.404	0.361	0.322	0.287	0.257	0.229	0.205	0.183	0.163
	净现值	2 299	-4 163	-9 104	-2 467	-1 735	-1 305	3 153	2 815	2 474	2 209	1 972	1 761	1 572	1 391	1 242	1 109	1 373
	累计净现值	-128 021	-4 163	-13 267	-15 734	-17 469	-18 773	-15 620	-12 805	-10 331	-8 122	-6 149	-4 388	-2 816	-1 425	-183	926	2 299

计算指标：

财务内部收益率($FIRR$)：14%

财务净现值($FNPV$)($i=12\%$)：2 299

附表 14　敏感性分析表

单位：万元

序号	项目	基本方案	投资变化				经营成本				销售价格			
			+5%	+10%	-5%	-10%	+5%	+10%	-5%	-10%	+5%	+10%	-5%	-10%
1	内部收益率(%)	12.35	12.35	10.71	13.27	14.26	11.60	10.83	13.12	13.81	18.51	24.02	5.02	-5.15
2	净现值($i=12\%$)	615	619	-2 460	2 153	3 691	-708	-2 029	2 011	3 260	12 369	24 122	-11 138	-22 892
3	投资回收期(年)	8.33	8.33	8.93	8.03	7.73	8.60	8.89	8.07	7.86	6.68	5.74	11.98	16.00

案例二　某电网改造项目经济评估报告

一、项目概况

××省电力公司隶属于国家电力公司，是以发电、供电和配电为主业，从事多种经营的国有独资公司。该公司是××省内唯一的电网经营企业，对全省电力工业的发展实行统一规划，对上网电量及外购电量实行统一调度，对不属于公司的发电企业实行行业监督。在生产经营上具有行业垄断性。

近年来，由于××省经济的发展，用电需求量不断增长，为解决电力短缺对经济发展的制约，该公司大力发展电力设施建设，尤其是对电网的进一步建设和完善。本项目的主要内容是在 2001—2003 年，建设 220 千伏变电所 14 座，变电容量 222 万千伏安；扩建 220 千伏变电所 13 座，变电容量 186 万千伏安；更换 220 千伏主变 4 台，变电容量 48 万千伏安；建设 220 千伏线路 882 公里（其中新建 837 公里，改造 45 公里）。新增 110 千伏变电容量 438.55 万千伏安；建设 110 千伏线路 2 119 公里（含新立项 220 千伏变电所的 110 千伏接入线路）。新增 35 千伏变电容量 128.86 万千伏安；建设 35 千伏线路 1 840.2 公里（含新立项 220 千伏变电所的 35 千伏接入线路）。建设省电力信息网主干网光缆 887.2 公里，以及市局至各县局互联电力信息主干网、县级电力信息网、用电营销自动化系统、县城和重要集镇的 10 千伏及以下电网建设与改造项目。

截至 2000 年末，电网项目已投入资金 9 580 万元，全部为××省电力公司自有资金，目前尚未形成生产能力，预计在 2001 年 6 月有部分形成生产能力。

二、建设必要性分析

1998 末，××省开始实施大规模的城乡电网建设与改造工程。城网改造总投资规模达 91.4 亿元，全省的城市电网改造工程将于 2001 年底全面完成。农网改造总投资规模达 128.2 亿元，将于 2001 年 6 月底竣工。经过近年来的加大投入和建设，到 2000 底，全省已拥有 500 千伏线路 20 条，线路长度为 2 975 公里；500 千伏升压变电所 1 座，变电容量为 100 万千伏安，降压变电所 5 座，变电容量为 450 万千伏安。220 千伏线路 267 条，线路长度为 7 695 公里；220 千伏变电所 122 座，变压器 193 台，变电容量为 2 505 万千伏安；110 千伏线路长度 9 970 公里，变电容量为 2 598 万千伏安。

但是处于能源基地的部分地区，由于受到网架等条件制约，电力外送能力受限；部分地区 220 千伏系统短路容量增长过快，已有部分变电所短路容量接近和超过断路器遮断容量;部分地区的供电可靠性差;峰谷差日益增大,近几年电力负荷增长大于电量增长,而几乎为纯燃煤机组的装机结构并没有得到改善,系统调峰更加困难,机组调停矛盾突出。

由于存在上述问题,对该省电网进行改造已是迫在眉睫,十分必要。通过以上项目的实施,可以大幅度提高该省电网的供电能力,防止可能出现的缺电、拉闸限电等情况,为经济的平稳、持续发展提供可靠的电力保障;同时,增强供电稳定性,满足经济发展对供电最高负荷的要求,增强调峰能力,降低峰谷差;降低线损,节约成本,预计项目建成后线损率将由目前的 7.48% 降为 7%,效果显著;增强电力外送能力,缓解目前存在的结构矛盾,实现电力供需的平衡。

三、线路和设备的主要技术原则(略)

四、市场评估

1. 全国及××地区电网现状

电力行业是国民经济的基础行业,电力行业的健康、持续发展,对于保障整个国民经济的健康、持续发展,具有重要意义。随着我国经济的稳步发展,我国电力工业也保持着同步发展。改革开放以来,特别是国家实行集资办电和多家办电的政策以来,全国电力工业发展迅速,从 1978 年至 1999 年的22 年间,装机容量以 8.3% 的速度增长,发电量以每年 8.3% 的速度增长,使电力工业的总量指标跃居世界前列。1999 年,全国发电装机容量达 29 876.8 万千瓦、发电量达 12 331.4 亿千瓦时、全社会用电量达 12 092 亿千瓦时、供电量达 10 336 亿千瓦时,均居世界第二位,仅次于美国,分别比 1998 年增加7.75%、6.52%、6.54%、6.24%。××电网覆盖四个省市,其中有较为发达的地区,1999 年电网装机容量达 5 198.6 万千瓦、发电量达 2 268.9 亿千瓦时、全社会用电量达 2 276.58 亿千瓦时,分别比 1998 年增加 9.27%、7.07%、7.46%,分别占全国的 17.4%、18.4%、18.8%。

2. ××省电网现状

××省地处我国东部沿海,是全国经济发展最快的省份之一,2000 年实现的国内生产总值为 8 584.7 亿元,"九五"期间国内生产总值年均增长 11.2%,高于全国平均水平 2.8 个百分点。与之相关,该省电力工业也保持着较高的发展速度,改革开放后,尤其是近年来电力发展迅速,为国民经济和社会发展作出了积极贡献。至 1997 年,长期困扰该省经济发展的严重缺电局面宣告结束。至 1999 年底,500 千伏输电线路 1 517 公里,变电容量 450 万千伏安,220 千伏输电线路 7 303 公里,变电容量 2 319 万千伏安;110 千伏输电线路

9 468 公里,变电容量 2 313 万千伏安;10 千伏及以下输电线路 14.5 万公里,变电容量 13.83 万千伏安。1999 年××省发电量占全国的 6.86%,在全国排名第三,全省用电量占全国的 7%。2000 年,××省 500 千瓦以上(含)发电装机容量为 1 895 万千瓦、发电量达 970 亿千瓦时,分别比 1999 年增加 3.84%、15.07%;6 000 千瓦及以上的机组年均发电 5 178 小时,机组使用效率较高;全社会用电量为 970.53 亿千瓦时、售电量为 760.51 亿千瓦时,分别比 1999 年增加 14.52%、14.99%,高于全国平均水平 7 个百分点。由于该省电力工业的不断发展,其在全国电力工业中地位突出,综合实力名列前茅。

表 8-1　××省经济及电力发展状况

项　　目	1996 年	1997 年	1998 年	1999 年	2000 年	后 4 年平均
国内生产总值（亿元）	6 004.21	6 680.34	7 199.95	7 697.82	8 584.68	
国内生产总值指数	3 205.3	3 589.5	3 984.8	4 387.3	4 852.4	
增长率	12.20%	11.99%	11.01%	10.10%	10.60%	10.9%
全社会用电量（亿千瓦时）	743.13	774.04	785.45	847.48	971.34	
增长率		4.16%	1.47%	7.90%	14.62%	6.9%
弹性系数		0.35	0.13	0.78	1.38	0.63
电网售电量（亿千瓦时）	583.09	607.67	618.68	661.37	760.51	
增长率		4.22%	1.81%	6.90%	14.99%	6.9%
弹性系数		0.35	0.16	0.68	1.41	0.63
最高负荷（万千瓦）	1 055.3	1 111.3	1 186.5	1 360.6	1 484.3	
增长率		5.31%	6.77%	14.67%	9.09%	8.9%
500 千瓦以上发电装机容量（万千瓦）	1 358	1 436	1 607	1 825	1 895	
增长率		5.74%	11.91%	13.57%	3.84%	8.7%

　　××省的电力工业在"九五"期间发展较快,1997—2000年××省全社会用电量和售电量年均增长均为 6.9%,500千瓦以上(含)发电装机容量年均增长 8.7%,发电量年均增长 6.9%。

　　××省的电力供求基本平衡,2000年××省的全社会用电量 971.34亿千瓦时,而 500千瓦及以上的机组发电量 970.53亿千瓦时。2000年××省共向区外购电 54.37亿千瓦时,向区外输出 54.18亿千瓦时,净输入仅为0.19亿千瓦时。但随着三峡发电机组和××省在山西建设的××电厂的逐步投产,以及××省经济的复苏和用电量的进一步增加,预计××省的区外购电量将逐年增加。

表 8-2　　　　　　　　　　单位:亿千瓦时

项　　目	1996年	1997年	1998年	1999年	2000年	后4年平均
工业用电量	538.35	550.87	547.61	605.37	709.78	
增长率		2.33%	−0.59%	10.55%	17.25%	7.2%
居民生活用电量	83.62	92.28	99.32	105.37	125.62	
增长率		10.36%	7.63%	6.09%	19.22%	10.7%
农业用电量	70.04	73.91	75.01	70.43	59.12	
增长率		5.53%	1.49%	−6.11%	−16.06%	−4.1%

　　"九五"期间,××省的用电结构上,居民生活用电量的增长速度明显高于全社会用电量的增长速度,农业用电量增长速度呈逐年下降趋势。工业用电量为××省的主要用电量,2000年××省工业用电量为 709.78亿千瓦时,占 73%。××省工业用电量 1998年比上年减少,其主要原因是 1998年较多工业企业经营滑坡,其用电量同步下降,从而也导致了 1998年××省全社会用电量增幅较小,但在全国同行业中仍处于较好水平。××省为拉动经济,从 1998年开始,加大了投资力度,进一步改善了投资环境,使其工业经济恢复较快,同时也吸引了不少外资企业,全省大部分开发区运营质量有所提高,使其工业用电量在 1999年及 2000年上升较快。

　　随着××省居民生活用电的快速增加,其最高负荷增加较快,2000年××省最高负荷为 1 484.3万千瓦,1997—2000年年均增长 8.9%,高出全社会用电量的增长速度 2个百分点。

　　××省的供用电结构上存在地区结构矛盾。经济比较发达的地区,用电量较大,用电量增长速度较快,在全省的占比较高。2000 年××省某地区的全社会用电量为 500.23 亿千瓦时,占全省的 59%,比上年增长 8.8%,较全省平均水平高 2 个百分点。而该地区的 6 000 千瓦以上发电装机容量仅为890.4 万千瓦,占全省的 47%,全省地区供用电结构不均衡。该省电网主干网架规划的主要目标之一就是确保送电的通道流畅,在 2003 年建成一个主干道,初步解决地区不均衡状况,在 2015 年左右,500 千伏主干网架基本形成从北至南三个主通道。

3. 需求及供电最大负荷预测分析

按照十五大精神,在 21 世纪前 10 年,国民经济要翻一番,即要求年增长速度达到 7%～8%,为此××省发展和改革委员会规划,"十五"期间××省的 GDP 年均增长率将保持在 9%～10%,"十一五"的年均增长速度将在 7%以上,从××省"九五"及以前年度的经济发展情况来看,预计该目标能够实现。2000 年,××省电力公司根据"九五"期间××省国民经济及电力工业发展状况,编制了电力工业发展规划,该规划认为:"十五"期间全省用电量的年均增长速度为 6.5%,"十五"以后全省用电量也将保持一定的增长速度。"九五"期间,全社会用电量与国内生产总值指数的平均弹性系数为 0.69,"九五"后三年弹性系数呈逐年递增。1998 年的弹性系数较低的主要原因是××省工业经济滑坡,导致用电量增幅较小。如弹性系数取 0.69,"十五"期间 GDP的增长速度取 9%,"十五"以后年度的 GDP 增长速度取 7%,预计"十五"及"十五"以后年度的全社会用电量的增长速度将分别为 6.21%、4.83%。考虑到××省"九五"期间全社会用电量的增长速度和××省电力弹性系数相关性较弱,评估本着充分谨慎的原则,"十五"期间的全社会用电量及售电量的增长速度取 5%,"十五"以后各年取 3%,预计 2005 年、2010 年全社会用电量将分别达到 1 238.67 亿千瓦时、1 304.31 亿千瓦时。根据××省"九五"期间的经济发展状况和电力发展情况分析,如××省电力工业及经济状况不发生逆转,上述指标能够实现。

由于居民生活用电比例逐年上升,预计最高负荷的增长速度高于全社会用电量的增长速度,同时因国家电力产业调峰措施的逐步出台,预计最高负荷的年增长速度将呈下降趋势。预计"十五"期间最高负荷年增长速度在8%,"十一五"期间最高负荷年增长速度在 6%左右,2005 年和 2010 年最高负荷将分别达到 2 424 万千瓦、3 244 万千瓦。

4. 电力电量平衡分析

为提高××省的电源供电能力,××省除了接受区外来电外,将优先安排技术改造和结构调整项目,适度安排新能源发电项目。在"十五"期间,××省计划投产的发电装机容量639.2万千瓦,其中核电200万千瓦;计划引进的区外来电达397万千瓦。"十一五"期间计划建设投产的发电装机容量为492万千瓦,其中:水电100万千瓦、火电90万千瓦;计划引进的区外来电90万千瓦(三峡供电)。如上述项目按期投入运营,至2005年、2010年,××省的发电容量(500万千瓦以上装机及区外来电)将分别达2 846.2万千瓦、3 428.2万千瓦,可供电量将分别达1 380亿千瓦时、1 690亿千瓦时,基本能够满足××省的用电需求。

为提高电网供电能力、促进供用电的平衡,该省电网将抓紧建设"北电南送"工程,同时结合华东500千伏主环网的建设规划,为满足省内各市之间以及与区外的电力交换的需要,将进一步完善500千伏的电网建设。"十五"期间,"九五"结转建成投运的500千伏变电所将有9座(变电容量700万千瓦)、500千伏线路895.4公里,新开工建成投运的500千伏变电所6座(变电容量550万千瓦)、500千伏线路1117公里。至2015年还将建设一批500千伏变电所。以500千伏电网和地区电厂为依托,将进一步建设完善220千伏和110千伏电网,"十五"期间将新增110千伏的变电容量996万千瓦,"十五"末110千伏变电容量将达3 526万千瓦。

上述项目的按期建设投运是满足全社会用电量的需求和最高负荷增长的必要条件。

5. 电价分析

为达到进一步改善××省的电力供应环境、提高供电安全性、满足社会用电量增长的需要,同时为能给本项目提供较好的投资条件,××省发展和改革委员会和××省物价局已联合发文向××省政府提出请示,对电价进行调整,文中请求由省物价局作如下原则承诺:在不提高全省销售电价水平的情况下,在现有电价空间中给予解决。

五、投资估算与资金来源

根据××省电力公司上报的可行性研究报告估算,该项目静态投资为1 171 458万元。经评估测算,该项目总投资(为固定资产投资,本项目不需流动资金)1 269 061万元,其中静态投资为1 171 458万元,含基本预备金费58 573万元,与可行性报告估算一致;动态投资为建设期贷款利息97 603万元,比可行性研究报告减少12 419万元。

分项费用如下:

35 千伏及以上电网项目	612 970 万元
县城网改造项目	382 617 万元
电力信息网主干网	5 100 万元
市局至县局电力信息网主干网	22 771 万元
县级电力信息网	70 000 万元
用电营销自动化系统	78 000 万元
建设期贷款利息	97 603 万元

该项目分年投资计划为 2000 年 9 580 万元,2001 年 378 152 万元,2002 年 480 956 万元,2003 年 302 770 万元。

该项目资本金为 259 061 万元,占总投资的 20.41%,符合国家关于投资项目资本金制度的有关规定。目前资本金到位 9 580 万元,尚待投入 249 481 万元。根据企业规划的项目进度,该项目于 2001 年完成静态投资 378 152 万元,2002 年完成 480 956 万元,2003 年完成 302 770 万元,根据银行贷款与企业自有资金同步到位原则,确定企业各年应到位资本金分别为 62 274 万元、99 378 万元、87 829 万元。

公司自筹资金来源主要为折旧、税后利润、供电贴费及以前年度节余等。目前企业年折旧额在 23 亿元左右;税后利润保持在 4 亿元以上;供电贴费为根据电压等级收取的增容费,每年可收到 5 亿元左右。根据××省电力公司出具的自筹资金平衡表,在保证电源工程、城网改造、农网改造等项目自筹资金的前提下,本项目的自筹资金可以得到保证。同时××省电力公司已出具该项目资本金承诺函。

××省电力公司就该项目向中国建设银行、中国工商银行、中国银行分别申请固定资产贷款 360 000 万元、340 000 万元和 340 000 万元,共计 1 040 000 万元,三家银行均已出具了贷款意向书。根据项目评估测算,该项目共需固定资产贷款 1 010 000 万元,其中建设银行贷款 350 000 万元,工商银行贷款 330 000 万元,中国银行贷款 330 000 万元。

六、基本数据及假设

(1) 项目计算期 20 年,其中建设期 4 年(2000—2003 年),生产期 16 年。

(2) 电价。采取综合电价,目前统一销售电价平均水平为 0.527 元/千瓦时(含增值税),其中包含电力建设等基金及其他附加费。评估测算时采用 0.45 元/千瓦时(不含税)。

(3) 售电量。2000 年××省电网售电量为 760.51 亿千瓦时。售电量递增率 2001—2005 年为 5%,2006 年开始为 3%。

(4) 综合电价中所含电力建设基金、三峡建设基金等基金及各项收费的征收按国家有关文件的规定执行。由于根据征收办法,上述基金及收费的征收对象并非为全部售电量,且对不同用户收费标准有所不同,综合全口径电量计算出平均每度售出电量含电力建设基金 0.015 元、三峡建设基金 0.009 8 元、城市附加 0.005 元、其他约为 0.014 元,合计 0.043 8 元(不含税)。

(5) 增值税税率 17%。城市维护建设税税率为 7%,教育费附加为 4%,均以增值税为计税基础。

(6) 所得税。执行所得税税率 33%。

七、成本费用及销售收入分析

(1) 平均上网电价。××省上网电价综合平均值为 0.30 元/千瓦时(不含税)。

(2) 线损率。××省电网 2000 年传输线损率达 7.48%,预计该项目建成后,线损率可降至 7%。

(3) 工资。目前全省电网维护方面工人达 38 000 人,电力系统实行减员增效,工人人数不再增加。2000 年人均工资水平达 2 万元。职工福利费为工资的 14%。预计工资水平年递增率为 5%。

(4) 折旧。假设项目总投资的 100%将形成固定资产。固定资产折旧采取综合折旧法。折旧率为 5.5%。××省电力公司 2000 年年报显示部网现有固定资产原值 3 688 982 万元,近三年折旧额分别为 120 999 万元、131 896 万元、181 408 万元,企业在建工程账面值为 286 906 万元;省网现有固定资产原值 1 072 020 万元,近三年折旧分别为 28 544 万元、36 411 万元、48 503 万元,在建工程账面值为 72 169 万元。2000 年企业折旧额增加较多,主要是城网、农网改造接近尾声,新增固定资产较多。评估假设项目计算期内企业原有固定资产折旧额不变,每年 250 000 万元。

(5) 修理费。电网维护修理费取固定资产年折旧额的 50%。

(6) 管理费用。根据企业现有管理费用支出水平,为年销售收入的 4‰。

(7) 财务费用。① 短期银行借款利息。企业 2000 年年报显示短期银行借款余额 790 万元,当年支出短期借款利息 695 万元。报表显示企业货币资金充足,本项目建成后也无需新增流动资金借款。假设在项目计算期内无短期银行借款。② 长期负债利息。企业 2000 年年报显示部网长期借款余额 1 883 598 万元,应付债券 10 100 万元,为 5 年期电力债券,免息;省网长期借款余额为 556 910 万元。长期借款年利率 6.21%。各年借款利息见贷款偿还期计算表。

（8）销售费用。××省电网电力传输部分不发生销售费用。

（9）企业销售收入不包含电力建设基金、三峡建设基金及其他一些收费项目。三峡建设基金及其他收费项目如新安江建设基金、城市公用事业附加等均需上交财政。电力建设基金对应的收入部分专户储存，用于农网改造还本付息，其使用和管理办法有待国务院批准。

（10）盈余公积金及公益金的提取比例分别为净利润的 10%、5%。

（11）贷款偿还。本项目贷款由××省电力公司用综合效益还款。企业还贷资金来源为未分配利润和折旧。其中，未分配利润还贷比例为 70%，折旧前三年（2001—2003 年）还贷比例为 70%，三年后即本项目完工后还贷比例为 50%。

八、财务效益评估

由于本项目电网的铺设，新增经济效益主要包括输配电网增供能力导致增售电量收入、降低线损节约的购电成本。项目新增成本费用包括增售电量的采购成本、本项目形成固定资产的折旧、修理费用、管理费用、财务费用等。输配电网的增供能力是指在电量的自然增长之外，由于电网结构调整优化，增加电网负荷能力而使得电网增加供电能力。经电网专家审查建议，本项目的增供能力为新增电量的 75%。计算结果，项目新增利润平均达 8.72 亿元，投资利润率为 6.9%。

项目动态效益。通过项目现金流量分析，项目内部收益率达 7.2%，财务净现值（$i=6\%$）为 146 535.1 万元。静态投资回收期为 14.78 年，动态投资回收期为 18.77 年。

项目的贷款偿还期。至 2000 年底，企业账面显示部网长期银行借款余额 1 883 598 万元，省网长期借款余额 556 910 万元，合计 2 440 508 万元。其中，农网改造贷款余额为 948 516 万元，根据借款合同，于 2009 年偿还完毕，平均各年在 10 亿元左右，该部分贷款的偿还来源为电力建设基金。2000 年报表显示电力建设基金收取了 114 439 万元，依此趋势，可以保证按期偿还农网改造贷款。

除农网改造外，其他银行贷款余额为 1 491 992 万元，计划于 2013 年偿还完毕，安排各年还本见贷款偿还期计算表。长期债券余额 10 100 万元，计划于 2003 年兑现完毕。本项目新增长期银行借款 101 亿元。企业综合还贷来源如前所述，各年还款在保证已有借款合同执行的前提下归还新增银行借款。计算结果，银行贷款偿还期为 11.51 年（自贷款投放年度计）。

九、敏感性分析

选取综合电价、平均购电成本、售电量为敏感性因素,测算在其他条件不变的前提下,这些敏感性因素分别上下波动10％时,项目的内部收益率与贷款偿还期情况,结果如下表。

敏感性分析表

变化率	内部收益率(％)			贷款偿还期(年)		
	综合电价	平均上网电价	售电量	综合电价	平均上网电价	售电量
−10％	0.02	10.55			5.88	
−5％	4.14	8.92		—	8.38	
−1％	6.65	7.58	2.67	12.43	10.76	12.8
0％	7.20	7.20	7.20	11.51	11.51	11.51
1％	7.74	6.82	10.89	10.47	12.2	10.18
5％	9.69	5.15	22.34	7.61		7.49
10％	11.8	2.68	33.97	5.57		5.7

经测算,项目对综合电价、售电量等均较敏感。由于电力行业目前仍是垄断行业,其价格由政府物价部门决定,相对保持稳定。同时电力改革推行"厂网分开、竞价上网",将有可能进一步降低上网电价水平。评估认为,尽管该项目对价格弹性较小,但鉴于行业现状,项目的价格风险较低。但是,售电量这个因素在很大程度上影响了企业未来整体效益,而它又取决于未来的经济发展状况,评估预测时取"十五"期间5％的递增率虽较为保守,但售电量的不确定性仍值得关注。

十、银行效益和风险防范(略)

十一、总评估

经评估测算,该项目总投资为1 269 061万元,其中静态投资为1 156 578万元,含基本预备金费58 573万元;动态投资为建设期贷款利息97 603万元。资金来源为企业自筹资金259 061万元,占总投资的20.41％,目前自筹资金到位9 580万元,根据××省电力公司出具的自筹资金平衡表,评估认为其具备资金筹措能力。项目申请商业银行固定资产贷款1 010 000万元,占总投资的79.83％,其中国建设银行贷款350 000万元,中国工商银行贷款330 000万元,中国银行贷款330 000万元,银行均已出具了贷款意向书。

　　经测算,项目年新增利润平均为 8.72 亿元,投资利润率为 6.9%。根据项目现金流量分析,项目内部收益率为 7.2%,财务净现值($i=6\%$)为 146 535.1万元,静态投资回收期为 14.78 年,动态投资回收期18.77 年,项目贷款偿还期为 11.51 年。至 2000 年底,企业账面显示长期银行借款余额共 2 440 508 万元,根据借款合同,于 2013 年偿还完毕,安排各年还本情况见贷款偿还期计算表。企业综合还贷计算结果为全部银行贷款偿还期 13 年。

　　敏感性分析显示项目对综合电价、售电量等均较敏感。尤其企业整体效益对售电量的弹性较小,电量销售在很大程度上取决于未来的经济发展状况,评估预测时取"十五"期间 5% 的递增率虽较为保守,但售电量的不确定性仍值得关注。

　　本项目拟申请信用贷款,鉴于该公司实力雄厚,长短期偿债能力较强,信誉良好,是各银行的重点客户。为了赢得市场机遇,促进各银行业务全面发展,并推动××省经济发展和人民生活水平的提高,评估认为贷款担保方式可行。

　　综上所述,××省电力公司为国家电力公司下属的大型国有企业,经济实力较强。本项目的建设有助于改善××省电网传输的现状,满足用电需求的增长,既能进一步增加企业的供电能力,又具有良好的社会效益。项目资金来源落实,经测算各项经济指标均符合贷款要求。评估认为电力行业是公用事业中较为稳定、经营效益良好的行业,该电力公司资产规模大,资金实力雄厚,是国家产业政策重点扶持的对象。本项目贷款符合商业银行的信贷政策,贷款投放将有助于优化各行贷款结构,提高贷款资产质量,促进整个地区经济发展。评估建议给予信贷支持。

附表 1　评估指标汇总表

序　号	名　　称	单　位	评估值
一、	基本数据		
	计算期	年	20
	建设期	年	4
	项目总投资	万元	1 269 060.6
	行业基准收益率	%	6
二、	评估指标		
	整体效益		
	年均销售收入	万元	4 600 101.7
	年均新增总成本费用	万元	4 344 337.1
	年均利润总额	万元	129 523.6
	销售利润率	%	2.8
	项目效益		
	年均利润总额	万元	87 294.9
	投资利润率	%	6.9
	动态指标		
	财务净现值	万元	146 535.1
	财务内部收益率	%	7.2
	静态投资回收期	年	14.78
	动态投资回收期	年	18.77
	贷款偿还		
	银行贷款偿还期	年	11.51

附表 2　总投资估算表

序号	项目名称	电压 (千伏)	变电 (万千伏安)	线路 (公里)	投资额 (万元)
	静态投资				1 171 458
一、	35 千伏以上项目	220	468	836	208 948
		110	454. 55	1692	309 806
		35	122. 81	1434. 6	94 216
1	A 市	220	114	12	20 200
		110	86. 55	210. 1	58 485
		35	7. 23	56. 5	4 886
2	B 市	220	138	237	70 600
		110	102. 15	356	95 745
		35	40. 55	200	27 025
3	C 市	220	66	97	22 458
		110	69. 3	154. 2	34 770
		35	12	11	2 850
4	D 市	220	18	8	7 390
		110	4	136	8 590
		35		39. 2	1 050
5	E 市	220			
		110	34. 9	109	13 210
		35	7. 23	56. 5	5 525
6	F 市	220	42	230	36 130
		110		47. 5	2 420
		35	12. 4	163	6 940
7	G 市	220	12	10	7 870
		110	22. 9	76. 5	14 030
		35	10. 24	157	7 320
8	H 市	220	18	62	12 290

序号	项目名称	电压 (千伏)	变电 (万千伏安)	线路 (公里)	投资额 (万元)
		110	39.2	199	21 290
		35	6.155	179.5	7 795
9	I市	220	12	20	7 060
		110	38.9	99.7	20 490
		35	4.36	80.9	3 458
10	J市	220	12	30	6 810
		110	19.75	102	11 530
		35	7.41	876.6	10 890
11	K市	220	12	10	2 400
		110	14.3	73	10 630
		35	6.28	147	7 052
12	L市	220	12	40	9 430
		110	13.45	107	7 421
		35	2.89	159.5	4 465
13	M市	220	12	80	6 310
		110	9.15	22	11 195
		35	6.065	8	4 960
二、	县城网改造项目				382 617
三、	电力信息主干网				5 100
四、	市局至各县局互联 电力信息网主干网				22 771
五、	县级电力信息网				70 000
六、	用电营销自动化系统				78 000
	动态投资				97 602.57
	建设期利息				97 602.57
	总计				1 269 060.57

附表 3　投资计划与资金平衡表　单位：人民币万元

	项　目	合　计	2000	2001	2002	2003
	投资进度		1％	32％	41％	26％
一、	总投资	1 269 061	9 580	388 274	514 077	357 129
1	静态投资	1 171 458	9 580	378 152	480 956	302 770
2	动态投资	97 603	0	10 122	33 121	543 59
	建设期利息	97 603		10 122	33 121	54 359
二、	资金筹措	1 269 061	9 580	388 274	514 077	357 129
1	自有资金	259 061	9 580	62 274	99 377	87 829
2	银行贷款 （年利率 6.21％）	1 010 000		326 000	414 700	269 300
	建设银行	350 000		113 000	143 700	93 300
	工商银行	330 000		106 500	135 500	88 000
	中国银行	330 000		106 500	135 500	88 000

附表 4　总成本费用表

单位：人民币万元

序号	项　目	合计	2000	2001	2002	2003	2004	2005	2006	2007
			1	2	3	4	5	6	7	8
	上网电量（亿千瓦时）	23 126.25	822.00	863.10	906.25	951.56	993.98	1 043.68	1 074.99	1 107.24
一、	产品销售成本	72 156 958.59	2 552 625.73	2 680 257.02	2 814 269.87	2 954 983.36	3 087 261.97	3 241 625.07	3 341 085.36	3 443 640.04
	平均购电成本	69 378 764.33	2 465 985.73	2 589 285.02	2 718 749.27	2 854 686.73	2 981 950.51	3 131 048.04	3 224 979.48	3 321 728.86
	工人工资	2 437 012.51	76 000.00	79 800.00	83 790.00	87 979.50	92 378.48	96 997.40	101 847.27	106 939.63
	其他直接支出	341 181.75	10 640.00	11 172.00	11 730.60	12 317.13	12 932.99	13 579.64	14 258.62	14 971.55
二、	制造费用	8 800 159.95	345 000.00	375 000.00	375 000.00	375 000.00	479 697.50	479 697.50	479 697.50	479 697.50
	折旧	5 866 773.30	230 000.00	250 000.00	250 000.00	250 000.00	319 798.33	319 798.33	319 798.33	319 798.33
	原有固定资产折旧	4 750 000.00	230 000.00	250 000.00	250 000.00	250 000.00	250 000.00	250 000.00	250 000.00	250 000.00
	本项目新增固定资产折旧	0.00	0.00	0.00	0.00	0.00	69 798.33	69 798.33	69 798.33	69 798.33
	修理费用	2 933 386.65	115 000.00	125 000.00	125 000.00	125 000.00	159 899.17	159 899.17	159 899.17	159 899.17
三、	管理费用	387 265.84	13 702.18	14 387.29	15 106.65	15 861.99	16 655.09	17 487.84	18 012.48	18 552.85
	管理费用	387 265.84	13 702.180	14 387.289	15 106.654	15 861.986	16 655.086	17 487.840	18 012.475	18 552.849
四、	财务费用	1 198 019.69	103 010.00	151 555.55	138 118.78	121 459.59	167 518.60	141 980.47	124 666.22	106 129.28
	短期借款利息	0.00	0.00	0.00	0.00	0.00	0.00	0.00	0.00	0.00
	长期借款利息	1 198 019.69	103 010.00	151 555.55	138 118.78	121 459.59	167 518.60	141 980.47	124 666.22	106 129.28
	其中原有长期借款利息	1 198 019.69	103 010.00	151 555.55	138 118.78	121 459.59	104 797.60	87 663.96	71 771.33	56 442.44
	本期新增长期借款利息		0.00	0.00	0.00	0.00	62 721.00	54 316.51	52 894.89	49 686.84
五、	销售费用	0.00	0.00	0.00	0.00	0.00	0.00	0.00	0.00	0.00
六、	总成本费用	82 542 404.08	3 014 337.91	3 221 199.86	3 342 495.31	3 467 304.94	3 751 133.15	3 880 790.88	3 963 461.55	4 048 019.67

续附表 4

2008	2009	2010	2011	2012	2013	2014	2015	2016	2017	2018	2019
9	10	11	12	13	14	15	16	17	18	19	20
1 140.46	1 174.67	1 209.91	1 246.21	1 283.60	1 322.11	1 361.77	1 402.62	1 444.70	1 488.04	1 532.68	1 578.66
3 549 387.47	3 658 429.23	3 770 870.24	3 886 818.90	4 006 387.62	4 129 690.62	4 256 848.79	4 387 985.08	4 523 227.00	4 662 706.29	4 806 559.09	4 954 926.05
3 421 380.73	3 524 022.15	3 629 742.81	3 738 635.10	3 850 794.15	3 966 317.98	4 085 307.51	4 207 866.74	4 334 102.74	4 464 125.82	4 598 049.60	4 735 991.09
112 286.61	117 900.94	123 795.99	129 985.79	136 485.08	143 309.33	150 474.80	157 998.54	165 898.47	174 193.39	182 903.06	192 048.21
15 720.13	16 506.13	17 331.44	18 198.01	19 107.91	20 063.31	21 066.47	22 119.80	23 225.79	24 387.07	25 606.43	26 886.75
479 697.50	479 697.50	479 697.50	479 697.50	479 697.50	479 697.50	479 697.50	479 697.50	479 697.50	479 697.50	479 697.50	479 697.50
319 798.33	319 798.33	319 798.33	319 798.33	319 798.33	319 798.33	319 798.33	319 798.33	319 798.33	319 798.33	319 798.33	319 798.33
250 000.00	250 000.00	250 000.00	250 000.00	250 000.00	250 000.00	250 000.00	250 000.00	250 000.00	250 000.00	250 000.00	250 000.00
69 798.33	69 798.33	69 798.33	69 798.33	69 798.33	69 798.33	69 798.33	69 798.33	69 798.33	69 798.33	69 798.33	69 798.33
159 899.17	159 899.17	159 899.17	159 899.17	159 899.17	159 899.17	159 899.17	159 899.17	159 899.17	159 899.17	159 899.17	159 899.17
19 109.43	19 682.72	20 273.20	20 881.40	21 507.84	22 153.07	22 817.66	23 502.19	24 207.26	24 933.48	25 681.48	26 451.93
19 109.435	19 682.718	20 273.199	20 881.395	21 507.837	22 153.072	22 817.665	23 502.195	24 207.260	24 933.478	25 681.482	26 451.927
86 684.25	66 298.03	46 208.98	30 548.13	14 006.94	2 844.86	0.00	0.00	0.00	0.00	0.00	0.00
0.00	0.00	0.00	0.00	0.00	0.00	0.00	0.00	0.00	0.00	0.00	0.00
86 684.25	66 298.03	46 208.98	30 548.13	14 006.94	2 844.86	0.00	0.00	0.00	0.00	0.00	0.00
43 059.02	30 972.25	20 645.39	13 636.54	7 505.16	0.00	0.00	0.00	0.00	0.00	0.00	0.00
43 625.23	35 325.78	25 563.59	16 911.59	6 501.78	0.00						
0.00	0.00	0.00	0.00	0.00	0.00	0.00	0.00	0.00	0.00	0.00	0.00
4 134 878.65	4 224 107.47	4 317 049.92	4 417 945.92	4 521 599.42	4 634 386.05	4 759 363.95	4 891 184.77	5 027 131.75	5 167 337.27	5 311 938.07	5 461 075.48

附表 5　销售收入估算表

序号	项目	单位	单价	合计	2000 1	2001 2	2002 3	2003 4	2004 5	2005 6	2006 7	2007 8
	售电量	亿千瓦时			760.51	798.54	838.46	880.39	924.40	970.62	999.74	1 029.74
	综合电价	万元/万千瓦时	0.45									
一	销售收入			96 816 460.87	3 425 545.04	3 596 822.29	3 776 663.41	3 965 496.58	4 163 771.41	4 371 959.98	4 503 118.78	4 638 212.34
二	其中	万元/万千瓦时	0.04	9 414 528.19	333 103.38	349 758.55	367 246.48	385 608.80	404 889.24	425 133.70	437 887.71	451 024.34
	电力建设基金	万元/万千瓦时	0.015	3 224 153.49	114 076.50	119 780.33	125 769.34	132 057.81	138 660.70	145 593.73	149 961.55	154 460.39
	三峡建设基金	万元/万千瓦时	0.009 8	2 106 446.95	74 529.98	78 256.48	82 169.30	86 277.77	90 591.66	95 121.24	97 974.88	100 914.12
	市政附加	万元/万千瓦时	0.005	1 074 717.83	38 025.50	39 926.78	41 923.11	44 019.27	46 220.23	48 531.24	49 987.18	51 486.80
	其他	万元/万千瓦时	0.014	3 009 209.92	106 471.40	111 794.97	117 384.72	123 253.95	129 416.65	135 887.48	139 964.11	144 163.03
三	增值税(税率17%)			4 664 408.41	163 125.08	171 281.34	179 845.40	188 837.67	200 909.55	210 955.03	217 283.68	223 802.19
	进项税	万元		11 794 389.94	419 217.57	440 178.45	462 187.38	485 296.74	506 931.59	532 278.17	548 246.51	564 693.91
	销项税	万元		16 458 798.35	582 342.66	611 459.79	642 032.78	674 134.42	707 841.14	743 233.20	765 530.19	788 496.10
	城市维护建设税及教育费附加	万元		513 084.93	17 943.76	18 840.95	19 782.99	20 772.14	22 100.05	23 205.05	23 901.20	24 618.24

续附表 5

| 2008 | 2009 | 2010 | 2011 | 2012 | 2013 | 2014 | 2015 | 2016 | 2017 | 2018 | 2019 |
9	10	11	12	13	14	15	16	17	18	19	20
1060.63	1 092.45	1 125.22	1 158.98	1 193.75	1 229.56	1 266.45	1 304.44	1 343.57	1 383.88	1 425.40	1 468.16
4 777 358.71	4 920 679.47	5 068 299.86	5 220 348.85	5 376 959.32	5 538 268.10	5 704 416.14	5 875 548.63	6 051 815.09	6 233 369.54	6 420 370.62	6 612 981.74
464 555.08	478 491.73	492 846.48	507 631.87	522 860.83	538 546.65	554 703.05	571 344.15	588 484.47	606 139.00	624 323.17	643 052.87
159 094.20	163 867.03	168 783.04	173 846.53	179 061.93	184 433.79	189 966.80	195 665.80	20 1535.78	207 581.85	213 809.31	220 223.59
103 941.55	107 059.79	110 271.59	113 579.73	116 987.13	120 496.74	124 111.64	127 834.99	131 670.04	135 620.14	139 688.75	143 879.41
53 031.40	54 622.34	56 261.01	57 948.84	59 687.31	61 477.93	63 322.27	65 221.93	67 178.59	69 193.95	71 269.77	73 407.86
148 487.92	152 942.56	157 530.84	162 256.76	167 124.47	172 138.20	177 302.35	182 621.42	188 100.06	193 743.06	199 555.35	205 542.01
230 516.26	237 431.75	244 554.70	251 891.34	259 448.08	267 231.52	275 248.47	283 505.92	292 011.10	300 771.43	309 794.57	319 088.41
581 634.72	599 083.77	617 056.28	635 567.97	654 635.01	674 274.06	69 4502.28	715 337.35	736 797.47	758 901.39	781 668.43	805 118.48
812 150.98	836 515.51	861 610.98	887 459.31	914 083.08	941 505.58	969 750.74	998 843.27	1 028 808.56	1 059 672.82	1 091 463.01	1 124 206.90
25 356.79	26 117.49	26 901.02	27 708.05	28 539.29	29 395.47	30 277.33	31 185.65	32 121.22	33 084.86	34 077.40	35 099.73

附表 6　损益表

单位：人民币万元

序号	项　目	合计	2001	2002	2003	2004	2005	2006	2007	2008	2009
			2	3	4	5	6	7	8	9	10
一、	产品销售收入	87 401 932.68	3 247 063.75	3 409 416.93	3 579 887.78	3 758 882.17	3 946 826.28	4 065 231.07	4 187 188.00	4 312 803.64	4 442 187.75
	总成本费用	82 542 404.08	3 221 199.86	3 342 495.31	3 467 304.94	3 751 133.15	3 880 790.88	3 963 461.55	4 048 019.67	4 134 878.65	4 224 107.47
	销售税金及附加	513 084.93	18 840.95	19 782.99	20 772.14	22 100.05	23 205.05	23 901.20	24 618.24	25 356.79	26 117.49
二、	营业利润	4 346 443.68	7 022.94	47 138.63	91 810.70	−14 351.04	42 830.35	77 868.31	114 550.08	152 568.20	191 962.78
	投资收益	0.00									
	营业外净收入	0.00									
三、	利润总额	4 346 443.68	7 022.94	47 138.63	91 810.70	−14 351.04	42 830.35	77 868.31	114 550.08	152 568.20	191 962.78
	弥补以前年度亏损						14 351.04				
四、	应纳税所得额	4 332 092.64	7 022.94	47 138.63	91 810.70	−14 351.04	28 479.31	77 868.31	114 550.08	152 568.20	191 962.78
	所得税	1 434 326.41	2 317.57	15 555.75	30 297.53	0.00	9 398.17	25 696.54	37 801.53	50 347.51	63 347.72
五、	净利润	2 897 766.23	4 705.37	31 582.88	61 513.17	−14 351.04	19 081.14	52 171.77	76 748.56	102 220.70	128 615.06
	盈余公积	291 211.73	470.54	3 158.29	6 151.32	0.00	1 908.11	5 217.18	7 674.86	10 222.07	12 861.51
	公益金	145 605.86	235.27	1 579.14	3 075.66	0.00	954.06	2 608.59	3 837.43	5 111.03	6 430.75
六、	未分配利润	2 460 948.64	3 999.57	26 845.45	52 286.19	−14 351.04	16 218.97	44 346.00	65 236.27	86 887.59	109 322.81
七、	可还款利润	1 732 709.77	2 799.70	18 791.82	36 600.33	0.00	11 353.28	31 042.20	45 665.39	60 821.31	76 525.96

续附表 6

2010	2011	2012	2013	2014	2015	2016	2017	2018	2019
11	12	13	14	15	16	17	18	19	20
4 575 453.38	4 712 716.98	4 854 098.49	4 999 721.44	5 149 713.09	5 304 204.48	5 463 330.61	5 627 230.53	5 796 047.45	5 969 928.87
4 317 049.92	4 417 945.92	4 521 599.42	4 634 386.05	4 759 363.95	4 891 184.77	5 027 131.75	5 167 337.27	5 311 938.07	5 461 075.48
26 901.02	27 708.05	28 539.29	29 395.47	30 277.33	31 185.65	32 121.22	33 084.86	34 077.40	35 099.73
231 502.44	267 063.01	303 959.79	335 939.93	360 071.81	381 834.06	40 4077.64	426 808.41	450 031.98	473 753.67
231 502.44	267 063.01	303 959.79	335 939.93	360 071.81	381 834.06	404 077.64	426 808.41	450 031.98	473 753.67
231 502.44	267 063.01	303 959.79	335 939.93	360 071.81	381 834.06	404 077.64	426 808.41	450 031.98	473 753.67
76 395.80	88 130.79	100 306.73	110 860.18	118 823.70	126 005.24	133 345.62	140 846.78	148 510.55	156 338.71
155 106.63	178 932.22	203 653.06	225 079.75	241 248.11	255 828.82	270 732.02	285 961.63	301 521.42	317 414.96
15 510.66	17 893.22	20 365.31	22 507.98	24 124.81	25 582.88	27 073.20	28 596.16	30 152.14	31 741.50
7 755.33	8 946.61	10 182.65	11 253.99	12 062.41	12 791.44	13 536.60	14 298.08	15 076.07	15 870.75
131 840.64	152 092.38	173 105.10	191 317.79	205 060.89	217 454.50	230 122.22	243 067.39	256 293.21	269 802.72
92 288.45	106 464.67	121 173.57	133 922.45	143 542.63	152 218.15	161 085.55	170 147.17	179 405.25	188 861.90

附表 7　贷款偿还期计算表

单位：人民币万元

序号	项 目	2001	2002	2003	2004	2005	2006	2007	2008	2009	2010	2011	2012	2013
		2	3	4	5	6	7	8	9	10	11	12	13	14
一、	原有长期负债													
(一)	长期债券													
	年初余额	10 100	6 700	3 300										
	本期还本额	3 400	3 400	3 300										
(二)	银行贷款													
	年初余额	2 440 508	2 224 135	1 955 871	1 687 562	1 411 658	1 155 738	908 896	693 382	498 748	332 454	219 590	120 856	45 811
	借款利息	151 555.5	138 118.8	121 459.6	104 797.6	87 663.96	71 771.33	56 442.44	43 059.02	30 972.25	20 645.39	13 636.54	7 505.16	2 844.86
	本期还本额	216 373	268 264	268 309	275 904	255 920	246 842	215 514	194 634	166 294	112 864	98 734	750 45	45 811
	年末余额	2 224 135	195 5871	1 687 562	1 411 658	1 155 738	908 896	693 382	498 748	332 454	219 590	120 856	45 811	0
1	农网改造贷款	948 516	839 990	732 430	624 870	517 310	409 750	302 190	194 630	87 070				
	本期还本额	108 526	107 560	107 560	107 560	107 560	107 560	107 560	107 560	87 070				
	年末余额	839 990	732 430	624 870	517 310	409 750	302 190	194 630	87 070					
2	其他银行贷款	1 491 992	1 384 145	1 223 441	1 062 692	8 94 348	745 988	606 706	498 752	411 678	332 454	219 590	120 856	45 811
	本期还本额	107 847	160 704	160 749	168 344	148 360	139 282	107 954	87 074	79 224	112 864	98 734	75 045	45 811
	年末余额	1 384 145	1 223 441	1 062 692	894 348	745 988	606 706	498 752	411 678	332 454	219 590	120 856	45 811	0
二、	本期银行贷款													
	年初借款余额	326 000	326 000	740 700	1 010 000	874 662	851 769.5	800 110.2	702 499.6	568 853.1	411 652	272 328.4	104 698.6	0
	本期新增借款	326 000	414 700	269 300										
	借款利息	10 122.3	33 121.04	54 359.24	62 721	54 316.51	52 894.89	49 686.84	43 625.23	35 325.78	25 563.59	16 911.59	6 501.781	0

续附表 7

序号	项　目	2001	2002	2003	2004	2005	2006	2007	2008	2009	2010	2011	2012	2013
		2	3	4	5	6	7	8	9	10	11	12	13	14
	本期还本额				135 338	22 892.44	51 659.37	97 610.56	133 646.5	157 201.1	139 323.6	167 629.8	104 698.6	0
	年末余额	326 000	740 700	1 010 000	874 662	851 769.5	800 110.2	702 499.6	568 853.1	411 652	272 328.4	104 698.6	0	0
三、	综合还贷资金来源	260 342.5	307 835.8	303 682	171 252.4	190 941.4	205 564.6	220 720.5	236 425.1	252 187.6	266 363.8	281 072.7	395 150.8	
	未分配利润	2 799.696	18 791.82	36 600.33	0	11 353.28	31 042.2	45 665.39	60 821.31	76 525.96	92 288.45	106 464.7	121 173.6	133 922.5
	折旧	175 000	175 000	175 000	159 899.2	159 899.2	159 899.2	159 899.2	159 899.2	159 899.2	159 899.2	159 899.2	159 899.2	159 899.2
	上年度资金积累		66 550.7	96 235.51	143 782.8	0	0	0	0	0	0	0	0	
四、	农网改造还贷资金来源													101 329.2
	电力建设基金专户	125 769.3	132 057.8	138 660.7	145 593.7	149 961.5	154 460.4	159 094.2	163 867	168 783	173 846.5	179 061.9	184 433.8	

附表 8　新增部分损益表

单位：人民币万元

序号	项　　目	合　计	2004 5	2005 6	2006 7	2007 8	2008 9	2009 10	2010 11	2011 12
	增供上网电量（亿千瓦时）	35.50	72.77	96.26	120.44	145.36	171.02	197.45	224.67	
	增供销售电量（亿千瓦时）	33.01	67.68	89.52	112.01	135.18	159.05	183.63	208.94	
一、	产品销售收入	15 054 907.82	135 500.34	277 775.70	367 409.17	459 731.65	554 823.81	652 768.73	753 651.99	857 561.76
二、	降低线损收入	317 592.96	15 470.56	16 244.09	16 731.41	17 233.35	17 750.35	18 282.86	18 831.35	19 396.29
三、	新增总成本费用	13 915 524.87	274 458.73	378 446.49	447 831.98	517 555.26	586 612.91	655 686.31	725 618.15	799 051.01
（一）	平均购电成本	11 832 598.07	106 498.23	218 321.38	288 769.96	361 332.00	436 070.90	513 051.96	592 342.46	674 011.67
（二）	制造费用	1 675 159.95	104 697.50	104 697.50	104 697.50	104 697.50	104 697.50	104 697.50	104 697.50	104 697.50
	折旧	1 116 773.30	69 798.33	69 798.33	69 798.33	69 798.33	69 798.33	69 798.33	69 798.33	69 798.33
	修理费用	558 386.65	34 899.17	34 899.17	34 899.17	34 899.17	34 899.17	34 899.17	34 899.17	348 99.17
（三）	管理费用	60 219.63	542.001	1 111.103	1 469.637	1 838.927	2 219.295	2 611.075	3 014.608	3 430.247
（四）	财务费用	347 547.21	62 721.00	54 316.51	52 894.89	49 686.84	43 625.23	35 325.78	25 563.59	16 911.59
五、	新增销售税金及附加		542.34	1 111.80	1 470.55	1 840.07	2 220.68	2 612.70	3 016.49	3 432.39
六、	新增利润	1 396 718.72	−124 030.17	−85 538.49	−65 161.95	−42 430.33	−16 259.43	12 752.57	43 848.70	74 474.65

续附表 8

2012	2013	2014	2015	2016	2017	2018	2019
13	14	15	16	17	18	19	20
252.71	281.59	311.34	341.98	373.54	406.04	439.52	474.01
235.02	261.88	289.54	318.04	347.39	377.62	408.76	440.83
964 588.82	1 074 826.68	1 188 371.69	1 305 323.04	1 425 782.94	1 549 856.63	1 677 652.54	1 809 282.32
19 978.18	20 577.53	21 194.85	21 830.70	22 485.62	23 160.19	23 854.99	24 570.64
873 188.60	953 770.63	1 043 466.97	1 135 854.19	1 231 013.04	1 329 026.64	1 429 980.66	1 533 963.29
758 130.96	844 773.83	934 015.99	1 025 935.40	1 120 612.41	1 218 129.72	1 318 572.55	1 422 028.67
104 697.50	104 697.50	104 697.50	104 697.50	104 697.50	104 697.50	104 697.50	104 697.50
69 798.33	69 798.33	69 798.33	69 798.33	69 798.33	69 798.33	69 798.33	69 798.33
34 899.17	34 899.17	34 899.17	34 899.17	34 899.17	34 899.17	34 899.17	34 899.17
3 858.355	4 299.307	4 753.487	5 221.292	5 703.132	6 199.427	6 710.610	7 237.129
6 501.78	0.00	0.00					
3 860.76	4 301.99	4 756.45	5 224.55	5 706.69	6 203.29	6 714.80	7 241.64
107 517.64	137 331.59	161 343.12	186 075.00	211 548.83	237 786.88	264 812.08	292 648.02

附表 9 现金流量表

单位：人民币万元

序号	项　目	合计	2000 1	2001 2	2002 3	2003 4	2004 5	2005 6	2006 7	2007 8	2008 9	2009 10
一、	现金流入	15 397 882	0	0	0	0	150 970.9	294 019.8	384 140.6	476 965	572 574.2	671 051.6
	增供电量收入	15 054 907.8					135 500.3	277 775.7	367 409.2	459 731.7	554 823.8	652 768.7
	降低线损收入	317 592.961					15 470.56	16 244.09	16 731.41	17 233.35	17 750.35	18 282.86
	回收固定资产余值	25 381.211 4										
		0										
二、	现金流出	13 780 522.1	9 580	388 274.3	514 077.04	357 129.24	142 481.7	255 443.4	326 609.3	399 910.2	475 410	553 174.9
	固定资产投资	1 269 060.57	9 580	388 274.3	514 077.04	357 129.24						
	增供电量购电成本	11 832 598.1					106 498.2	218 321.4	288 770	361 332	436 070.9	513 052
	新增电网修理维护费用	558 386.651					34 899.17	34 899.17	34 899.17	34 899.17	34 899.17	34 899.17
	新增管理费用	60 219.631 3					542.001 4	1 111.103	1 469.637	1 838.927	2 219.295	2 611.075
	新增售税金及附加	6 0257.192 2					542.339 4	1 111.796	1 470.553	1 840.074	2 220.679	2 612.704
三、	净现金流量	1 617 359.87	-9 580	-388 274.3	-514 077	-357 129.2	8 489.162	38 576.35	57 531.27	77 054.85	97 164.13	117 876.7
四、	累计净现金流量		-9 580	-397 854.3	-911 931.3	-1 269 061	-1 260 571	-1 221 995	-1 164 464	-1 087 409	-990 245	-872 368
五、	净现金流量现值	146 535.098	-9 037.736	-345 562.7	-431 629	-282 879.8	6 343.596	27 194.8	38 261.58	48 345.16	57 511.3	65 821.73
六、	累计净现金流量现值		-9 037.736	-354 600.5	-786 229.5	-1 069 109	-1 062 766	-1 035 571	-997 309	-948 964	-891 453	-825 631

静态投资回收期　　14.78 年

动态投资回收期　　18.77 年

内部收益率　　7.2%

财务净现值　　146 535.1 万元

续附表9

2010	2011	2012	2013	2014	2015	2016	2017	2018	2019
11	12	13	14	15	16	17	18	19	20
772 483.3	876 958	98 4567	1 095 404	1 209 567	1 327 154	1 448 269	1 573 017	1 701 508	1 859 234
753 652	857 561.8	964 588.8	1 074 827	1 188 372	1 305 323	1 425 783	1 549 857	1 677 653	1 809 282
18 831.35	19 396.29	19 978.18	20 577.53	21 194.85	21 830.7	22 485.62	23 160.19	23 854.99	24 570.64
									25 381.21
633 272.7	715 773.5	800 749.2	888 274.3	978 425.1	1 071 280	1 166 921	1 265 432	1 366 897	1 471 407
592 342.5	674 011.7	758 131	844 773.8	934 016	1 025 935	1 120 612	1 218 130	1 318 573	1 422 029
34 899.17	34 899.17	34 899.17	34 899.17	34 899.17	34 899.17	34 899.17	34 899.17	34 899.17	34 899.17
3 014.608	3 430.247	3 858.355	4 299.307	4 753.487	5 221.292	5 703.132	6 199.427	6 710.61	7 237.129
3 016.488	3 432.387	3 860.762	4 301.988	4 756.452	5 224.549	5 706.689	6 203.293	6 714.796	7 241.643
139 210.6	161 184.6	183 817.7	207 129.9	231 141.5	255 873.3	281 347.2	307 585.2	334 610.4	387 827.6
−733 158	−571 973	−388 155	−181 025	50 116.19	305 989.5	587 336.7	894 921.9	1 229 532	1 617 360
733 34.42	80 103.8	86 180.93	91 613.76	96 447.25	100 723.6	104 482.3	107 760.6	110 593.1	120 926.5
−752 297	−672 193	−586 012	−494 398	−397 951	−297 227	−192 745	−84 984.5	25 608.63	146 535.1

某高档纸板项目经济评估报告①

一、项目概况

为了调整造纸工业产品结构,缓解高档优质产品供不应求的矛盾,国家授权某投资公司与××省×纸业有限公司和××省×纸业有限公司,拟在沿海地区某市经济技术开发区内,共同投资组建一浆纸业股份公司,引进先进技术和设备,生产白纸板系列产品及箱纸板系列产品,年产量45万吨,其中内销35万吨,出口10万吨。

主要产品产量:甲产品18万吨/年

乙产品12万吨/年

丙产品5万吨/年

丁产品10万吨/年(外销)

厂址选在沿海地区某市经济技术开发区内,占地面积55.36公顷。交通运输方便,水、电供应可靠。原材料主要供应条件基本落实,本项目每年所需原材料,主要由国内供应,部分采用进口材料。工艺技术和设备采用国际先进造纸工艺流程,进口大型纸板机及相应的浆料制备、洗涤、复卷、控制系统等成套设备及相应技术。项目废水采用两级物化处理,可达到国家一级排放标准,深海排放。

拟组建的浆纸业股份公司,按照国家规定,其资本金为项目总投资的20%,其中国家股占55%,法人股占30%,个人股占15%。××省×纸业有限公司和××省×纸业有限公司,都是新组建的造纸企业,技术力量强,管理经验丰富,资金实力雄厚,两公司各占法人股的50%。

二、经济评估的主要依据

(1)中国国际工程咨询公司1997年编写的《项目建议书经济评估方法》。

(2)国家计委批准的我国"九五"造纸工业发展规划,关于造纸工业产品结构调整方案,2000年及2001年纸和纸板市场需求预测。

(3)轻工行业项目建议书内容和深度的规定。

(4)评估专家组提供的市场预测、工艺设备、土建等工程方案,原材料消耗等评估意见。

(5)工程造价指标、投入物和产出物财务价格、主要财务参数确定的依

---

① 案例选自中国国际工程咨询公司编著:《投资项目经济咨询评估指南》,中国经济出版社,2000年版。

据：① 工程造价指标参考××造纸项目 1996 年竣工决算资料进行估算。工程建设其他费用的取费标准参照轻工行业现行规定,其中土地购置费根据某市经济技术开发区《关于土地有偿使用费的规定》,供电增容费依据当地供电部门的规定。② 主要投入物财务价格按 1997 年轻工产品市场价格为基价,主要产出物财务价格根据国内外市场供求预测确定。投入物与产出物的价格,既考虑相对价格的变化,又考虑物价总水平的变化,物价总水平的变化计算到建设期末,国内物价总水平上涨率为 6％,进口设备及原材料物价总水平上涨率为 3％。③ 各项税率的取值执行现行规定。增值税税率,主要产品 17％;主要原材料、燃料及动力为 17％,煤和水为 13％;城市维护建设税税率为 7％;教育费及附加为 3％。④ 外汇兑换率,按 1997 年 10 月外汇市场中间价(人民币/美元)8.3 计算。⑤ 财务基准收益率取行业规定值 $I_c=12％$。⑥ 设备经济寿命期为 12 年。

(6) 国民经济分析的投入物和产出物影子价格、主要经济参数确定的依据：① 主要投入物和产出物影子价格,外贸货物采用国际市场价格,非外贸货物采用国内市场价格或分解成本,特殊投入物影子价格采用国内市场价格。② 社会折现率 $i_s=12％$。③ 影子汇率换算系数为 1.08。④ 影子工资换算系数为 1。

三、建设必要性的评估

随着我国国民经济的发展和人民生活水平的提高,纸和纸板的需求量增长迅速。1995 年我国纸和纸板消费量为×万吨,比 1990 年增加近 1 倍,"八五"期间年平均增长 12.9％,与同期国民生产总值增长率 12％基本同步。但"八五"期间纸及纸板产量的年增长速度为 11.8％,生产量增长低于消费量增长,而且国产纸及纸板产量中中低档产品产量占 70％左右,高档产品产量比重过低,不能适应包装、印刷、文化产业、人民生活水平提高对纸及纸板的多品种、高质量、高档次产品的需要,高档优质产品供不应求,而近几年纸及纸板的进口量增幅较大。据预测,我国纸和纸板市场需求强劲,预计在 2000 年我国纸和纸板消费量将达到×万吨,产量不平衡的矛盾将更突出。造纸工业是技术和资金密集型产业,但多年来,国内造纸工业粗放经营,资金使用分散,技术水平低,企业规模小,资源消耗高,环境污染严重,多数企业经济效益低下,尤其是产品结构不合理。据以上分析,评估认为,本项目的建设符合国家产业政策,有利于缓解我国纸板产品供需矛盾,有利于国内造纸工业产品结构调整,有利于提高我国造纸业的技术水平和管理水平,对促进沿海地区经济发展有积极意义。

四、投资估算的评估

经评估核算的项目总投资为 600 315 万元(含外汇 40 598 万美元),其中固定资产投资为 584 520 万元(含外汇 40 598 万元),固定资产投资方向调节税 25 941 万元,建设期利息 39 755 万元(含外汇 3 007 万美元),铺底流动资金 15 795 万元。

另外,固定资产投资中,静态投资部分为 480 597 万元(含外汇 36 791 万美元),动态投资部分为 103 922 万元(含外汇 3 807 万元)。

项目总资金为 637 171 万元(含外汇 41 836 万美元),其中固定资产投资为 584 520 万元(含外汇 40 598 万美元),全部流动资金 52 651 万元(含外汇 1 237 万元)。

五、资金筹措的评估

本项目需筹措资金 637 171 万元,资本金比例为项目总投资的 24%,为 150 079 万元,其中国家授权的某投资公司投入国家股 55% 为 82 544 万元;由 ××省纸业有限公司和××省×纸业有限公司投入法人股占 30% 为 45 024 万元,两公司各占 50% 的股份,两个公司经济实力雄厚,资金可按时到位;个人股占 15%,为 22 512 万元。

项目总资金与资本金的差额 487 092 万元,拟向银行借款,其中用于固定资产投资的长期借款为人民币 138 230 万元,外币 37 591 万美元。人民币借款条件为有效年利率 10.95%,宽限期 2 年,还款期 5 年以上;外币借款条件为有效年利率为 8%,宽限期 5 年,还款期 5 年,等额还本。国内外借款均需每年支付利息。此外向工商银行申请流动资金借款人民币 26 587 万元,外币 1 237 万美元。

项目建设期为 2 年,固定资产投资第 1 年投入 49%,第 2 年投入 51%。流动资金根据生产负荷,在第 3 年至第 5 年投入。

六、成本费用及销售收入、销售税金的评估

1. 生产经营期各年生产负荷的评估

遵循稳妥的原则,核定产品总产量为 45 万吨。项目生产负荷为第 3 年为 80%,第 4 年为 90%,第 5 年为 100%。

2. 成本费用的评估

经核定后的总成本费用及其构成见辅助报表。

3. 销售收入的评估

根据目前国际市场价格,考虑物价上涨因素后年销售收入为 329 341 万元。

4. 销售税金及附加的评估

详见辅助报表。

七、财务分析的评估

1. 盈利能力的分析

经评估后,项目全部投资财务内部收益率所得税前为 15.32%,所得税后为 12.52%,均超过基准收益率 12%。全部投资财务净现值,所得税前为 94 746 万元,所得税后为 14 043 万元。自有资金财务内部收益率为 16.06%,净现值为 78 661 万元。

投资利润率为 9.06%,投资利税率为 13.30%,资本金利润率为 25.77%。

2. 偿债能力的分析

根据评估,项目先偿还国内借款,第 6 年到第 10 年偿还国外贷款,在还款期间企业用税后利润的 50%,折旧和摊销进行偿还借款的平衡分析,国内借款偿还期为 4.87 年,国外借款也可按时归还,股东平均每年可以获得 10% 的投资回报率。

该项目在偿还贷款期间负债率为 70% 左右。各年的流动比率较为合理,均高于 2,速动比率在项目偿还贷款期间都高于 1,说明项目的盈利水平高,偿还长期和短期债务能力强。

八、不确定性分析的评估

1. 盈亏平衡分析

根据估算的数据测算了达产期第 3 年用生产能力利用率表示的 BEP 为 70.23%。该项目盈亏平衡点比较合理。

2. 敏感性分析

对固定资产投资、销售价格及原材料价格等因素进行了单因素敏感性分析,结果表明,销售价格是最敏感的,当其降低 10% 时,项目全部投资内部收益率(税前)为 9.89%,投资回收期为 9.28 年;其次为原材料价格比较敏感,当其提高 10% 时,项目全部投资内部收益率(税前)为 12.15%,投资回收期为 8.39 年。详见下表。

财务敏感性分析表

序号	项　　目	变动幅度	全部投资（所得税前）		
			内部收益率（%）	净现值（万元）	投资回收期（年）
0	基本方案		15.32	94 746	7.39
1	固定资产投资	＋10%	13.54	47 075	7.89
		－10%	17.40	142 416	6.89
2	销售价格	＋10%	20.25	246 537	6.30
		－10%	9.89	－57 045	9.28
3	原材料价格	＋10%	12.15	4154	8.39
		－10%	18.35	185 337	6.66

九、财务评估的结论

从基本方案的评估结果可以看出，项目的盈利能力分析指标超过基准值，从损益分析和项目的资金来源运用分析、资产负债平衡分析可以看出，项目获利水平较高，偿还借款期间，在满足银行贷款条件的前提下，也可以满足股东的期望，平均每年获得10%的投资回报率。

十、国民经济分析的评估

（一）费用和效益计算范围的调整

（1）本项目引进的设备和材料的关税及增值税、借款期的利息、销售税金及附加系为国民经济内部的转移支付，不计为项目费用。

（2）本项目的影子价格已经反映了项目的外部费用和外部效益，故不需要再单独计算。另外，该项目产生的"三废"经过严格处理后符合国家排放标准，且环保措施所需投资已计入项目的直接费用，包括在固定资产投资额中，其所需的经常性费用已计入生产成本，因此也不需要另外计算外部费用。

（二）费用与效益的调整

1. 投资的调整

（1）固定资产投资的调整。

工程费用的调整：建筑工程费影子换算系数为1.1，建筑工程费由39 728万元调整到43 701万元。由于评估对外汇进行了调整，即外汇市场汇率8.30元/美元乘以影子汇率换算系数1.08，影子汇率为8.964元/美元。从引进设备及进口材料费用中剔除关税及增值税，用影子价格把外汇折算成人民币，国内配套设备费及国内运费均为市场价，作调整。评估后，设备及工器具购置费由 329 309 万元调整到 292 528 万元。安装工程费由 36 017 万元调整到 33 589 万元。

其他费用的调整：该项目引进技术和其他费用中含有外汇的部分用影子汇率折算成人民币。剔除涨价预备费。经济开发区的土地费用包括土地使用权出让金、基础设施配套费用和土地开发费用，为 200 元/平方米。经调查，土地使用权出让金是指国家作为土地所有者向受让者收取的一定年限的土地使用费中的纯收入部分；基础设施配套费是指政府用于城市基础设施配套建设所投入的费用，主要包括大市政、"四源"工程及小区建设的配套等费用；土地开发及其他费用是指用于征地拆除及平整土地等费用。评估根据本项目占地的具体情况、宗地条件，进行综合测算后，本着稳妥原则，认为可不进行调整。以上三项其他费用调整后由 113 771 万元调减到 78 526 万元。

剔除固定资产投资方向调节税及建设期利息。

固定资产投资由 518 824 万元调整到 448 344 万元。国民经济评估固定资产投资调整分项构成见辅助报表。

（2）流动资金的调整。

用调整后的经营费用计算的流动资金由财务评价的 52 651 万元调减到 40 176 万元。详见辅助报表。

2. 经营费用的调整

（1）原材料的货物类型及影子价格的计算。

A 原材料属于外贸货物中间接进口类型，其影子价格为间接进口的货物进口到岸价乘以影子汇率，加上间接进口投入物从口岸到原用户的运费及贸易费用，减去国内生产供应厂到原用户的运费及贸易费用，加上国内生产供应厂到项目地点的运费及贸易费用，为 3 527 元/吨。

B 原材料属于外贸货物中减少出口类型，其影子价格为投入物的出口离岸价乘以影子汇率，减去投入物原来出口由生产厂到项目地点的运费及贸易费用，加上投入物由生产厂到项目地点的运费及贸易费用。由于供应厂难以确定，简化为按离岸价计算，即 4 444 元/吨。

D 原材料属于外贸货物中直接进口类型，其影子价格为进口到岸价乘以影子汇率加上国内运费和贸易费用，为 5 209 元/吨。

C 原材料属于非外贸货物，供应量有限，需新增投资、扩大生产能力来满足拟建项目的需求，故应按全部成本（包括固定成本和可变成本）进行分解，由于缺乏边际成本的资料，故近似地采用平均成本进行分解。

分解的步骤如下：

　　评估通过调查获得货物 C 的单位财务成本,如下表。

　　生产每吨货物 C 占用的固定资产原值为 1 164 元,占用流动资金 180 元。

　　根据经验设定生产货物 C 的项目,建设期为 2 年,各年投资比例为 1∶1,项目生产期为 15 年,固定资产投资中建筑工程费占 20%,建筑费用换算系数为 1∶1。

　　以下计算重要原材料及燃料的影子价格及费用。

　　1) 外购原材料 a 为外贸货物,直接进口,到岸价 50 美元/米³,影子汇率 8.964 元/美元,贸易费用率 6%,用影子价格调整的该项费用为 1 689.02 元。

　　外购燃料 c 为非外贸货物,影子价格为 74 元/吨,另加贸易费用重新计算为 109.82 元。

　　外购燃料 d 可出口,为外贸货物,离岸价扣减运费和贸易费用后为 120 美元/吨。考虑国内贸易费用,重新计算该项费用为 79.82 元。

　　已知该地区的电力的分解成本为 0.15 元/度,以其为影子价格调整后的费用为 49.5 元。

　　铁路货运价格换算系数为 1.566,用影子价格调整后的费用为:
$$59.24 \times 1.566 = 92.77 \text{ 元}$$

　　汽车货运价格换算系数为 1.04,用影子价格调整后的费用为:
$$9.37 \times 1.04 = 9.74 \text{ 元}$$

　　工资换算系数为 1,所以工资和职工福利费不作调整。

原材料 C 财务可变成本与调整后影子价格对照表

项　　目	单位	耗用量	财务成本(元)	调整后影子价格(元)
1. 原材料及燃料				
a	米³	3.56	2 112.87	1 689.02
b	吨	0.25	21.64	8.25
c	吨	1.4	65.82	109.82
d	吨	0.07	13.04	79.82
电力	度	330	28.74	99
其他			94.31	94.31
铁路运费			59.24	92.77
汽车运费			9.37	9.74

续上表

项　目	单位	耗用量	财务成本 （元）	调整后影子 价格（元）
2. 工资及福利费			43.81	43.81
3. 折旧费			58.2	201.64
4. 大修理费			23.24	23.24
5. 利息支出			7.24	21.6
6. 其他费用			26.48	26.48
合　计			2 032.28	2 500.00

2）外购原料 b 是非外贸货物，可通过老企业挖潜增加供应，故应按可变成本进行第二轮分解确定影子价格。

原料 b 财务可变成本与调整后影子价格对照表

项目	单位	耗用量	财务可变 成本（元）	调整后影子 价格（元）
e	米^3	0.01	0.62	4.75
f	吨	0.002	1.59	6.23
g	吨	0.01	0.44	0.78
h	吨	0.12	0.78	1.33
电力	度	600	3.79	9
铁路运费			0.16	0.39
其他费用			8.65	8.65
合　计			16.03	31.13

e 为外贸货物，到岸价 50 美元/米^3，用影子价格调整后的费用为 4.75 元。

f 为外贸货物，到岸价 328 美元/吨，用影子价格调整后的费用为 6.23 元。

g 为非外贸货物，影子价格为 74 元/吨，用影子价格计算的费用为 0.78 元。

h 为非外贸货物，价格换算系数为 1.61，用影子价格调整后的费用为 1.33 元。

电力地区影子价格为 0.15 元/度，用影子价格调整后的费用为 9 元。

铁路货运费用按价格换算系数 2.41 调整，为 0.39 元。

其他费用不作调整。

通过以上的计算得到原料 b 的出厂影子价格为 31.13 元,于是可计算货物 C 中原料 b 的费用为 8.25 元。

3)单位固定资产投资的调整和等值计算。

每吨 C 原材料所占用的固定资产投资额为 1 164 元。

本例只考虑单位固定资产投资中建筑工程费用的调整,换算系数暂取 1：1,单位固定资产投资额调整为 1 310.75 元。

按社会折现率 12%,将固定资产投资换算为生产期初的数值。

4)计算固定资金回收费用。

按公式计算：

$$I_F = 1\ 310.75 \times 50\% \times (F/P, 12\%, 2) + 1\ 310.75 \times 50\% \times (F/P, 12\%, 1)$$
$$= 1\ 555.86(元)$$
$$M_F = I_F(A/P, 12\%, 17) = 201.64(元)$$

5)计算流动资金回收费用。

$$180 \times 0.12 = 21.6(元)$$

6)其他财务成本不调整

由以上各项所算的结果得到 C 原材料每吨的分解成本为 2 500 元/吨。

(2)主要燃料及动力均为市场价格,故未予调整。

(3)项目的实施为社会提供新的就业机会。工资换算系数为 1,取影子工资数额等同于财务评价中的工资及福利费。

(4)修理费与财务评估相同,不作调整。

(5)其他费用在财务费用中剔除出口产品不予退税的部分。

调整后的经营费用详见辅助报表。

3. 销售收入的调整

甲产品属于外贸货物中的间接出口货物类型,其影子价格为同类产品出口离岸价乘以影子汇率,减去原供应厂到口岸的运费及贸易费用,加上原供应厂到用户的运费及贸易费用,减去项目地点到用户的运费及贸易费用,为 7 752 元/吨。

乙产品属于外贸货物中的替代进口货物类型。其影子价格为被替代进口货物的到岸价乘以影子汇率,加上被替代进口货物从口岸到用户的运费及贸易费用,减去项目产品出厂到用户的运费及贸易费用,为 7 150 元/吨。

丁产品属于外贸货物中的直接出口类型,其影子价格为产品出口离岸价乘以影子汇率,减去国内运费和贸易费用,为 9 324 元/吨。

丙产品属于非外贸货物,项目的产出不增加国内的消费总量,只是替代其他同类企业的产品。其影子价格计算如下。

丙产品财务可变成本与调整后影子价格对照表

序号	项目	单位	消耗量	财务可变成本(元)	调整后的影子价格(元)
1	E	吨	1	1 500	1 710.33
2	F	吨	0.5	1 700	1 900.37
3	G	吨	0.2	213	245.3
4	电力	度	500	200	200
5	煤	吨	0.3	54	54
6	铁路运费			60	80
7	其他费用			500	500
	合　计			4 227	4 690

E 为外贸货物，到岸价为 180 美元吨，用影子价格计算的费用为 1 710.33 元。

F 为非外贸货物，价格换算系数为 1.054 6，用影子价格计算的费用为 1 900.37 元。

G 为非外贸货物，价格换算系数为 1.086 5，用影子价格计算的费用为 245.3 元。

铁路运费换算系数为 1.333，用影子价格计算的费用为 80 元。

产品国际市场价格为 500 美元/吨，进口产品在国内市场销售价格为 5 810 元/吨，被替代产品的国内市场价格为 5 000 元/吨，提高产品质量带来的效益为国内外价格之差，为 810 元/吨，因此，该产品的影子价格为 4 690＋810＝5 500 元。

按影子价格计算的销售收入，投产后各年为 318 575 万元。

(三) 经济费用与效益流量分析

经调整后，编制经济费用与效益流量表(全部投资)和经济费用与效益流量表(国内投资)，分别见附表。计算出各项指标如下：

全部投资经济内部收益率为 14.61%；

全部投资经济净现值为 60 357 万元(i_s＝12%)；

国内投资经济内部收益率为 20.47%；

国内投资经济经济净现值为 85 650 万元(i_s＝12%)。

（四）经济外汇流量分析

由于该项目有部分产品外销收入,而有外汇借款的还本付息,故计算期内净外汇流量多为负值,由于部分产品为替代进口,故净外汇效果为正值,按净外汇效果计算的经济外汇净现值为 29 195 万美元。

十一、国民经济敏感性分析

对固定资产投资、经营成本和销售收入等因素进行了单因素国民经济敏感性分析,结果表明:销售价格最敏感,当其降低 10% 时,项目全部投资经济内部收益率为 7.81%;其次为原材料,当其降低 10% 时,项目全部投资经济内部收益率为 18.66%。详见下表。

国民经济敏感性分析表

序号	项　目	变动幅度	全部投资	
			内部收益率(%)	净现值(万元)
0	基本方案		14.61	60 357
1	固定资产投资	+10%	12.98	24 454
		−10%	16.50	96 259
2	销售价格	+10%	20.62	211 113
		−10%	7.81	−90 399
3	原材料价格	+10%	10.26	−38 708
		−10%	18.66	159 422
4	负荷变化	+10%	14.72	72 585
		−10%	14.7	43 131
5	汇　率	+10%	16.72	112 048
		−10%	12.39	8 666

十二、评估结论

通过评估,项目总投资为 600 316 万元,全部投资所得税前内部收益率为 15.32%,自有资金内部收益率为 16.06%,固定资产投资借款偿还期,人民币借款为 4.87 年,外币为 10 年。盈亏平衡点为 70.23%。根据评估提出资金筹措方案,以及评估所作的财务分析,可以确认本项目既能满足银行贷款偿还条件,也可以满足股东期望的投资回报率。项目投资收益好,有偿还能力及抗风险能力,项目在财务上是可行的。

从国民经济评估计算的指标还可以看出,该项目国民经济效益是好的,全部投资经济内部收益率为 14.61%，大于社会折现率 12%，说明项目占用的国家资源对国民经济的净贡献能力超过了基准值。经济外汇净现值为29 195 万美元，国民经济效益是合理的。

总之，该项目的财务评估和国民经济评估得出一致可行的结论。因此，该项目应予推荐。

基本报表

1　主要经济数据评估前后对比表

2.1　主要经济指标评估前后对比表（财务评估）

2.2　主要经济指标评估前后对比表（国民经济评估）

3　投资估算前后对比表

4.1　财务现金流量表（全部投资）

4.2　财务现金流量表（自有资金）

5　损益表

6　资金来源与运用表

7　资产负债表

8.1　国民经济效益费用表（全部投资）

8.2　国民经济效益费用表（国内投资）

9　经济外汇流量表

辅助报表

1.1　主要经济参数、投入产出物价格评估前后对比表（财务评估）

1.2　主要经济参数、投入产出物价格评估前后对比表（国民经济）

2　固定资产投资估算表

3　流动资金估算表

4　投资使用计划与资金筹措表

5　总成本费用估算表

5.1　外购材料费估算表

5.2　外购燃料动力费估算表

5.3　工资及福利费估算表

5.4　修理费估算表

5.5　其他费用估算表

5.6　固定资产折旧估算表

5.7　无形及递延资产摊销估算表

6　销售收入、销售税金及附加估算表

7　固定资产投资借款还本付息表

8　国民经济评估固定资产投资调整表

9　国民经济评估流动资金估算表

10　国民经济评估销售收入估算表

11　国民经济评估经营费用估算表

11.1　国民经济评估外购材料费估算表

11.2　国民经济评估外购燃料动力费估算表

主要经济数据评估表

基本报表 1

序号	名　　称	单　位	评估报告	可研报告	增减额（＋－）	备　注
1	设计规模	吨	450 000	455 000	－5 000	
	甲产品	吨	180 000	180 000	0	
	乙产品	吨	120 000	120 000	0	
	丙产品	吨	50 000	50 000	0	
	丁产品	吨	100 000	105 000	－5 000	
2	项目总投资	万元	600 315	785 876	－185 561	
2.1	固定资产投资	万元	584 519	598 875	－14 356	
	其中：外汇	万美元	40 598	38 920	1 678	
2.2	铺底流动资金	万元	15 795	20 000	－4 205	
3	项目总资金	万元	637 171	665 414	－28 243	
	其中：流动资金	万元	52 651	66 538	－13 887	
4	资金筹措	万元	637 171	665 414	－28 243	
4.1	资本金	万元	150 079	123 000	27 079	
	资本金占总投资比例	％	25	25	0	
4.2	长期借款	万元	450 236	495 837	－45 601	
4.3	流动资金借款	万元	36 856	46 577	－9 721	
5	年销售收入	万元	329 341	324 000	5 341	
6	年销售税金及附加	万元	3 187	4 600	－1 413	
7	年总成本费用	万元	268 422	269 000	－578	
8	年利润总额	万元	57 733	50 400	7 333	
9	年所得税	万元	19 052	20 465	－1 413	

主要经济指标评估前后对比表

基本报表 2.1　财务评估

序号	名　　称	单位	评估报告	可研报告	增减额（＋－）	备注
1	财务盈利能力分析					
1.1	财务内部收益率(*FIRR*)					
	全投资所得税前	％	15.32	15	0.32	
	全投资所得税后	％	12.52	12	0.52	
	自有资金	％	16.06	14.23	1.83	
1.2	财务净现值					
	全投资所得税前	万元	94 746	81 000	13 746	
	全投资所得税后	万元	14 043	10 000	4 043	
	自有资金	万元	78 661	62 000	16 661	
1.3	投资回收期					
	全投资所得税前	年	7.39	6.5	0.89	
	全投资所得税后	年	8.08	7.1	0.98	
1.4	投资利润率	％	9.06	7.57	1.49	
1.5	投资利税率	％	13.3	15.18	−1.88	
1.6	资本金净利润率	％	25.77	27.45	−1.68	
2	清偿能力分析					
2.1	财务比率					
	资产负债率	％	52.27	50	2.27	
	流动比率	％	507.2			
	速动比率	％	250.06			
2.2	国内投资借款偿还期	年	4.87	8.8	−3.93	
2.3	盈亏平衡点(生产能力利用率)	％	70.23	70.5	−0.27	

主要经济指标评估前后对比表

基本报表 2.2　国民经济评估

序号	名　　称	单位	评估报告	可研报告	增减额（＋ 一）	备注
1	经济内部收益率（EIRR）					
1.1	全部投资	％	14.61	15	−0.39	
1.2	国内投资	％	20.47	16	4.47	
2	经济净现值					
2.1	全部投资	万元	60 357	62 000	−1 643	
2.2	国内投资	万元	85 650	67 680	17 970	

投资估算评估前后对比表

基本报表 3　　　　　　　　　　　　　　　　　　　　单位：万元、万美元

序号	名　　称	评估报告		可研报告		增减额（＋ 一）	
		人民币	其中：外币	人民币	其中：外币	人民币	其中：外币
1	项目总投资	600 315	40 598	618 876	38 920	−18 561	1 678
1.1	固定资产投资	584 520	40 598	598 876	38 920	−14 356	1 678
1.1.1	静态投资部分	480 597	36 791	473 550	34 400	7 047	2 391
	建筑工程费	39 728	0	38 000	0	1 728	0
	设备工器具购置费	329 309	30 300	327 000	32 000	2 309	−1 700
	安装工程费	36 017	2 000	35 000	0	1 017	2 000
	工程建设其他费用	50 711	3 420	51 000	1 500	−289	1 920
	基本预备费	24 833	1 072	22 550	900	2 283	172
1.1.2	动态投资部分	103 922	3 807	125 326	4 520	−21 404	−713
	涨价预备费	38 227	800	59 888	1 920	−21 661	−1 120
	固定资产投资方向调节税	25 941		32 938	0	−6 997	0
	建设期利息	39 755	3 007	32 500	2 600	7 255	407
1.2	铺底流动资金	15 795	0	20 000	0	−4 205	0
2	项目总资金	637 171	41 836	665 414	40 120	−28 243	1 716
2.1	固定资产投资总额	584 520	40 598	598 876	38 920	−14 356	1 678
2.2	全部流动资金	52 651	1 237	66 538	1 200	−13 887	37

基本报表 4.1

财务现金流量表（全部投资）

单位：万元

序号	项目	合计	1	2	3	4	5	6	7	8	9	10	11	12	13	14
1	现金流入	4 121 332	0	0	270 229	304 007	337 786	337 786	337 786	337 786	337 786	337 786	337 786	337 786	337 786	507 022
1.1	产品销售收入	3 952 096	0	0	270 229	304 007	337 786	337 786	337 786	337 786	337 786	337 786	337 786	337 786	337 786	337 786
1.2	回收固定资产余值	116 585	0	0	0	0	0	0	0	0	0	0	0	0	0	116 585
1.3	回收流动资金	52 651	0	0	0	0	0	0	0	0	0	0	0	0	0	52 651
2	现金流出	3 400 267	269 220	275 545	222 935	212 271	239 156	235 736	237 383	240 473	242 120	243 768	245 415	245 415	245 415	245 415
2.1	固定资产投资（含方向税）	544 765	269 220	275 545												
2.2	流动资金	52 651			42 465	5 093	5 093									
2.3	经营成本	2 535 993			175 071	195 792	216 513	216 513	216 513	216 513	216 513	216 513	216 513	216 513	216 513	216 513
2.4	销售税金及附加	38 236			2 615	2 941	3 268	3 268	3 268	3 268	3 268	3 268	3 268	3 268	3 268	3 268
2.5	所得税	228 622			2 784	8 445	14 282	15 955	17 602	20 692	22 339	23 987	25 634	25 634	25 634	25 634
3	净现金流量	721 065	−269 220	−275 545	47 294	91 736	98 630	102 050	100 403	97 313	95 666	94 018	92 371	92 371	92 371	261 607
	累计净现金流量		−269 220	−544 765	−497 471	−405 735	−307 105	−205 055	−104 652	−7 339	88 327	182 345	274 716	367 087	459 458	721 065
4	所得税前净现金流量	949 687	−269 220	−275 545	50 078	100 181	112 912	118 005	118 005	118 005	118 005	118 005	118 005	118 005	118 005	287 241
	累计所得税前净现金流量		−269 220	−544 765	−494 687	−394 506	−281 594	−163 589	−45 584	72 421	190 426	308 431	426 436	544 441	662 446	949 687

计算指标：所得税前

内部收益率=15.32%　　　　i=12%

财务净现值=94 746

投资回收期=7.39 年

所得税后

内部收益率=12.52%　　　　i=12%

财务净现值=14 043

投资回收期=8.08 年

基本报表 4.2

财务现金流量表（自有资金）

单位：万元

序号	项目	合计	1	2	3	4	5	6	7	8	9	10	11	12	13	14
1	现金流入	4 121 332	0	0	270 229	304 007	337 786	337 786	337 786	337 786	337 786	337 786	337 786	337 786	337 786	507 022
1.1	产品销售收入	3 952 096	0	0	270 229	304 007	337 786	337 786	337 786	337 786	337 786	337 786	337 786	337 786	337 786	337 786
1.2	回收固定资产余值	116 585														116 585
1.3	回收流动资金	52 651														52 651
2	现金流出	3 662 206	57 116	77 167	279 718	295 677	315 490	326 670	323 325	321 423	318 078	314 734	248 988	248 988	248 988	285 844
2.1	自有资金	150 078	57 116	77 167	12 739	1 528	1 528									
2.2	长期借款本金偿还	450 236			43 526	48 410	46 295	62 401	62 401	62 401	62 401	62 401				
2.3	流动资金借款偿还	36 856														36 856
2.4	借款利息支付	222 185			42 983	38 561	33 604	28 533	23 541	18 549	13 557	8 565	3 573	3 573	3 573	3 573
2.5	经营成本费用	2 535 993			175 071	195 792	216 513	216 513	216 513	216 513	216 513	216 513	216 513	216 513	216 513	216 513
2.6	销售税金及附加	38 236			2 615	2 941	3 268	3 268	3 268	3 268	3 268	3 268	3 268	3 268	3 268	3 268
2.7	所得税	228 622			2 784	8 445	14 282	15 955	17 602	20 692	22 339	23 987	25 634	25 634	25 634	25 634
3	净现金流量	459 126	−57 116	−77 167	−9 489	8 330	22 296	11 116	14 461	16 363	19 708	23 052	88 798	88 798	88 798	221 178

计算指标：

内部收益率＝16.06%

财务净现值＝78 661　　　$i=10\%$

损益表

单位：万元

基本报表 5

序号	项目	合计	1	2	3	4	5	6	7	8	9	10	11	12	13	14
1	产品销售收入	3 952 096			270 229	304 007	337 786	337 786	337 786	337 786	337 786	337 786	337 786	337 786	337 786	337 786
2	销售税金及附加	38 236			2 615	2 941	3 268	3 268	3 268	3 268	3 268	3 268	3 268	3 268	3 268	3 268
3	产品总成本及费用	3 216 034			259 176	275 475	291 240	286 169	281 177	271 815	261 813	261 813	256 839	256 839	256 839	256 839
4	利润总额	697 826	0	0	8 438	25 591	43 278	48 349	53 341	62 703	72 705	72 705	77 679	77 679	77 679	77 679
5	弥补前年度亏损	0	0	0												0
6	应纳税所得	697 826	0	0	8 438	25 591	43 278	48 349	53 341	62 703	72 705	72 705	77 679	77 679	77 679	77 679
7	所得税	230 283	0	0	2 785	8 445	14 282	15 955	17 603	20 692	23 993	23 993	25 634	25 634	25 634	25 634
8	税后利润	467 543	0	0	5 653	17 146	28 996	32 394	35 738	42 011	48 712	48 712	52 045	52 045	52 045	52 045
9	盈余公积金	46 754	0	0	565	1 715	2 900	3 239	3 574	4 201	4 871	4 871	5 204	5 204	5 204	5 204
10	公益金	23 209	0	0	283	857	1 450	1 620	1 787	2 101	2 268	2 435	2 602	2 602	2 602	2 602
11	应付利润	394 546	0	0	2 403	7 287	12 323	13 767	15 189	17 854	19 276	20 697	80 991	80 991	79 528	44 238
	本年应付利润	285 749	0	0	2 403	7 287	12 323	13 767	15 189	17 854	19 276	20 697	44 238	44 238	44 238	44 238
	未分配利润转配	108 797	0	0	0	0	0	0	0	0	0	0	36 753	36 753	35 290	0
12	未分配利润	108 797	0	0	2 403	7 287	12 323	13 767	15 189	17 854	19 276	20 697	0	0	0	0
	其中：偿还贷款	108 797	0	0	2 403	7 287	12 323	13 767	15 189	17 854	19 276	20 697	36 753	36 753	35 290	0
13	累计未分配利润	0	0	0	2 403	9 690	22 013	35 780	50 969	68 823	88 099	108 796	72 044	35 290	0	0

基本报表 6　资金来源与运用表

单位：万元

序号	项目	合计	1	2	3	4	5	6	7	8	9	10	11	12	13	14
1	资金来源	1 962 081	279 072	305 447	92 024	71 805	89 493	89 471	94 463	99 455	104 447	109 440	114 432	114 432	114 432	283 668
1.1	利润总额	692 795	0	0	8 438	25 590	43 278	48 349	53 341	62 702	67 694	72 687	77 679	77 679	77 679	77 679
1.2	折旧费	439 440	0	0	36 620	36 620	36 620	36 620	36 620	36 620	36 620	36 620	36 620	36 620	36 620	36 620
1.3	摊销费	23 441	0	0	4 502	4 502	4 502	4 502	4 502	133	133	133	133	133	133	133
1.4	长期借款	450 236	221 956	228 280	0	0	0	0	0	0	0	0	0	0	0	0
1.5	流动资金借款	36 855	0	0	29 725	3 565	3 565	0	0	0	0	0	0	0	0	0
1.6	其他短期借款	0	0	0	0	0	0	0	0	0	0	0	0	0	0	0
1.7	自有资金	150 078	57 116	77 167	12 739	1 528	1 528	0	0	0	0	0	0	0	0	0
1.8	其他	0	0	0	0	0	0	0	0	0	0	0	0	0	0	0
1.9	回收固定资产余值	116 585	0	0	0	0	0	0	0	0	0	0	0	0	0	116 585
1.10	回收流动资金	52 651	0	0	0	0	0	0	0	0	0	0	0	0	0	52 651
2	资金运用	1 747 426	279 072	305 447	91 177	69 234	77 993	92 123	95 192	100 947	104 016	107 085	106 625	106 625	105 162	106 728
2.1	固定资产投资（含方向税）	544 764	269 220	275 544	0	0	0	0	0	0	0	0	0	0	0	0
2.2	建设期利息	39 755	9 852	29 903	0	0	0	0	0	0	0	0	0	0	0	0
2.3	流动资金	52 651	0	0	42 465	5 093	5 093	0	0	0	0	0	0	0	0	0
2.4	所得税	228 622	0	0	2 784	8 445	14 282	15 955	17 602	20 692	22 339	23 987	25 634	25 634	25 634	25 634
2.5	应付利润	394 544	0	0	2 403	7 287	12 323	13 767	15 189	17 854	19 276	20 697	80 991	80 991	79 528	44 238
2.6	长期借款本金偿还	450 234	0	0	43 525	48 409	46 295	62 401	62 401	62 401	62 401	62 401	0	0	0	0
2.7	流动资金借款本金偿还	36 856														36 856
2.8	偿还其他应付款	0														
2.9	短期借款本金偿还	0														
3	盈余资金	214 655	0	0	847	2 571	11 500	-2 652	-729	-1 492	431	2 355	7 807	7 807	9 270	176 940
4	累计盈余资金	377 791	0	0	847	3 418	14 918	12 266	11 537	10 045	10 476	12 831	20 638	28 445	37 715	214 655

资产负债表

基本报表 7

单位：万元

序号	项目	1	2	3	4	5	6	7	8	9	10	11	12	13	14
1	资产	279 072	584 519	655 246	632 605	627 821	581 395	538 815	499 077	463 186	431 143	410 001	388 862	370 649	349 303
1.1	流动资产	0	0	55 924	65 165	83 335	80 683	79 954	78 462	78 893	81 248	89 054	96 861	106 131	113 835
1.1.1	应收账款	0	0	21 884	24 474	27 064	27 064	27 064	27 064	27 064	27 064	27 064	27 064	27 064	27 064
1.1.2	存货	0	0	32 525	36 530	40 534	40 534	40 534	40 534	40 534	40 534	40 534	40 534	40 534	40 534
1.1.3	现金	0	0	667	742	817	817	817	817	817	817	817	817	817	817
1.1.4	累计盈余资金	0	0	848	3 420	14 920	12 268	11 539	10 047	10 478	12 833	20 639	28 446	37 716	45 419
1.2	在建工程	279 072	584 519												
1.3	固定资产净值	0	0	519 410	482 789	446 168	409 548	372 928	336 307	299 687	263 067	226 446	189 826	153 205	116 585
1.4	无形及递延资产净值	0	0	23 988	19 485	14 983	10 481	5 979	5 846	5 713	5 580	5 447	5 314	5 182	5 049
2	负债及所有者权益														
2.1	流动负债总额	0	0	12 611	14 187	15 764	15 764	15 764	15 764	15 764	15 764	15 764	15 764	15 764	15 764
2.1.1	应付账款	0	0	12 611	14 187	15 764	15 764	15 764	15 764	15 764	15 764	15 764	15 764	15 764	15 764
2.1.2	短期借款	0	0	0	0	0	0	0	0	0	0	0	0	0	0
2.2	中长期借款	221 956	450 236	436 436	391 592	286 461	224 060	161 658	99 258	36 856	36 856	36 856	36 856	36 856	0
2.2.1	流动资金中期借款	0	0	29 725	33 291	36 856	36 856	36 856	36 856	36 856	36 856	36 856	36 856	36 856	0
2.2.2	长期借款	221 956	450 236	406 711	358 301	312 006	249 605	187 204	124 802	62 401	0	0	0	0	0
	负债小计	221 956	450 236	449 047	405 779	302 225	239 824	177 422	115 022	52 620	52 620	52 620	52 620	52 620	15 764
2.3	所有者权益	57 116	134 284	150 274	161 661	179 861	198 487	219 037	243 194	269 272	297 275	268 329	239 381	211 898	219 705
2.3.1	资本金	57 116	134 284	147 023	148 551	150 079	150 079	150 079	150 079	150 079	150 079	150 079	150 079	150 079	150 079
2.3.2	资本公积金	0	0	0	0	0	0	0	0	0	0	0	0	0	0
2.3.3	累计盈余资金	0	0	848	3 420	7 769	12 628	17 989	24 291	31 094	38 399	46 206	54 012	61 819	69 626
2.3.4	累计未分配利润	0	0	2 403	9 690	22 013	35 780	50 969	68 824	88 099	108 797	72 044	35 290		
	清偿能力分析														
	资产负债率%	80	77	69	64	48	41	33	23	11	12	13	14	14	5
	流动比率%	0	0	443	459	529	512	507	498	500	515	565	614	673	722
	速动比率%	0	0	186	202	272	255	250	241	243	258	308	357	416	465

单位：万元

基本报表 8.1

国民经济效益费用流量表（全部投资）

序号	项　目	合计	1	2	3	4	5	6	7	8	9	10	11	12	13	14
1	效益流量	3 861 398	0	0	254 860	286 717	318 575	318 575	318 575	318 575	318 575	318 575	318 575	318 575	318 575	452 646
1.1	产品销售收入	3 727 327	0	0	254 860	286 717	318 575	318 575	318 575	318 575	318 575	318 575	318 575	318 575	318 575	318 575
1.2	回收固定资产余值	93 895	0	0	0	0	0	0	0	0	0	0	0	0	0	93 895
1.3	回收流动资金	40 176	0	0	0	0	0	0	0	0	0	0	0	0	0	40 176
1.4	项目间接效益	0	0	0	0	0	0	0	0	0	0	0	0	0	0	0
2	费用流量	3 128 797	217 643	230 701	214 441	207 783	229 395	225 426	225 426	225 426	225 426	225 426	225 426	225 426	225 426	225 426
2.1	固定资产投资	448 344	217 643	230 701	0	0	0	0	0	0	0	0	0	0	0	0
2.2	更新改造投资	0	0	0	0	0	0	0	0	0	0	0	0	0	0	0
2.3	流动资金	40 177	0	0	32 239	3 969	3 969	0	0		0	0	0	0	0	0
2.4	经营费用	2 640 276	0	0	182 202	203 814	225 426	225 426	225 426	225 426	225 426	225 426	225 426	225 426	225 426	225 426
2.5	项目间接费用	0	0	0	0	0	0	0	0	0	0	0	0	0	0	0
3	净效益流量	732 601	−217 643	−230 701	40 419	78 934	89 180	93 149	93 149	93 149	93 149	93 149	93 149	93 149	93 149	227 220

计算指标：

经济内部收益率：14.61%

经济净现值：60 357　　　　　$i_s = 12\%$

基本报表 8.2

国民经济效益费用流量表（国内投资）

单位：万元

序号	项目	合计	1	2	3	4	5	6	7	8	9	10	11	12	13	14
1	效益流量	3 861 398	0	0	254 860	286 717	318 575	318 575	318 575	318 575	318 575	318 575	318 575	318 575	318 575	452 646
1.1	产品销售收入	3 727 327	0	0	254 860	286 717	318 575	318 575	318 575	318 575	318 575	318 575	318 575	318 575	318 575	318 575
1.2	回收固定资产余值	93 895	0	0	0	0	0	0	0	0	0	0	0	0	0	93 895
1.3	回收流动资金	40 176	0	0	0	0	0	0	0	0	0	0	0	0	0	40 176
1.4	项目间接效益	0	0	0	0	0	0	0	0	0	0	0	0	0	0	0
2	费用流量	3 338 920	64 287	81 219	242 373	235 835	257 569	320 995	315 604	310 212	304 821	299 429	226 644	226 644	226 644	226 644
2.1	固定资产投资中国内投资	118 549	57 548	61 001	0	0	0	0	0	0	0	0	0	0	0	0
2.2	更新改造投资中国内投资	0	0	0	0	0	0	0	0	0	0	0	0	0	0	0
2.3	流动资金中国内投资	29 084	0	0	23 366	2 859	2 859	0	0	0	0	0	0	0	0	0
2.4	经营费用	2 640 276	0	0	182 202	203 814	225 426	225 426	225 426	225 426	225 426	225 426	225 426	225 426	225 426	225 426
2.5	流至国外的资金	551 011	6 739	20 218	36 805	29 162	29 284	95 569	90 178	84 786	79 395	74 003	1 218	1 218	1 218	1 218
2.5.1	国外借款本金偿还	336 970	0	0	0	0	0	67 394	67 394	67 394	67 394	67 394	0	0	0	0
2.5.2	国外借款利息支付	202 950	6 739	20 218	27 932	28 053	28 175	28 175	22 784	17 392	12 001	6 609	1 218	1 218	1 218	1 218
2.5.3	其他	11 091	0	0	8 873	1 109	1 109	0	0	0	0	0	0	0	0	0
2.6	项目间接费用	0	0	0	0	0	0	0	0	0	0	0	0	0	0	0
3	净效益流量	522 478	−64 287	−81 219	12 487	50 882	61 006	−2 420	2 971	8 363	13 754	19 146	91 931	91 931	91 931	226 002

计算指标：

经济内部收益率：20.47%

经济净现值：85 650

$i_s = 12\%$

经济外汇流量表

单位：万美元

基本报表 9

序号	项　目	合计	1	2	3	4	5	6	7	8	9	10	11	12	13	14
1	外汇流入	171 005	19 548	21 051	9 822	10 060	11 164	11 040	11 040	11 040	11 040	11 040	11 040	11 040	11 040
1.1	产品销售外汇收入	129 168	0	0	8 832	9 936	11 040	11 040	11 040	11 040	11 040	11 040	11 040	11 040	11 040
1.2	外汇借款	38 830	18 796	18 796	990	124	124								
1.2.1	长期借款	37 592	18 796	18 796	990	124									
1.2.2	流动资金借款	1 238					124								
1.3	自有外汇资金	3 007	752	2 255											
1.4	其他外汇收入	0													
2	外汇流出	212 857	19 548	21 051	10 926	11 915	12 905	20 424	19 822	19 221	18 755	18 154	10 034	10 034	10 034
2.1	固定资产投资中外汇支出	37 592	18 796	18 796											
2.2	进口原材料	115 807	0	0	7 919	8 908	9 898	9 898	9 898	9 898	9 898	9 898	9 898	9 898	9 898
2.3	进口零部件	0													
2.4	技术转让费	0													
2.5	偿付外汇借款本息	59 458	752	2 255	3 007	3 007	3 007	10 526	9 924	9 323	8 857	8 256	136	136	136
2.6	其他外汇支出	0													
3	净外汇流量	−41 852	0	0	−1 104	−1 855	−1 741	−9 384	−8 782	−8 181	−7 715	−7 114	1 006	1 006	1 006
4	产品替代进口收入	119 340	0	0	8 160	9 180	10 200	10 200	10 200	10 200	10 200	10 200	10 200	10 200	10 200
5	净外汇效果	77 488	0	0	7 056	7 325	8 459	816	1 418	2 019	2 485	3 086	11 206	11 206	11 206

经济外汇现值：29 195

主要经济参数、投入产出物价格评估前后对比表

辅助报表 1.1 财务评估

序号	名　称	单位	评估报告	可研报告	增减额(＋ 一)	备注
	一、主要参数					
1	项目计算期					
1.1	建设期	年	2	2	0	
1.2	生产经营期	年	12	12	0	
2	财务基准收益率	％				
2.1	全投资所得税前	％	12	12	0	
2.2	全投资所得税后	％	12	12	0	
2.3	自有资金	％	10	10	0	
3	贷款条件					
3.1	有效年利率(人民币)	％	10.95	10.53	0.42	
	有效年利率(外币)	％	8			
3.2	宽限期	年	2			
3.3	还款期	年	10 5			人民币10年,外币5年
4	建设期价格上涨率	％	6	6		
5	汇率	人民币/美元	8.3			
6	折旧年限					
6.1	房屋建筑物	年	20	30	一10	
6.2	机器设备	年	14	14	0	
7	税率					
7.1	增值税	％	17	17	0	
7.2	城市维护建设税	％	7	7	0	
7.3	教育费附加	％	3	3	0	
8	流动资金周转天数					
	原材料	天				
	A 原料	天	60	60	0	

序号	名 称	单位	评估报告	可研报告	增减额（＋ －）	备注
	B原料	天	45	45	0	
	C原料	天	45	45	0	
	D原料（进口）	天	45	45	0	
	燃料	天				
	煤	天	38	38	0	
	二、主要投入物和产出物价格					
1	主要投入物					
1.1	原材料		不含税价	含税价		
	A原料	元/吨	3 077	3 309	－232	
	B原料	元/吨	4 017	4 319	－302	
	C原料	元/吨	2 564	2 757	－193	
	D原料（进口）	元/吨	4 564	4 908	－344	
1.2	燃料动力					
	煤	元/吨	221	233	－12	
	电	元/万度	2 991	3 149	－158	
	水	元/万吨	4 248	4 471	－223	
1.3	工资及福利费	万元/年	1 560	1 560	0	
2	主要产出物					
2.1	甲产品	元/吨	7 692	8 097	－405	
2.2	乙产品	元/吨	6 838	7 197	－359	
2.3	丙产品	元/吨	5 128	5 398	－270	
2.4	丁产品（外销）	元/吨	9 163	9 645	－482	

主要经济参数、投入产出物价格评估前后对比表

辅助报表 1.2 国民经济评估

序号	名　称	单位	评估报告	可研报告	增减额(＋ －)	备注
	一、主要参数					
1.1	社会折现率	％	12	12	0	
1.2	影子汇率	美元/元	8.96	8.3	0.66	
1.3	影子工资换算系数		1	1	0	
1.4	土地影子费用	元/平方米	200	200	0	
1.5	贸易费用率	％	6	6	0	
2	主要投入物影子价格					
2.1	原材料					
	A 原料	元/吨	3 527	3 425	102	
	B 原料	元/吨	4 444	4 314	130	
	C 原料	元/吨	2 500	2 872	−372	
	D 原料(进口)	元/吨	5 209	5 058	151	
2.2	燃料动力					
	煤	元/吨	280	233	47	
	电	元/万度	4 000	3 149	851	
	水	元/万立方米	10 000	4 471	5 529	
3	主要产出物影子价格					
3.1	甲产品(内销)	元/吨	7 752	8 348	−596	
3.2	乙(替代进口)	元/吨	7 150	7 420	−270	
3.3	丙产品	元/吨	5 500	5 565	−65	
3.4	丁产品(外销)	元/吨	9 324	9 842	−518	

辅助报表 2

固定资产估算表

单位：万元、万美元

序号	项　　目	建筑工程费	设备购置费	安装工程费	工器具费	其他费用	合计	其中外币	合计比例
1	第一部分　工程费用	39 728	329 309	36 017	0	0	405 054	32 300	78%
1.1	主要生产车间	17 640	325 114	26 507	0	0	369 261	32 300	71%
	引进设备材料		251 490	16 600			268 090		
	关税及增值税		64 822	4 279			69 101		
	进口设备外贸及财务费用		5 030	332				5 362	
	国内运杂费		3 772	249			4 021		
	引进工程合计		325 114	21 460			346 574	32 300	
	国内配套工程	17 640		5 047			22 687		
1.2	辅助生产车间	10 176	865	440	0	0	11 481		2%
	A	1 350	430	180			1 960		
	B	8 826	435	260			9 521		
1.3	公用工程	9 212	2 500	2 840	0	0	14 552		3%
	C	6 400		150			6 550		
	D	560	2 500	250			3 310		
	E	2 252		2 440			4 692		
1.4	服务性工程	1 000	830	180	0	0	2 010		0.40%
	F	1 000	830	180			2 010		

续辅助报表 2

序号	项　目	建筑工程费	设备购置费	安装工程费	工器具费	其他费用	合计	其中外币	合计比例
1.5	厂外工程	1 700		6 050			7 750		1%
2	第二部分 其他工程费用	0	0	0	0	50 711	50 711	35 720	88%
2.1	待摊投资					22 221	22 221	824	4%
2.2	无形资产	0	0	0	0	25 700	25 700	2 296	5%
	场地使用权					6 643	6 643		
	技术转让费					19 057	19 057	2 296	
2.3	递延资产					2 790	2 790	300	1%
	第一、第二部分小计	39 728	329 309	36 017	0	50 711	455 765	35 720	88%
3	基本预备费					24 833	24 833	1 072	5%
4	静态投资部分	39 728	329 309	36 017	0	75 544	480 598	36 792	93%
5	涨价预备费					38 227	38 227	800	7%
6	总计	39 728	329 309	36 017	0	113 771	518 825	37 592	100%
	占总估算价值比重（%）	8%	63%	7%	0%	22%	100%		

辅助报表 3

流动资金估算表

单位：万元

序号	项目	最短周转天数	周转次数	生产经营期													
				1	2	3	4	5	6	7	8	9	10	11	12	13	14
1	流动资产																
1.1	应收账款	45	8	0	0	21 884	24 474	27 064	27 064	27 064	27 064	27 064	27 064	27 064	27 064	27 064	27 064
1.2	存货			0	0	32 525	36 530	40 534	40 534	40 534	40 534	40 534	40 534	40 534	40 534	40 534	40 534
1.2.1	原材料			0	0	22 444	25 250	28 056	28 056	28 056	28 056	28 056	28 056	28 056	28 056	28 056	28 056
	A原料	60	6	0	0	8 640	9 720	10 800	10 800	10 800	10 800	10 800	10 800	10 800	10 800	10 800	10 800
	B原料	45	8	0	0	2 350	2 644	2 938	2 938	2 938	2 938	2 938	2 938	2 938	2 938	2 938	2 938
	C原料	45	8	0	0	1 200	1 350	1 500	1 500	1 500	1 500	1 500	1 500	1 500	1 500	1 500	1 500
	D原料（进口）	45	8	0	0	9 708	10 922	12 135	12 135	12 135	12 135	12 135	12 135	12 135	12 135	12 135	12 135
	辅助材料	60	6	0	0	546	614	683	683	683	683	683	683	683	683	683	683
1.2.2	燃料			0	0	975	1 097	1 219	1 219	1 219	1 219	1 219	1 219	1 219	1 219	1 219	1 219
	煤	38	10	0	0	975	1 097	1 219	1 219	1 219	1 219	1 219	1 219	1 219	1 219	1 219	1 219
1.2.3	在产品	4	90	0	0	1 811	2 025	2 239	2 239	2 239	2 239	2 239	2 239	2 239	2 239	2 239	2 239
1.2.4	产成品	15	24	0	0	7 295	8 158	9 021	9 021	9 021	9 021	9 021	9 021	9 021	9 021	9 021	9 021
1.3	现金	15	24	0	0	667	742	817	817	817	817	817	817	817	817	817	817
	小计			0	0	55 076	61 746	68 415	68 415	68 415	68 415	68 415	68 415	68 415	68 415	68 415	68 415

续辅助报表 3

序号	项目	最短周转天数	周转次数	_	_	_	_	生产经营期	_	_	_	_	_	_	_	_	_
				1	2	3	4	5	6	7	8	9	10	11	12	13	14
2	流动负债																
2.1	应付账款	30	12	0	0	12 611	14 187	15 764	15 764	15 764	15 764	15 764	15 764	15 764	15 764	15 764	15 764
3	流动资金			0	0	42 465	47 559	52 651	52 651	52 651	52 651	52 651	52 651	52 651	52 651	52 651	52 651
4	流动资金本年增加额			0	0	42 465	5 093	5 093									
5	流动资金借款			0	0	29 725	33 291	36 856	36 856	36 856	36 856	36 856	36 856	36 856	36 856	36 856	36 856
6	流动资金借款利息			0	0	2 883	3 229	3 575	3 575	3 575	3 575	3 575	3 575	3 575	3 575	3 575	3 575
7	自有流动资金			0	0	12 740	14 268	15 795	15 795	15 795	15 795	15 795	15 795	15 795	15 795	15 795	15 795

投资使用计划与资金筹措表

辅助报表4

单位：万元,万美元

序号	项目	合计	1	2	3	4	5	6	7	8	9	10
1	总投资	637 171	279 072	305 447	42 465	5 093	5 093					
	人民币	289 935	116 828	130 724	34 249	4 066	4 066					
	外币	41 836	19 547	21 051	990	124	124					
1.1	固定资产投资	518 824	256 400	262 424								
	人民币	206 818	100 397	106 421								
	外币	37 591	18 796	18 796								
1.2	固定资产投资方向调节税	25 941	12 820	13 121								
1.3	建设期利息	39 755	9 852	29 903								
	人民币	14 794	3 612	11 182								
	外币	3 007	752	2 255								
1.4	流动资金	52 651			42 465	5 093	5 093					
	人民币	42 382	0	0	34 249	4 066	4 066					
	外币	1 237	0	0	990	124	124					
2	资金筹措	637 171	279 072	305 447	42 465	5 093	5 093					
2.1	自有资金	150 079	57 116	77 167	12 739	1 528	1 528					
	用于固定资产投资	94 529	47 264	47 264								

续辅助报表 4

序号	项目		合计	1	2	3	4	5	6	7	8	9	10
	人民币		94 529	47 264	47 264								
	外币												
	流动资金		15 795			12 739	1 528	1 528					
	人民币		15 795			12 739	1 528	1 528					
	外币												
	用于建设期利息支付		39 755	9 852	29 903								
	人民币		14 794	3 612	11 182								
	外币		3 007	752	2 255								
	其中资本金		150 079	57 116	77 167	12 739	1 528	1 528					
2.2	借款		487 092	221 956	228 280	29 725	3 565	3 565					
2.2.1	固定资产投资借款		450 236	221 956	228 280								
	人民币		138 230	65 953	72 277								
	外币		37 591	18 796	18 796								
2.2.2	流动资金借款		36 856			29 725	3 565	3 565					
	人民币		26 587			21 510	2 538	2 538					
	外币		1 237			990	124	124					

总成本费用估算表

辅助报表 5

单位：万元

序号	成本及费用名称	合计	1	2	3	4	5	6	7	8	9	10	11	12	13	14
	生产负荷(%)				80	90	100	100	100	100	100	100	100	100	100	100
1	外购原材料	2 014 775			137 762	154 983	172 203	172 203	172 203	172 203	172 203	172 203	172 203	172 203	172 203	172 203
2	外购燃料及动力	198 432			13 568	15 264	16 960	16 960	16 960	16 960	16 960	16 960	16 960	16 960	16 960	16 960
3	工资及福利费	18 720			1 560	1 560	1 560	1 560	1 560	1 560	1 560	1 560	1 560	1 560	1 560	1 560
4	修理费	92 928			7 744	7 744	7 744	7 744	7 744	7 744	7 744	7 744	7 744	7 744	7 744	7 744
5	折旧费	439 440			36 620	36 620	36 620	36 620	36 620	36 620	36 620	36 620	36 620	36 620	36 620	36 620
6	摊销费	54 024			4 502	4 502	4 502	4 502	4 502	4 502	4 502	4 502	4 502	4 502	4 502	4 502
7	其他费用	211 139			14 437	16 242	18 046	18 046	18 046	18 046	18 046	18 046	18 046	18 046	18 046	18 046
8	利息支出	222 184	0	0	42 982	38 561	33 604	28 533	23 541	18 549	13 557	8 565	3 573	3 573	3 573	3 573
	流动资金借款利息	41 838			2 881	3 227	3 573	3 573	3 573	3 573	3 573	3 573	3 573	3 573	3 573	3 573
	长期借款利息	180 346			40 101	35 334	30 031	24 960	19 968	14 976	9 984	4 992	0	0	0	0
	短期借款利息	0														
9	总成本费用	3 221 063	0	0	259 177	275 476	291 239	286 169	281 177	271 815	266 823	261 831	256 839	256 839	256 839	256 839
	可变成本	2 213 208			151 331	170 247	189 163	189 163	189 163	189 163	189 163	189 163	189 163	189 163	189 163	189 163
	固定成本	1 007 855			107 846	105 229	102 076	97 006	92 014	82 652	77 660	72 668	67 676	67 676	67 676	67 676
10	经营成本费用	2 535 993			175 071	195 792	216 513	216 513	216 513	216 513	216 513	216 513	216 513	216 513	216 513	216 513

辅助报表 5.1

外购材料费估算

单位：万元

序号	项目	单位，税率	1	2	3	4	5	6	7	8	9	10	11	12	13	14
	生产负荷(%)		0	0	80	90	100	100	100	100	100	100	100	100	100	100
1	原材料费		0	0	134 962	151 832	168 703	168 703	168 703	168 703	168 703	168 703	168 703	168 703	168 703	168 703
1.1	A原材料		0	0	44 308	49 847	55 385	55 385	55 385	55 385	55 385	55 385	55 385	55 385	55 385	55 385
	单价	元/吨	0	0	3 077	3 077	3 077	3 077	3 077	3 077	3 077	3 077	3 077	3 077	3 077	3 077
	数量	吨	0	0	144 000	162 000	180 000	180 000	180 000	180 000	180 000	180 000	180 000	180 000	180 000	180 000
	进项税	17%	0	0	7 532	8 474	9 415	9 415	9 415	9 415	9 415	9 415	9 415	9 415	9 415	9 415
1.2	B原材料		0	0	16 068	18 076	20 085	20 085	20 085	20 085	20 085	20 085	20 085	20 085	20 085	20 085
	单价	元/吨	0	0	4 017	4 017	4 017	4 017	4 017	4 017	4 017	4 017	4 017	4 017	4 017	4 017
	数量	吨	0	0	40 000	45 000	50 000	50 000	50 000	50 000	50 000	50 000	50 000	50 000	50 000	50 000
	进项税	17%	0	0	2 732	3 073	3 415	3 415	3 415	3 415	3 415	3 415	3 415	3 415	3 415	3 415
1.3	C原材料		0	0	8 205	9 230	10 256	10 256	10 256	10 256	10 256	10 256	10 256	10 256	10 256	10 256
	单价	元/吨	0	0	2 564	2 564	2 564	2 564	2 564	2 564	2 564	2 564	2 564	2 564	2 564	2 564
	数量	吨	0	0	32 000	36 000	40 000	40 000	40 000	40 000	40 000	40 000	40 000	40 000	40 000	40 000
	进项税	17%	0	0	1 395	1 569	1 744	1 744	1 744	1 744	1 744	1 744	1 744	1 744	1 744	1 744
1.4	D原材料(进口)		0	0	66 381	74 679	82 977	82 977	82 977	82 977	82 977	82 977	82 977	82 977	82 977	82 977
	进口原材料价格		0	0	65 724	73 940	82 155	82 155	82 155	82 155	82 155	82 155	82 155	82 155	82 155	82 155
	需用外汇支出	万美元	0	0	7 919	8 908	9 898	9 898	9 898	9 898	9 898	9 898	9 898	9 898	9 898	9 898
	单价	元/吨	0	0	4 564	4 564	4 564	4 564	4 564	4 564	4 564	4 564	4 564	4 564	4 564	4 564
	数量	吨	0	0	144 000	162 000	180 000	180 000	180 000	180 000	180 000	180 000	180 000	180 000	180 000	180 000
	进口关税		0	0	657	739	822	822	822	822	822	822	822	822	822	822
	进口增值税	17%	0	0	5 698	6 411	7 123	7 123	7 123	7 123	7 123	7 123	7 123	7 123	7 123	7 123
2	外购件		0	0	2 800	3 150	3 500	3 500	3 500	3 500	3 500	3 500	3 500	3 500	3 500	3 500
2.1	辅助及其他材料		0	0	2 800	3 150	3 500	3 500	3 500	3 500	3 500	3 500	3 500	3 500	3 500	3 500
2.2	涨价费															
2.3	进项税	17%	0	0	476	536	595	595	595	595	595	595	595	595	595	595
3	外购材料费合计		0	0	137 762	154 983	172 203	172 203	172 203	172 203	172 203	172 203	172 203	172 203	172 203	172 203
4	外购材料费进项税合计		0	0	17 833	20 062	22 291	22 291	22 291	22 291	22 291	22 291	22 291	22 291	22 291	22 291

外购燃料动力费估算表

辅助报表 5.2

单位：万元

序号	项目	单位,税率	1	2	3	4	5	6	7	8	9	10	11	12	13	14
1	燃料		0	0	8 283	9 319	10 354	10 354	10 354	10 354	10 354	10 354	10 354	10 354	10 354	10 354
1.1	煤		0	0	8 283	9 319	10 354	10 354	10 354	10 354	10 354	10 354	10 354	10 354	10 354	10 354
	单价	元/吨	0	0	221	221	221	221	221	221	221	221	221	221	221	221
	数量	吨	0	0	374 400	421 200	468 000	468 000	468 000	468 000	468 000	468 000	468 000	468 000	468 000	468 000
	进项税	13%	0	0	1 077	1 211	1 346	1 346	1 346	1 346	1 346	1 346	1 346	1 346	1 346	1 346
2	动力															
2.1	电		0	0	4 882	5 492	6 103	6 103	6 103	6 103	6 103	6 103	6 103	6 103	6 103	6 103
	单价	元/万度	0	0	2 991	2 991	2 991	2 991	2 991	2 991	2 991	2 991	2 991	2 991	2 991	2 991
	数量	万度	0	0	16 320	18 360	20 400	20 400	20 400	20 400	20 400	20 400	20 400	20 400	20 400	20 400
	进项税	17%	0	0	830	934	1 037	1 037	1 037	1 037	1 037	1 037	1 037	1 037	1 037	1 037
2.2	水		0	0	391	440	488	488	488	488	488	488	488	488	488	488
	单价	元/万吨	0	0	4 248	4 248	4 248	4 248	4 248	4 248	4 248	4 248	4 248	4 248	4 248	4 248
	数量	万吨	0	0	920	1 035	1 150	1 150	1 150	1 150	1 150	1 150	1 150	1 150	1 150	1 150
	进项税	13%	0	0	51	57	64	64	64	64	64	64	64	64	64	64
2.3	其他动力费	万元	0	0	12	14	15	15	15	15	15	15	15	15	15	15
	进项税	17%	0	0	2	2	3	3	3	3	3	3	3	3	3	3
3	燃料动力费合计		0	0	13 568	15 264	16 960	16 960	16 960	16 960	16 960	16 960	16 960	16 960	16 960	16 960
	燃料动力费进项税合计		0	0	1 960	2 205	2 450	2 450	2 450	2 450	2 450	2 450	2 450	2 450	2 450	2 450

工资及福利费估算表

辅助报表 5.3

单位：万元

序号	项目		1	2	3	4	5	6	7	8	9	10	11	12	13	14
1	工资总额		0	0	1 368	1 368	1 368	1 368	1 368	1 368	1 368	1 368	1 368	1 368	1 368	1 368
	人数	人	0	0	950	950	950	950	950	950	950	950	950	950	950	950
	人均年工资	元	0	0	14 400	14 400	14 400	14 400	14 400	14 400	14 400	14 400	14 400	14 400	14 400	14 400
2	福利费	14%	0	0	192	192	192	192	192	192	192	192	192	192	192	192
3	合计		0	0	1 560	1 560	1 560	1 560	1 560	1 560	1 560	1 560	1 560	1 560	1 560	1 560

修理费估算表

辅助报表 5.4

单位：万元

序号	项目	1	2	3	4	5	6	7	8	9	10	11	12	13	14
1	固定资产原值(扣利息)	0	0	516 276	516 276	516 276	516 276	516 276	516 276	516 276	516 276	516 276	516 276	516 276	516 276
2	提取比例	0	0	1.5%	1.5%	1.5%	1.5%	1.5%	1.5%	1.5%	1.5%	1.5%	1.5%	1.5%	1.5%
3	修理费	0	0	7 744	7 744	7 744	7 744	7 744	7 744	7 744	7 744	7 744	7 744	7 744	7 744

其他费用估算表

辅助报表 5.5

单位：万元

序号	项目	1	2	3	4	5	6	7	8	9	10	11	12	13	14
1	其他制造费用	0	0	2 400	2 400	2 400	2 400	2 400	2 400	3 000	3 000	3 000	3 000	3 000	3 000
	计算基数	0	0	2 400	2 400	2 400	2 400	2 400	2 400	3 000	3 000	3 000	3 000	3 000	3 000
	提取比例	0	0	100%	100%	100%	100%	100%	100%	100%	100%	100%	100%	100%	100%
2	其他管理费用	0	0	3 200	3 600	4 000	4 000	4 000	4 000	4 000	4 000	4 000	4 000	4 000	4 000
	计算基数	0	0	3 200	3 600	4 000	4 000	4 000	4 000	4 000	4 000	4 000	4 000	4 000	4 000

续辅助报表 5.5

序号	项目		1	2	3	4	5	6	7	8	9	10	11	12	13	14
3	提取比例		0	0	100%	100%	100%	100%	100%	100%	100%	100%	100%	100%	100%	100%
	其他销售费用		0	0	2 973	3 344	3 716	3 716	3 716	3 716	3 716	3 716	3 716	3 716	3 716	3 716
	计算基数		0	0	270 229	304 007	337 786	337 786	337 786	337 786	337 786	337 786	337 786	337 786	337 786	337 786
	提取比例		0	0	1.10%	1.10%	1.10%	1.10%	1.10%	1.10%	1.10%	1.10%	1.10%	1.10%	1.10%	1.10%
4	出口不予退税部分		0	0	5 864	6 598	7 331	7 331	7 331	7 331	7 331	7 331	7 331	7 331	7 331	7 331
	合计		0	0	14 437	16 242	18 046	18 046	18 046	18 046	18 046	18 046	18 046	18 046	18 046	18 046

固定资产折旧费估算表

辅助报表 5.6

单位：万元

序号	项目	折旧年限	1	2	3	4	5	6	7	8	9	10	11	12	13	14
1	房屋、建筑物	20 年														
1.1	原值		0	0	54 536	54 536	54 536	54 536	54 536	54 536	54 536	54 536	54 536	54 536	54 536	54 536
1.2	折旧费		0	0	2 590	2 590	2 590	2 590	2 590	2 590	2 590	2 590	2 590	2 590	2 590	2 590
1.3	净值		0	0	51 946	49 356	46 766	44 176	41 586	38 996	36 406	33 816	31 226	28 636	26 046	23 456
2	机器设备	14 年														
2.1	原值		0	0	501 494	501 494	501 494	501 494	501 494	501 494	501 494	501 494	501 494	501 494	501 494	501 494
2.2	折旧费		0	0	34 030	34 030	34 030	34 030	34 030	34 030	34 030	34 030	34 030	34 030	34 030	34 030
2.3	净值		0	0	467 464	433 434	399 404	365 374	331 344	297 314	263 284	229 254	195 224	161 194	127 164	93 134
	合计															
	原值		0	0	556 030	556 030	556 030	556 030	556 030	556 030	556 030	556 030	556 030	556 030	556 030	556 030
	折旧费		0	0	36 620	36 620	36 620	36 620	36 620	36 620	36 620	36 620	36 620	36 620	36 620	36 620
	净值		0	0	519 410	482 790	446 170	409 550	372 930	336 310	299 690	263 070	226 450	189 830	153 210	116 590

辅助报表 5.7　无形及递延资产摊销费估算表

单位：万元

序号	项目	摊销年限	1	2	3	4	5	6	7	8	9	10	11	12	13	14
1	无形资产															
	原值				25 700	25 700	25 700	25 700	25 700							
	摊销				3 944	3 944	3 944	3 944	3 944							
	净值				21 755	17 811	13 867	9 923	5 978							
1.1	场地使用权	50 年														
	原值				6 643	6 643	6 643	6 643	6 643	6 643	6 643	6 643	6 643	6 643	6 643	6 643
	摊销				133	133	133	133	133	133	133	133	133	133	133	133
	净值				6 510	6 377	6 244	6 111	5 978	5 845	5 712	5 579	5 446	5 313	5 180	5 047
1.2	技术转让费	5 年														
	原值				19 057	19 057	19 057	19 057	19 057							
	摊销				3 811	3 811	3 811	3 811	3 811							
	净值				15 245	11 434	7 623	3 812								
2	递延资产	5 年														
	原值				2 790	2 790	2 790	2 790	2 790							
	摊销				558	558	558	558	558							
	净值				2 232	1 674	1 116	558								

辅助报表 6　销售收入、销售税金及附加估算表

单位：万元

序号	项目	单位、税率	1	2	3	4	5	6	7	8	9	10	11	12	13	14
	生产负荷(%)		0	0	80	90	100	100	100	100	100	100	100	100	100	100
1	销售收入		0	0	270 229	304 007	337 786	337 786	337 786	337 786	337 786	337 786	337 786	337 786	337 786	337 786
1.1	甲产品		0	0	110 769	124 615	138 462	138 462	138 462	138 462	138 462	138 462	138 462	138 462	138 462	138 462

续辅助报表 6

序号	项　目	单位、税率	1	2	3	4	5	6	7	8	9	10	11	12	13	14
	单价	元/吨	0	0	7 692	7 692	7 692	7 692	7 692	7 692	7 692	7 692	7 692	7 692	7 692	7 692
	数量	吨	0	0	144 000	162 000	180 000	180 000	180 000	180 000	180 000	180 000	180 000	180 000	180 000	180 000
	销项税	17%	0	0	18 831	21 185	23 538	23 538	23 538	23 538	23 538	23 538	23 538	23 538	23 538	23 538
1.2	乙产品		0	0	65 641	73 846	82 051	82 051	82 051	82 051	82 051	82 051	82 051	82 051	82 051	82 051
	单价	元/吨	0	0	6 838	6 838	6 838	6 838	6 838	6 838	6 838	6 838	6 838	6 838	6 838	6 838
	数量	吨	0	0	96 000	108 000	120 000	120 000	120 000	120 000	120 000	120 000	120 000	120 000	120 000	120 000
	销项税	17%	0	0	11 159	12 554	13 949	13 949	13 949	13 949	13 949	13 949	13 949	13 949	13 949	13 949
1.3	丙产品		0	0	20 513	23 077	25 641	25 641	25 641	25 641	25 641	25 641	25 641	25 641	25 641	25 641
	单价	元/吨	0	0	5 128	5 128	5 128	5 128	5 128	5 128	5 128	5 128	5 128	5 128	5 128	5 128
	数量	吨	0	0	40 000	45 000	50 000	50 000	50 000	50 000	50 000	50 000	50 000	50 000	50 000	50 000
	销项税	17%	0	0	3 487	3 923	4 359	4 359	4 359	4 359	4 359	4 359	4 359	4 359	4 359	4 359
1.4	丁产品(外销)		0	0	73 306	82 469	91 632	91 632	91 632	91 632	91 632	91 632	91 632	91 632	91 632	91 632
	单价	元/吨	0	0	9 163	9 163	9 163	9 163	9 163	9 163	9 163	9 163	9 163	9 163	9 163	9 163
	数量	吨	0	0	80 000	90 000	100 000	100 000	100 000	100 000	100 000	100 000	100 000	100 000	100 000	100 000
	销项税	17%	0	0	12 462	14 020	15 577	15 577	15 577	15 577	15 577	15 577	15 577	15 577	15 577	15 577
2	销售税金及附加		0	0	2 615	2 941	3 268	3 268	3 268	3 268	3 268	3 268	3 268	3 268	3 268	3 268
2.1	城市维护建设税	7%	0	0	1 830	2 059	2 288	2 288	2 288	2 288	2 288	2 288	2 288	2 288	2 288	2 288
2.2	教育费附加	3%	0	0	784	882	980	980	980	980	980	980	980	980	980	980
附:	增值税		0	0	19 549	21 992	24 436	24 436	24 436	24 436	24 436	24 436	24 436	24 436	24 436	24 436
	增值税(计算用)		0	0	26 146	29 414	32 683	32 683	32 683	32 683	32 683	32 683	32 683	32 683	32 683	32 683
	销项税		0	0	45 939	51 681	57 424	57 424	57 424	57 424	57 424	57 424	57 424	57 424	57 424	57 424
	进项税		0	0	19 793	22 267	24 741	24 741	24 741	24 741	24 741	24 741	24 741	24 741	24 741	24 741
	减:出口退税	9%	0	0	6 598	7 422	8 247	8 247	8 247	8 247	8 247	8 247	8 247	8 247	8 247	8 247

固定资产投资借款还本付息表

辅助报表 7

汇率：8.3 人民币/美元　　单位：万元，万美元

序号	项目	合计	1	2	3	4	5	6	7	8	9	10
1	借款偿还											
1.1	年初借款本息累计		0	221 956	450 236	406 711	358 301	312 006	249 605	187 204	124 802	62 401
	本金		0	221 956	450 236	406 711	358 301	312 006	249 605	187 204	124 802	62 401
	建设期利息		0	0	0	0	0	0	0	0	0	0
1.2	本年借款	450 236	221 956	228 280								
1.3	本年应计利息	220 102	9 852	29 903	40 101	35 334	30 031	24 960	19 968	14 976	9 984	4 992
	计入建设期利息	39 755	9 852	29 903								
	计入生产期利息	180 347	0	0	40 101	35 334	30 031	24 960	19 968	14 976	9 984	4 992
1.4	本年还本付息		9 852	29 903	83 626	83 743	76 327	87 362	82 370	77 377	72 385	67 393
	还本	450 236	0	0	43 525	48 409	46 295	62 401	62 401	62 401	62 401	62 401
	付息		9 852	29 903	40 101	35 334	30 031	24 960	19 968	14 976	9 984	4 992
1.5	年末借款本息累计	2 202 102	221 956	450 236	406 711	358 301	312 006	249 605	187 204	124 802	62 401	
2	人民币长期借款											
2.1	年初借款本息累计		0	65 953	138 230	94 705	46 295	0	0	0	0	0
	本金		0	65 953	138 230	94 705	46 295	0	0	0		
	建设期利息		0	0	0	0	0					
2.2	本年借款	138 230	65 953	72 277								
2.3	本年应计利息	45 379	3 612	11 182	15 141	10 373	5 071					
	计入建设期利息	14 794	3 612	11 182								
	计入生产期利息		0	0	15 141	10 373	5 071					
2.4	本年还本付息		3 612	11 182	58 666	58 783	51 366					
	还本	138 230	0	0	43 525	48 409	46 295					

序号	项　目	合计	1	2	3	4	5	6	7	8	9	10
2.5	付息	45 379	3 612	11 182	15 141	10 373	5 071					
	年末借款本息累计		65 953.	138 230	94 705	46 295	0					
3	外币长期借款											
3.1	年初借款本息累计		0	18 796	37 591	37 591	37 591	37 591	30 073	22 555	15 037	7 518
	本金		0	18 796	37 591	37 591	37 591	37 591	30 073	22 555	15 037	7 518
	建设期利息		0	0	0	0	0	0	0	0	0	0
3.2	本年借款	37 591	18 796	18 796								
3.3	本年应计利息	21 051	752	2 255	3 007	3 007	3 007	3 007	2 406	1 804	1 203	601
	计入建设期利息	3 007	752	2 255	0	0	0	0	0	0	0	0
	计入生产期利息		0	0	3 007	3 007	3 007	3 007	2 406	1 804	1 203	6 01
3.4	本年还本付息		7 52	2 255	3 007	3 007	3 007	10 526	9 924	9 323	8 721	8 120
	还本	37 591	0	0	0	0	0	7 518	7 518	7 518	7 518	7 518
	付息	21 051	752	2 255	3 007	3 007	3 007	3 007	2 406	1 804	1 203	601
3.5	年末借款本息累计		18 796	37 591	37 591	37 591	37 591	30 073	22 555	15 037	7 518	0
4	还本资金来源				43 525	48 409	53 446	62 401	62 401	62 401	62 401	62 401
4.1	上年余额							7 151				
4.2	摊销				4 502	4 502	4 502	4 502	4 502	133	133	133
4.3	折旧				36 620	36 620	36 620	36 620	36 620	36 620	36 620	36 620
4.4	利润				2 403	7 287	12 323	13 767	15 189	17 854	19 276	20 697
4.5	其他							361	6 090	7 793	6 372	4 950
5	偿还等额还款本金				43 525	48 409	53 446	62 401	62 401	62 401	62 401	62 401
6	偿还长期贷款本金能力											
7	人民币借款偿还期(年)	4.87										

国民经济评估固定资产投资调整表

辅助报表 8

单位：万元，万美元

序号	项 目	财务评估 合计	其中 外币	其中 折人民币	人民币	国民经济评估 合计	其中 外币	其中 折人民币	人民币	国民经济评估比财务评估增减（十一）
	固定资产投资	518 823	37 591	312 005	206 818	423 914	36 791	305 365	118 549	−94 909
1	建筑工程	39 728	0	0	39 728	43 701	0	0	43 701	3 973
2	设备	329 309	30 300	251 490	77 819	272 409	30 300	251 490	20 919	−56 900
2.1	进口设备	325 114	30 300	251 490	73 624	268 214	30 300	251 490	16 724	−56 900
2.2	国内设备	4 195	0	0	4 195	4 195	0	0	4 195	0
3	安装工程	36 017	2 000	16 600	19 417	32 261	2 000	16 600	15 661	−3 756
3.1	进口材料	21 460	2 000	16 600	4 860	17 704	2 000	16 600	1 104	−3 756
3.2	国内部分材料与费用	14 557	0	0	14 557	14 557	0	0	14 557	0
4	工器具费									
5	其中费用	113 770	5 291	43 915	69 855	75 543	4 491	37 275	38 268	−38 227
	其中：土地费用	6 643	0	6 640	6 643	6 643	0	6 643	0	0
	涨价预备费	38 227	800	37 275	31 587	0	0	0	0	−38 227
	其余部分	68 900	4 491	37 275	31 625	68 900	4 491	37 275	31 625	0

国民经济评估流动资金估算表

辅助报表 9

单位：万元、万美元

序号	项目	最短周转天数	周转次数	生产经营期													
				1	2	3	4	5	6	7	8	9	10	11	12	13	14
1	存货					32 239	36 208	40 176	40 176	40 176	40 176	40 176	40 176	40 176	40 176	40 176	40 176
1.1	原材料（含外购件等）		6	0	0	21 532	24 223	26 913	26 913	26 913	26 913	26 913	26 913	26 913	26 913	26 913	26 913
	A 原料	60	8	0	0	8 466	9 524	10 582	10 582	10 582	10 582	10 582	10 582	10 582	10 582	10 582	10 582
	B 原料	45	8	0	0	2 222	2 500	2 777	2 777	2 777	2 777	2 777	2 777	2 777	2 777	2 777	2 777
	C 原料	45	8	0	0	1 000	1 125	1 250	1 250	1 250	1 250	1 250	1 250	1 250	1 250	1 250	1 250
	D 原料（进口）	45	8	0	0	9 377	10 549	11 721	11 721	11 721	11 721	11 721	11 721	11 721	11 721	11 721	11 721
	辅助材料	60	6	0	0	467	525	583	583	583	583	583	583	583	583	583	583
1.2	燃料			0	0	1 092	1 229	1 365	1 365	1 365	1 365	1 365	1 365	1 365	1 365	1 365	1 365
	煤	38	10	0	0	1 092	1 229	1 365	1 365	1 365	1 365	1 365	1 365	1 365	1 365	1 365	1 365
1.3	在产品	4	90	0	0	2 024	2 265	2 505	2 505	2 505	2 505	2 505	2 505	2 505	2 505	2 505	2 505
1.4	产成品	15	24	0	0	7 592	8 492	9 393	9 393	9 393	9 393	9 393	9 393	9 393	9 393	9 393	9 393
2	流动资金			0	0	32 239	36 208	40 176	40 176	40 176	40 176	40 176	40 176	40 176	40 176	40 176	40 176
	流动资金本年增加额			0	0	32 239	3 969	3 969	0	0	0	0	0	0	0	0	0
	其中本币流动资金			0	0	990	1 114	1 237	1 237	1 237	1 237	1 237	1 237	1 237	1 237	1 237	1 237
3	本年增加额			0	0	990	124	124	0	0	0	0	0	0	0	0	0

辅助报表 10

国民经济评估销售收入估算表

单位：万元

序号	项目	单位	1	2	3	4	5	6	7	8	9	10	11	12	13	14
	生产负荷(%)		0	0	80	90	100	100	100	100	100	100	100	100	100	100
	销售收入		0	0	276 141	310 658	345 176	345 176	345 176	345 176	345 176	345 176	345 176	345 176	345 176	345 176
1	甲产品（内销）		0	0	111 629	125 582	139 536	139 536	139 536	139 536	139 536	139 536	139 536	139 536	139 536	139 536
	单价	元/吨	0	0	7 752	7 752	7 752	7 752	7 752	7 752	7 752	7 752	7 752	7 752	7 752	7 752
	数量	吨	0	0	144 000	162 000	180 000	180 000	180 000	180 000	180 000	180 000	180 000	180 000	180 000	180 000
2	乙产品（替代进口）		0	0	68 640	77 220	85 800	85 800	85 800	85 800	85 800	85 800	85 800	85 800	85 800	85 800
	单价	元/吨	0	0	7 150	7 150	7 150	7 150	7 150	7 150	7 150	7 150	7 150	7 150	7 150	7 150
	数量	吨	0	0	96 000	108 000	120 000	120 000	120 000	120 000	120 000	120 000	120 000	120 000	120 000	120 000
3	丙产品		0	0	22 000	24 750	27 500	27 500	27 500	27 500	27 500	27 500	27 500	27 500	27 500	27 500
	单价	元/吨	0	0	5 500	5 500	5 500	5 500	5 500	5 500	5 500	5 500	5 500	5 500	5 500	5 500
	数量	吨	0	0	40 000	45 000	50 000	50 000	50 000	50 000	50 000	50 000	50 000	50 000	50 000	50 000
4	丁产品（外销）		0	0	73 872	83 106	92 340	92 340	92 340	92 340	92 340	92 340	92 340	92 340	92 340	92 340
	单价	元/吨	0	0	9 234	9 234	9 234	9 234	9 234	9 234	9 234	9 234	9 234	9 234	9 234	9 234
	数量	吨	0	0	80 000	90 000	100 000	100 000	100 000	100 000	100 000	100 000	100 000	100 000	100 000	100 000

辅助报表 11

国民经济评估经营费用估算表

单位：万元

序号	项目	合计	1	2	3	4	5	6	7	8	9	10	11	12	13	14
	生产负荷(%)		0	0	80	90	100	100	100	100	100	100	100	100	100	100
1	外购材料费	2 140 842	0	0	146 382	164 680	182 978	182 978	182 978	182 978	182 978	182 978	182 978	182 978	182 978	182 978
2	外购燃料动力费	262 419	0	0	17 943	20 186	22 429	22 429	22 429	22 429	22 429	22 429	22 429	22 429	22 429	22 429
3	工资及福利费	18 720	0	0	1 560	1 560	1 560	1 560	1 560	1 560	1 560	1 560	1 560	1 560	1 560	1 560
4	修理费	92 928	0	0	7 744	7 744	7 744	7 744	7 744	7 744	7 744	7 744	7 744	7 744	7 744	7 744
5	其他费用	125 377	0	0	8 573	9 644	10 716	10 716	10 716	10 716	10 716	10 716	10 716	10 716	10 716	10 716
6	经营费用	2 640 276	0	0	182 202	203 814	225 426	225 426	225 426	225 426	225 426	225 426	225 426	225 426	225 426	225 426

国民经济评估外购材料费估算

辅助报表 11.1

单位：万元

序号	项 目	单位	1	2	3	4	5	6	7	8	9	10	11	12	13	14
	生产负荷（%）		0	0	80	90	100	100	100	100	100	100	100	100	100	100
1	材料费															
1.1	A原料		0	0	46 901	52 763	58 626	58 626	58 626	58 626	58 626	58 626	58 626	58 626	58 626	58 626
	单价	元/吨	0	0	3 257	3 257	3 257	3 257	3 257	3 257	3 257	3 257	3 257	3 257	3 257	3 257
	数量	吨	0	0	144 000	162 000	180 000	180 000	180 000	180 000	180 000	180 000	180 000	180 000	180 000	180 000
1.2	B原料		0	0	17 776	19 998	22 220	22 220	22 220	22 220	22 220	22 220	22 220	22 220	22 220	22 220
	单价	元/吨	0	0	4 444	4 444	4 444	4 444	4 444	4 444	4 444	4 444	4 444	4 444	4 444	4 444
	数量	吨	0	0	40 000	45 000	50 000	50 000	50 000	50 000	50 000	50 000	50 000	50 000	50 000	50 000
1.3	C原料		0	0	8 000	9 000	10 000	10 000	10 000	10 000	10 000	10 000	10 000	10 000	10 000	10 000
	单价	元/吨	0	0	2 500	2 500	2 500	2 500	2 500	2 500	2 500	2 500	2 500	2 500	2 500	2 500
	数量	吨	0	0	32 000	36 000	40 000	40 000	40 000	40 000	40 000	40 000	40 000	40 000	40 000	40 000
1.4	D原料（进口）		0	0	75 010	84 386	93 762	93 762	93 762	93 762	93 762	93 762	93 762	93 762	93 762	93 762
	单价	元/吨	0	0	5 209	5 209	5 209	5 209	5 209	5 209	5 209	5 209	5 209	5 209	5 209	5 209
	数量	吨	0	0	144 000	162 000	180 000	180 000	180 000	180 000	180 000	180 000	180 000	180 000	180 000	180 000
2	其他材料		0	0	2 800	3 150	3 500	3 500	3 500	3 500	3 500	3 500	3 500	3 500	3 500	3 500
2.1	辅助及其他材料		0	0	2 800	3 150	3 500	3 500	3 500	3 500	3 500	3 500	3 500	3 500	3 500	3 500
	外购材料费合计		0	0	146 382	164 680	182 978	182 978	182 978	182 978	182 978	182 978	182 978	182 978	182 978	182 978

辅助报表 11.2

国民经济评估外购燃料动力费估算表

单位：万元

序号	项目	单位	1	2	3	4	5	6	7	8	9	10	11	12	13	14
1	燃料		0	0	10 483	11 794	13 104	13 104	13 104	13 104	13 104	13 104	13 104	13 104	13 104	13 104
1.1	煤		0	0	10 483	11 794	13 104	13 104	13 104	13 104	13 104	13 104	13 104	13 104	13 104	13 104
	单价	元/吨	0	0	280	280	280	280	280	280	280	280	280	280	280	280
	数量	吨	0	0	374 400	421 200	468 000	468 000	468 000	468 000	468 000	468 000	468 000	468 000	468 000	468 000
2	动力		0	0	7 460	8 393	9 325	9 325	9 325	9 325	9 325	9 325	9 325	9 325	9 325	9 325
2.1	电		0	0	6 528	7 344	8 160	8 160	8 160	8 160	8 160	8 160	8 160	8 160	8 160	8 160
	单价	元/万度	0	0	4 000	4 000	4 000	4 000	4 000	4 000	4 000	4 000	4 000	4 000	4 000	4 000
	数量	万度	0	0	16 320	18 360	20 400	20 400	20 400	20 400	20 400	20 400	20 400	20 400	20 400	20 400
2.2	水		0	0	920	1 035	1 150	1 150	1 150	1 150	1 150	1 150	1 150	1 150	1 150	1 150
	单价	元/万吨	0	0	10 000	10 000	10 000	10 000	10 000	10 000	10 000	10 000	10 000	10 000	10 000	10 000
	数量	万吨	0	0	920	1 035	1 150	1 150	1 150	1 150	1 150	1 150	1 150	1 150	1 150	1 150
2.3	其他动力费	万元	0	0	12	14	15	15	15	15	15	15	15	15	15	15
	燃料动力合计	万元	0	0	17 943	20 186	22 429	22 429	22 429	22 429	22 429	22 429	22 429	22 429	22 429	22 429

附录一 复利利息系数表

表1 5%复利利息系数

周期 N	一次支付序列		等额支付序列				等额递增（减）序列		
	终值系数	现值系数	现值系数	资本回收系数	终值系数	投入基金系数	终值系数	现值系数	转换系数
	F/P	P/F	P/A	A/P	F/A	A/F	F/G	P/G	A/G
1	1.050 0	0.952 4	0.952 4	1.050 0	1.000 0	1.000 0	0.000 0	0.000 0	0.000 0
2	1.102 5	0.907 0	1.859 4	0.537 8	2.050 0	0.487 8	1.000 0	0.907 0	0.487 8
3	1.157 6	0.863 8	2.723 2	0.367 2	3.152 5	0.317 2	3.050 0	2.634 7	0.967 5
4	1.215 5	0.822 7	3.546 0	0.282 0	4.310 1	0.232 0	6.202 5	5.102 8	1.439 1
5	1.276 3	0.783 5	4.329 5	0.231 0	5.525 6	0.181 0	10.512 6	8.236 9	1.902 5
6	1.340 1	0.746 2	5.075 7	0.197 0	6.801 9	0.147 0	16.038 3	11.968 0	2.357 9
7	1.407 1	0.710 7	5.786 4	0.172 8	8.142 0	0.122 8	22.840 2	16.232 1	2.805 2
8	1.477 5	0.676 8	6.463 2	0.154 7	9.549 1	0.104 7	30.982 2	20.970 0	3.244 5
9	1.551 3	0.644 6	7.107 8	0.140 7	11.026 6	0.090 7	40.531 3	26.126 8	3.675 8
10	1.628 9	0.613 9	7.721 7	0.129 5	12.577 9	0.079 5	51.557 9	31.652 0	4.099 1
11	1.710 3	0.584 7	8.306 4	0.120 4	14.206 8	0.070 4	64.135 7	37.498 8	4.514 4
12	1.795 9	0.556 8	8.863 3	0.112 8	15.917 1	0.062 8	78.342 5	43.624 1	4.921 9
13	1.885 6	0.530 3	9.393 6	0.106 5	17.713 0	0.056 5	94.259 7	49.987 9	5.321 5
14	1.979 9	0.505 1	9.898 6	0.101 0	19.598 6	0.051 0	111.972 6	56.553 8	5.713 3
15	2.078 9	0.481 0	10.379 7	0.096 3	21.578 6	0.046 3	131.571 3	63.288 0	6.097 3
16	2.182 9	0.458 1	10.837 8	0.092 3	23.657 5	0.042 3	153.149 8	70.159 7	6.473 6
17	2.292 0	0.436 3	11.274 1	0.088 7	25.840 4	0.038 7	176.807 3	77.140 5	6.842 3

续表 1

周期 N	一次支付序列		等额支付序列				等额递增(减)序列		
	终值系数 F/P	现值系数 P/F	现值系数 P/A	资本回收系数 A/P	终值系数 F/A	投入基金系数 A/F	终值系数 F/G	现值系数 P/G	转换系数 A/G
18	2.406 6	0.415 5	11.689 6	0.085 5	28.132 4	0.035 5	202.647 7	84.204 3	7.203 4
19	2.527 0	0.395 7	12.085 3	0.082 7	30.539 5	0.032 7	230.780 1	91.327 5	7.556 9
20	2.653 3	0.376 9	12.462 2	0.080 2	33.066 0	0.030 2	261.319 1	98.488 4	7.903 0
21	2.786 0	0.358 9	12.821 2	0.078 0	35.719 3	0.028 0	294.385 0	105.667 3	8.241 6
22	2.925 3	0.341 8	13.163 0	0.076 0	38.505 2	0.026 0	330.104 3	112.846 1	8.573 0
23	3.071 5	0.325 6	13.488 6	0.074 1	41.430 5	0.024 1	368.609 5	120.008 7	8.897 1
24	3.225 1	0.310 1	13.798 6	0.072 5	44.502 0	0.022 5	410.040 0	127.140 2	9.214 0
25	3.386 4	0.295 3	14.093 9	0.071 0	47.727 1	0.021 0	454.542 0	134.227 5	9.523 8
26	3.555 7	0.281 2	14.375 2	0.069 6	51.113 5	0.019 6	502.269 1	141.258 5	9.826 6
27	3.733 5	0.267 8	14.643 0	0.068 3	54.669 1	0.018 3	553.382 5	148.222 6	10.122 4
28	3.920 1	0.255 1	14.898 1	0.067 1	58.402 6	0.017 1	608.051 7	155.110 1	10.411 4
29	4.116 1	0.242 9	15.141 1	0.066 0	62.322 7	0.016 0	666.454 2	161.912 6	10.693 6
30	4.321 9	0.231 4	15.372 5	0.065 1	66.438 8	0.015 1	728.777 0	168.622 6	10.969 1
31	4.538 0	0.220 4	15.592 8	0.064 1	70.760 8	0.014 1	795.215 8	175.233 3	11.238 1
32	4.764 9	0.209 9	15.802 7	0.063 3	75.298 8	0.013 3	865.976 6	181.739 2	11.500 5
33	5.003 2	0.199 9	16.002 5	0.062 5	80.063 8	0.012 5	941.275 4	188.135 1	11.756 6
34	5.253 3	0.190 4	16.192 9	0.061 8	85.067 0	0.011 8	1 021.339 2	194.416 8	12.006 3
35	5.516 0	0.181 3	16.374 2	0.061 1	90.320 3	0.011 1	1 106.406 1	200.580 7	12.249 8
36	5.791 8	0.172 7	16.546 9	0.060 4	95.836 3	0.010 4	1 196.726 5	206.623 7	12.487 2
37	6.081 4	0.164 4	16.711 3	0.059 8	101.628 1	0.009 8	1 292.562 8	212.543 4	12.718 6
38	6.385 5	0.156 6	16.867 9	0.059 3	107.709 5	0.009 3	1 394.190 9	218.337 8	12.944 0
39	6.704 8	0.149 1	17.017 0	0.058 8	114.095 0	0.008 8	1 501.900 5	224.005 4	13.163 6
40	7.040 0	0.142 0	17.159 1	0.058 3	120.799 8	0.008 3	1 615.995 5	229.545 2	13.377 5

表 2　10%复利利息系数

周期 N	一次支付序列		等额支付序列				等额递增（减）序列		
	终值系数 F/P	现值系数 P/F	现值系数 P/A	资本回收系数 A/P	终值系数 F/A	投入基金系数 A/F	终值系数 F/G	现值系数 P/G	转换系数 A/G
1	1.100 0	0.909 1	0.909 1	1.100 0	1.000 0	1.000 0	0.000 0	0.000 0	0.000 0
2	1.210 0	0.826 4	1.735 5	0.576 2	2.100 0	0.476 2	1.000 0	0.826 4	0.476 2
3	1.331 0	0.751 3	2.486 9	0.402 1	3.310 0	0.302 1	3.100 0	2.329 1	0.936 6
4	1.464 1	0.683 0	3.169 9	0.315 5	4.641 0	0.215 5	6.410 0	4.378 1	1.381 2
5	1.610 5	0.620 9	3.790 8	0.263 8	6.105 1	0.163 8	11.051 0	6.861 8	1.810 1
6	1.771 6	0.564 5	4.355 3	0.229 6	7.715 6	0.129 6	17.156 1	9.684 2	2.223 6
7	1.948 7	0.513 2	4.868 4	0.205 4	9.487 2	0.105 4	24.871 7	12.763 1	2.621 6
8	2.143 6	0.466 5	5.334 9	0.187 4	11.435 9	0.087 4	34.358 9	16.028 7	3.004 5
9	2.357 9	0.424 1	5.759 0	0.173 6	13.579 5	0.073 6	45.794 8	19.421 5	3.372 4
10	2.593 7	0.385 5	6.144 6	0.162 7	15.937 4	0.062 7	59.374 2	22.891 3	3.725 5
11	2.853 1	0.350 5	6.495 1	0.154 0	18.531 2	0.054 0	75.311 7	26.396 3	4.064 1
12	3.138 4	0.318 6	6.813 7	0.146 8	21.384 3	0.046 8	93.842 8	29.901 2	4.388 4
13	3.452 3	0.289 7	7.103 4	0.140 8	24.522 7	0.040 8	115.227 1	33.377 2	4.698 8
14	3.797 5	0.263 3	7.366 7	0.135 7	27.975 0	0.035 7	139.749 8	36.800 5	4.995 5
15	4.177 2	0.239 4	7.606 1	0.131 5	31.772 5	0.031 5	167.724 8	40.152 0	5.278 9
16	4.595 0	0.217 6	7.823 7	0.127 8	35.949 7	0.027 8	199.497 3	43.416 4	5.549 3
17	5.054 5	0.197 8	8.021 6	0.124 7	40.544 7	0.024 7	235.447 0	46.581 9	5.807 1
18	5.559 9	0.179 9	8.201 4	0.121 9	45.599 2	0.021 9	275.991 7	49.639 5	6.052 6
19	6.115 9	0.163 5	8.364 9	0.119 5	51.159 1	0.019 5	321.590 9	52.582 7	6.286 1
20	6.727 5	0.148 6	8.513 6	0.117 5	57.275 0	0.017 5	372.750 0	55.406 9	6.508 1

投资项目评估

续表 2

| 周期 N | 一次支付序列 | | 等额支付序列 | | | | 等额递增（减）序列 | | |
	终值系数 F/P	现值系数 P/F	现值系数 P/A	资本回收系数 A/P	终值系数 F/A	投入基金系数 A/F	终值系数 F/G	现值系数 P/G	转换系数 A/G
21	7.400 2	0.135 1	8.648 7	0.115 6	64.002 5	0.015 6	430.025 0	58.109 5	6.718 9
22	8.140 3	0.122 8	8.771 5	0.114 0	71.402 7	0.014 0	494.027 5	60.689 3	6.918 9
23	8.954 3	0.111 7	8.883 2	0.112 6	79.543 0	0.012 6	565.430 2	63.146 2	7.108 5
24	9.849 7	0.101 5	8.984 7	0.111 3	88.497 3	0.011 3	644.973 3	65.481 3	7.288 1
25	10.834 7	0.092 3	9.077 0	0.110 2	98.347 1	0.010 2	733.470 6	67.696 4	7.458 0
26	11.918 2	0.083 9	9.160 9	0.109 2	109.181 8	0.009 2	831.817 7	69.794 0	7.618 6
27	13.110 0	0.076 3	9.237 2	0.108 3	121.099 9	0.008 3	940.999 4	71.777 3	7.770 4
28	14.421 0	0.069 3	9.306 6	0.107 5	134.209 9	0.007 5	1062.099 4	73.649 5	7.913 7
29	15.863 1	0.063 0	9.369 6	0.106 7	148.630 9	0.006 7	1 196.309 3	75.414 6	8.048 9
30	17.449 4	0.057 3	9.426 9	0.106 1	164.494 0	0.006 1	1 344.940 2	77.076 6	8.176 2
31	19.194 3	0.052 1	9.479 0	0.105 5	181.943 4	0.005 5	1 509.434 2	78.639 5	8.296 2
32	21.113 8	0.047 4	9.526 4	0.105 0	201.137 8	0.005 0	1 691.377 7	80.107 8	8.409 1
33	23.225 2	0.043 1	9.569 4	0.104 5	222.251 5	0.004 5	1 892.515 4	81.485 6	8.515 2
34	25.547 7	0.039 1	9.608 6	0.104 1	245.476 7	0.004 1	2 114.767 0	82.777 3	8.614 9
35	28.102 4	0.035 6	9.644 2	0.103 7	271.024 4	0.003 7	2 360.243 7	83.987 2	8.708 6
36	30.912 7	0.032 3	9.676 5	0.103 3	299.126 8	0.003 3	2 631.268 1	85.119 4	8.796 5
37	34.003 9	0.029 4	9.705 9	0.103 0	330.039 5	0.003 0	2 930.394 9	86.178 1	8.878 9
38	37.404 3	0.026 7	9.732 7	0.102 7	364.043 4	0.002 7	3 260.434 3	87.167 3	8.956 2
39	41.144 8	0.024 3	9.757 0	0.102 5	401.447 8	0.002 5	3 624.477 8	88.090 8	9.028 5
40	45.259 3	0.022 1	9.779 1	0.102 3	442.592 6	0.002 3	4 025.925 6	88.952 5	9.096 2

· 256 ·

表 3 12%复利利息系数

周期 N	一次支付序列		等额支付序列				等额递增（减）序列		
	终值系数 F/P	现值系数 P/F	现值系数 P/A	资本回收系数 A/P	终值系数 F/A	投入基金系数 A/F	终值系数 F/G	现值系数 P/G	转换系数 A/G
1	1.120 0	0.892 9	0.892 9	1.120 0	1.000 0	1.000 0	0.000 0	0.000 0	0.000 0
2	1.254 4	0.797 2	1.690 1	0.591 7	2.120 0	0.471 7	1.000 0	0.797 2	0.471 7
3	1.404 9	0.711 8	2.401 8	0.416 3	3.374 4	0.296 3	3.120 0	2.220 8	0.924 6
4	1.573 5	0.635 5	3.037 3	0.329 2	4.779 3	0.209 2	6.494 4	4.127 3	1.358 9
5	1.762 3	0.567 4	3.604 8	0.277 4	6.352 8	0.157 4	11.273 7	6.397 0	1.774 6
6	1.973 8	0.506 6	4.111 4	0.243 2	8.115 2	0.123 2	17.626 6	8.930 2	2.172 0
7	2.210 7	0.452 3	4.563 8	0.219 1	10.089 0	0.099 1	25.741 8	11.644 3	2.551 5
8	2.476 0	0.403 9	4.967 6	0.201 3	12.299 7	0.081 3	35.830 8	14.471 4	2.913 1
9	2.773 1	0.360 6	5.328 2	0.187 7	14.775 7	0.067 7	48.130 5	17.356 3	3.257 4
10	3.105 8	0.322 0	5.650 2	0.177 0	17.548 7	0.057 0	62.906 1	20.254 1	3.584 7
11	3.478 5	0.287 5	5.937 7	0.168 4	20.654 6	0.048 4	80.454 9	23.128 8	3.895 3
12	3.896 0	0.256 7	6.194 4	0.161 4	24.133 1	0.041 4	101.109 4	25.952 3	4.189 7
13	4.363 5	0.229 2	6.423 5	0.155 7	28.029 1	0.035 7	125.242 6	28.702 4	4.468 3
14	4.887 1	0.204 6	6.628 2	0.150 9	32.392 6	0.030 9	153.271 7	31.362 4	4.731 7
15	5.473 6	0.182 7	6.810 9	0.146 8	37.279 7	0.026 8	185.664 3	33.920 2	4.980 3
16	6.130 4	0.163 1	6.974 0	0.143 4	42.753 3	0.023 4	222.944 0	36.367 0	5.214 7
17	6.866 0	0.145 6	7.119 6	0.140 5	48.883 7	0.020 5	265.697 3	38.697 3	5.435 3
18	7.690 0	0.130 0	7.249 7	0.137 9	55.749 7	0.017 9	314.581 0	40.908 0	5.642 7
19	8.612 8	0.116 1	7.365 8	0.135 8	63.439 7	0.015 8	370.330 7	42.997 9	5.837 5
20	9.646 3	0.103 7	7.469 4	0.133 9	72.052 4	0.013 9	433.770 4	44.967 6	6.020 2

续表 3

周期 N	一次支付序列		等额支付序列				等额递增（减）序列		
	终值系数 F/P	现值系数 P/F	现值系数 P/A	资本回收系数 A/P	终值系数 F/A	投入基金系数 A/F	终值系数 F/G	现值系数 P/G	转换系数 A/G
21	10.803 8	0.092 6	7.562 0	0.132 2	81.698 7	0.012 2	505.822 8	46.818 8	6.191 3
22	12.100 3	0.082 6	7.644 6	0.130 8	92.502 6	0.010 8	587.521 5	48.554 3	6.351 4
23	13.552 3	0.073 8	7.718 4	0.129 6	104.602 9	0.009 6	680.024 1	50.177 6	6.501 0
24	15.178 6	0.065 9	7.784 3	0.128 5	118.155 2	0.008 5	784.627 0	51.692 9	6.640 6
25	17.000 1	0.058 8	7.843 1	0.127 5	133.333 9	0.007 5	902.782 3	53.104 6	6.770 8
26	19.040 1	0.052 5	7.895 7	0.126 7	150.333 9	0.006 7	1 036.116 1	54.417 7	6.892 1
27	21.324 9	0.046 9	7.942 6	0.125 9	169.374 0	0.005 9	1 186.450 1	55.636 9	7.004 9
28	23.883 9	0.041 9	7.984 4	0.125 2	190.698 9	0.005 2	1 355.824 1	56.767 4	7.109 8
29	26.749 9	0.037 4	8.021 8	0.124 7	214.582 8	0.004 7	1 546.522 9	57.814 1	7.207 1
30	29.959 9	0.033 4	8.055 2	0.124 1	241.332 7	0.004 1	1 761.105 7	58.782 1	7.297 4
31	33.555 1	0.029 8	8.085 0	0.123 7	271.292 6	0.003 7	2 002.438 4	59.676 1	7.381 1
32	37.581 7	0.026 6	8.111 6	0.123 3	304.847 7	0.003 3	2 273.731 0	60.501 0	7.458 6
33	42.091 5	0.023 8	8.135 4	0.122 9	342.429 4	0.002 9	2 578.578 7	61.261 2	7.530 2
34	47.142 5	0.021 2	8.156 6	0.122 6	384.521 0	0.002 6	2 921.008 2	61.961 2	7.596 5
35	52.799 6	0.018 9	8.175 5	0.122 3	431.663 5	0.002 3	3 305.529 1	62.605 2	7.657 7
36	59.135 6	0.016 9	8.192 4	0.122 1	484.463 1	0.002 1	3 737.192 6	63.197 0	7.714 1
37	66.231 8	0.015 1	8.207 5	0.121 8	543.598 7	0.001 8	4 221.655 8	63.740 6	7.766 1
38	74.179 7	0.013 5	8.221 0	0.121 6	609.830 5	0.001 6	4 765.254 4	64.239 4	7.814 1
39	83.081 2	0.012 0	8.233 0	0.121 5	684.010 2	0.001 5	5 375.085 0	64.696 7	7.858 2
40	93.051 0	0.010 7	8.243 8	0.121 3	767.091 4	0.001 3	6 059.095 2	65.115 9	7.898 8

表 4　15%复利利息系数

周期 N	一次支付序列		等额支付序列				等额递增(减)序列		
	终值系数 F/P	现值系数 P/F	现值系数 P/A	资本回收系数 A/P	终值系数 F/A	投入基金系数 A/F	终值系数 F/G	现值系数 P/G	转换系数 A/G
1	1.150 0	0.869 6	0.869 6	1.150 0	1.000 0	1.000 0	0.000 0	0.000 0	0.000 0
2	1.322 5	0.756 1	1.625 7	0.615 1	2.150 0	0.465 1	1.000 0	0.756 1	0.465 1
3	1.520 9	0.657 5	2.283 2	0.438 0	3.472 5	0.288 0	3.150 0	2.071 2	0.907 1
4	1.749 0	0.571 8	2.855 0	0.350 3	4.993 4	0.200 3	6.622 5	3.786 4	1.326 3
5	2.011 4	0.497 2	3.352 2	0.298 3	6.742 4	0.148 3	11.615 9	5.775 1	1.722 8
6	2.313 1	0.432 3	3.784 5	0.264 2	8.753 7	0.114 2	18.358 3	7.936 8	2.097 2
7	2.660 0	0.375 9	4.160 4	0.240 4	11.066 8	0.090 4	27.112 0	10.192 4	2.449 8
8	3.059 0	0.326 9	4.487 3	0.222 9	13.726 8	0.072 9	38.178 8	12.480 7	2.781 3
9	3.517 9	0.284 3	4.771 6	0.209 6	16.785 8	0.059 6	51.905 6	14.754 8	3.092 2
10	4.045 6	0.247 2	5.018 8	0.199 3	20.303 7	0.049 3	68.691 5	16.979 5	3.383 2
11	4.652 4	0.214 9	5.233 7	0.191 1	24.349 3	0.041 1	88.995 2	19.128 9	3.654 9
12	5.350 3	0.186 9	5.420 6	0.184 5	29.001 7	0.034 5	113.344 4	21.184 9	3.908 2
13	6.152 8	0.162 5	5.583 1	0.179 1	34.351 9	0.029 1	142.346 1	23.135 2	4.143 8
14	7.075 7	0.141 3	5.724 5	0.174 7	40.504 7	0.024 7	176.698 0	24.972 5	4.362 4
15	8.137 1	0.122 9	5.847 4	0.171 0	47.580 4	0.021 0	217.202 7	26.693 0	4.565 0
16	9.357 6	0.106 9	5.954 2	0.167 9	55.717 5	0.017 9	264.783 1	28.296 0	4.752 2
17	10.761 3	0.092 9	6.047 2	0.165 4	65.075 1	0.015 4	320.500 6	29.782 8	4.925 1
18	12.375 5	0.080 8	6.128 0	0.163 2	75.836 4	0.013 2	385.575 7	31.156 5	5.084 3
19	14.231 8	0.070 3	6.198 2	0.161 3	88.211 8	0.011 3	461.412 1	32.421 3	5.230 7
20	16.366 5	0.061 1	6.259 3	0.159 8	102.443 6	0.009 8	549.623 9	33.582 2	5.365 1

续表 4

周期 N	一次支付序列		等额支付序列				等额递增（减）序列		
	终值系数 F/P	现值系数 P/F	现值系数 P/A	资本回收系数 A/P	终值系数 F/A	投入基金系数 A/F	终值系数 F/G	现值系数 P/G	转换系数 A/G
21	18.8215	0.0531	6.3125	0.1584	118.8101	0.0084	652.0675	34.6448	5.4883
22	21.6447	0.0462	6.3587	0.1573	137.6316	0.0073	770.8776	35.6150	5.6010
23	24.8915	0.0402	6.3988	0.1563	159.2764	0.0063	908.5092	36.4988	5.7040
24	28.6252	0.0349	6.4338	0.1554	184.1678	0.0054	1 067.7856	37.3023	5.7979
25	32.9190	0.0304	6.4641	0.1547	212.7930	0.0047	1 251.9534	38.0314	5.8834
26	37.8568	0.0264	6.4906	0.1541	245.7120	0.0041	1 464.7465	38.6918	5.9612
27	43.5353	0.0230	6.5135	0.1535	283.5688	0.0035	1 710.4584	39.2890	6.0319
28	50.0656	0.0200	6.5335	0.1531	327.1041	0.0031	1 994.0272	39.8283	6.0960
29	57.5755	0.0174	6.5509	0.1527	377.1697	0.0027	2 321.1313	40.3146	6.1541
30	66.2118	0.0151	6.5660	0.1523	434.7451	0.0023	2 698.3010	40.7526	6.2066
31	76.1435	0.0131	6.5791	0.1520	500.9569	0.0020	3 133.0461	41.1466	6.2541
32	87.5651	0.0114	6.5905	0.1517	577.1005	0.0017	3 634.0030	41.5006	6.2970
33	100.6998	0.0099	6.6005	0.1515	664.6655	0.0015	4 211.1035	41.8184	6.3357
34	115.8048	0.0086	6.6091	0.1513	765.3654	0.0013	4 875.7690	42.1033	6.3705
35	133.1755	0.0075	6.6166	0.1511	881.1702	0.0011	5 641.1344	42.3586	6.4019
36	153.1519	0.0065	6.6231	0.1510	1 014.3457	0.0010	6 522.3045	42.5872	6.4301
37	176.1246	0.0057	6.6288	0.1509	1 167.4975	0.0009	7 536.6502	42.7916	6.4554
38	202.5433	0.0049	6.6338	0.1507	1 343.6222	0.0007	8 704.1477	42.9743	6.4781
39	232.9248	0.0043	6.6380	0.1506	1 546.1655	0.0006	10 047.7699	43.1374	6.4985
40	267.8635	0.0037	6.6418	0.1506	1 779.0903	0.0006	11 593.9354	43.2830	6.5168

表5 20%复利利息系数

周期 N	一次支付序列		等额支付序列				等额递增（减）序列		
	终值系数 F/P	现值系数 P/F	现值系数 P/A	资本回收系数 A/P	终值系数 F/A	投入基金系数 A/F	终值系数 F/G	现值系数 P/G	转换系数 A/G
1	1.2000	0.8333	0.8333	1.2000	1.0000	1.0000	0.0000	0.0000	0.0000
2	1.4400	0.6944	1.5278	0.6545	2.2000	0.4545	1.0000	0.6944	0.4545
3	1.7280	0.5787	2.1065	0.4747	3.6400	0.2747	3.2000	1.8519	0.8791
4	2.0736	0.4823	2.5887	0.3863	5.3680	0.1863	6.8400	3.2986	1.2742
5	2.4883	0.4019	2.9906	0.3344	7.4416	0.1344	12.2080	4.9061	1.6405
6	2.9860	0.3349	3.3255	0.3007	9.9299	0.1007	19.6496	6.5806	1.9788
7	3.5832	0.2791	3.6046	0.2774	12.9159	0.0774	29.5795	8.2551	2.2902
8	4.2998	0.2326	3.8372	0.2606	16.4991	0.0606	42.4954	9.8831	2.5756
9	5.1598	0.1938	4.0310	0.2481	20.7989	0.0481	58.9945	11.4335	2.8364
10	6.1917	0.1615	4.1925	0.2385	25.9587	0.0385	79.7934	12.8871	3.0739
11	7.4301	0.1346	4.3271	0.2311	32.1504	0.0311	105.7521	14.2330	3.2893
12	8.9161	0.1122	4.4392	0.2253	39.5805	0.0253	137.9025	15.4667	3.4841
13	10.6993	0.0935	4.5327	0.2206	48.4966	0.0206	177.4830	16.5883	3.6597
14	12.8392	0.0779	4.6106	0.2169	59.1959	0.0169	225.9796	17.6008	3.8175
15	15.4070	0.0649	4.6755	0.2139	72.0351	0.0139	285.1755	18.5095	3.9588
16	18.4884	0.0541	4.7296	0.2114	87.4421	0.0114	357.2106	19.3208	4.0851
17	22.1861	0.0451	4.7746	0.2094	105.9306	0.0094	444.6528	20.0419	4.1976
18	26.6233	0.0376	4.8122	0.2078	128.1167	0.0078	550.5833	20.6805	4.2975
19	31.9480	0.0313	4.8435	0.2065	154.7400	0.0065	678.7000	21.2439	4.3861
20	38.3376	0.0261	4.8696	0.2054	186.6880	0.0054	833.4400	21.7395	4.4643

续表 5

周期 N	一次支付序列		等额支付序列				等额递增(减)序列		
	终值系数 F/P	现值系数 P/F	现值系数 P/A	资本回收系数 A/P	终值系数 F/A	投入基金系数 A/F	终值系数 F/G	现值系数 P/G	转换系数 A/G
21	46.005 1	0.021 7	4.891 3	0.204 4	225.025 6	0.004 4	1 020.128 0	22.174 2	4.533 4
22	55.206 1	0.018 1	4.909 4	0.203 7	271.030 7	0.003 7	1 245.153 6	22.554 6	4.594 1
23	66.247 4	0.015 1	4.924 5	0.203 1	326.236 9	0.003 1	1 516.184 3	22.886 7	4.647 5
24	79.496 8	0.012 6	4.937 1	0.202 5	392.484 2	0.002 5	1 842.421 2	23.176 0	4.694 3
25	95.396 2	0.010 5	4.947 6	0.202 1	471.981 1	0.002 1	2 234.905 4	23.427 6	4.735 2
26	114.475 5	0.008 7	4.956 3	0.201 8	567.377 3	0.001 8	2 706.886 5	23.646 0	4.770 9
27	137.370 6	0.007 3	4.963 6	0.201 5	681.852 8	0.001 5	3 274.263 8	23.835 3	4.802 0
28	164.844 7	0.006 1	4.969 7	0.201 2	819.223 3	0.001 2	3 956.116 6	23.999 1	4.829 1
29	197.813 6	0.005 1	4.974 7	0.201 0	984.068 0	0.001 0	4 775.339 9	24.140 6	4.852 7
30	237.376 3	0.004 2	4.978 9	0.200 8	1 181.881 6	0.000 8	5 759.407 8	24.262 8	4.873 1
31	284.851 6	0.003 5	4.982 4	0.200 7	1 419.257 9	0.000 7	6 941.289 4	24.368 1	4.890 8
32	341.821 9	0.002 9	4.985 4	0.200 6	1 704.109 5	0.000 6	8 360.547 3	24.458 8	4.906 1
33	410.186 3	0.002 4	4.987 8	0.200 5	2 045.931 4	0.000 5	10 064.656 8	24.536 8	4.919 4
34	492.223 5	0.002 0	4.989 8	0.200 4	2 456.117 6	0.000 4	12 110.588 1	24.603 4	4.930 8
35	590.668 2	0.001 7	4.991 5	0.200 3	2 948.341 1	0.000 3	14 566.705 7	24.661 4	4.940 6
36	708.801 9	0.001 4	4.992 9	0.200 3	3 539.009 4	0.000 3	17 515.046 9	24.710 8	4.949 1
37	850.562 2	0.001 2	4.994 1	0.200 2	4 247.811 2	0.000 2	21 054.056 2	24.753 1	4.956 4
38	1 020.674 7	0.001 0	4.995 1	0.200 2	5 098.373 5	0.000 2	25 301.867 5	24.789 4	4.962 7
39	1 224.809 6	0.000 8	4.995 9	0.200 2	6 119.048 2	0.000 2	30 400.241 0	24.820 4	4.968 1
40	1 469.771 6	0.000 7	4.996 6	0.200 1	7 343.857 8	0.000 1	36 519.289 2	24.846 9	4.972 8

附录二 财务数据估算表

表1 固定资产投资估算表　　　　　单位:万元、万美元

序号	项　目	建　筑 工程费	设　备 购置费	安　装 工程费	工器 具购 置费	其他 费用	合计	其中 外币	占固定 资产投 资比例%
1	固定资产								
1.1	主要生产项目								
	………								
1.2	辅助生产项目								
	………								
1.3	公用工程								
	………								
1.4	服务性工程								
	………								
1.5	生活福利设施								
1.6	工器具及生产用家具								
1.7	厂外工程								
1.8	其他费用								
	土地征用及补偿费								
	勘察设计费								
2	无形资产								
	土地使用权								
	技术转让费								
	其他								
3	递延资产								
4	预备费								
4.1	基本预备费								
4.2	涨价预备费								
5	总计								
6	占总估算价格的比例								

表2 流动资金估算表 单位:万元

序号	项 目	最低周转天数	周转次数	建设期		生产经营期				
				1	2	3	4	5	...	N
1	流动资产									
1.1	应收账款									
1.2	存货									
	原材料									
	A									
	B									
	...									
	燃料									
	在产品									
	产成品									
1.3	现金									
	小计									
2	流动负债									
2.1	应付账款									
3	流动资金									
4	流动资金本年增加额									
5	流动资金借款额									
6	流动资金借款利息									
7	自有资金									

表3 投资使用计划与资金筹措表

序号	项 目	合计	建设期		生产经营期				
			1	2	3	4	5	···	N
1	总投资 　人民币 　外币								
1.1	固定资产投资 　人民币 　外币								
1.2	建设期利息 　人民币 　外币								
1.3	流动资金 　人民币 　外币								
2	资金筹措								
2.1	自有资金 　固定资产投资 　　人民币 　　外币 　流动资金 　　人民币 　　外币 　建设期利息 　　人民币 　　外币 　其中资本金								
2.2	借款 　固定资产投资借款 　　人民币 　　外币 　流动资金借款 　　人民币 　　外币 　建设期利息 　　人民币 　　外币								

表4　总成本费用估算表

序号	成本及费用名称	合计	建设期		生产经营期				
			1	2	3	4	5	···	N
1	总成本费用								
1.1	外购材料费								
1.2	外购燃料及动力费								
1.3	工资及福利费								
1.4	修理费								
1.5	折旧费								
1.6	摊销费								
1.7	其他费用								
1.8	财务费用								
	流动资金借款利息								
	长期借款利息								
	短期借款利息								
2	总成本及费用								
	固定成本								
	可变成本								
3	经营成本及费用								
	(2－1.5－1.6－1.8)								

复习思考题答案

第一章、第二章

（略）。

第三章

1. 不正确。应考虑货币的时间价值，折算到同一时点后再比较。
2. 可只计算每种方案的利息总额，再比较。
(1) 46.5 万元　(2) 60 万元　(3) 48.8 万元　(4) 77.81 万元
3. 962.87 万元　现金流量图（略）。

第四章

（无）。

第五章

1.（略）。
2.（略）。
3.

	A	B	C	D
净现值	100 360.95	41 083.79	105 541.43	87 830.56
年等值法	16 341	6 698	17 190	14 309
内部收益率	22.47%	14%	18%	16%

在计算期相同的条件下，计算四个方案的效益指标，按效益高低排序，发现用净现值和年等值法的方案排序相同：C、A、D、B；但按 *IRR* 排序则为：A、C、D、B。因此，具体选择方案不能用 *IRR* 指标，而需计算 ΔIRR，或直接以 *NPV* 指标为准。

4. 可能的组合有：A＋B＋8 000；A＋C；B＋C＋3 000。

分别计算三个组合的收益终值,进行比较后,选择收益值最高的:

A+B+8 000

A+B+8 000 =710 797.5;

A+C   =581 108.7;

B+C+3 000 =126 224。

5. 5.97 年,小于 7 年,因此有偿还能力。

第六章

1. (略)。

2. (略)。

3. (略)。

4. 5 378.56 元。

5. $ENPV = 11\,437.42; EIRR = 12\%$。

第七章

1. (略)。

2. (略)。

3. $NPV = 11\,396.45$。

4. 提出建议,获益 13 万。

第八章

(无)。

参考文献

［1］中国国际工程咨询公司. 投资项目经济咨询评估指南. 中国经济出版社,2000.

［2］国家计划委员会,建设部. 建设项目经济评价方法与参数(第二版). 中国计划出版社,1993.

［3］于守法主编. 建设项目经济评估方法与参数应用讲座. 计划出版社,1995.

［4］孙怀玉等编著. 实用技术经济学. 机械工业出版社,2003.

［5］姚长辉,金萍编著. 投资项目评估. 企业管理出版社,1998.

［6］强莹编著. 投资项目经济评价. 南京大学出版社,1994.

［7］卢石泉,周惠珍主编. 投资项目评估. 东北财经大学出版社,1993.

［8］金碚著. 经济发展与宏观筹资. 中国人民大学出版社,1991.

［9］朱毅峰编著. 资金融通论. 中国人民大学出版社,1993.

［10］陆正飞主编. 财务管理. 东北财经大学出版社,2001.

［11］Harry Campbell and Richard Brown. *Benefit-Cost Analysis*, *Financial and Economic Appraisal Using Spreadsheets*. Cambridge University Press, 2003.

［12］Boardman, et. al. *Cost-Benefit Analysis*, *Concepts and Practice*, 2nd Ed. Prentice Hall Upper Saddle River, 2001.

［13］Steve Lumby and Chris Jones. *Fundamentals of Investment Appraisal*. Beijing University Press, Photocopy, 2001.

《商学院文库》已出版书目

书　　名	作　　者	开本	定价
现代西方经济学原理（第六版）	刘厚俊　编著	小 16 开	48.00
西方经济学说史（第二版）	葛扬　李晓蓉　编著	16 开	46.00
现代产业经济分析（第三版）	刘志彪　安同良　编著	小 16 开	42.00
公共财政学（第四版）	洪银兴　尚长风　编著	16 开	55.00
国际金融学（第四版）	裴平等　编著	16 开	39.80
国际贸易学（第五版）	张二震　马野青　著	16 开	39.00
货币银行学（第四版）	范从来　姜宁　王宇伟　主编	16 开	49.80
宏观经济学教程（第三版）	沈坤荣　耿强　韩剑　主编	小 16 开	50.00
宏观经济学教程习题解析（第二版）	耿强　沈坤荣　主编	小 16 开	29.00
新制度经济学（第二版）	杨德才　编著	16 开	50.00
宏观经济学学习指导（第二版）	梁东黎　编著	大 32 开	17.00
微观经济学（第三版）	刘东　梁东黎　编著	小 16 开	28.00
投资银行学（第二版）	王长江　编著	16 开	39.80
国际企业：人力资源管理（第五版）	赵曙明　著	小 16 开	55.00
现代房地产金融学	高波　编著	16 开	30.00

続表

书　　名	作　者	开本	定价
供应链物流管理	郑称德　编著	16 开	46.00
财务管理学导论	陈志斌　编著	小 16 开	38.60
财务管理学导论精要、案例与测试	陈志斌　编著	大 32 开	25.00
投资项目评估(第三版)	李晓蓉　编著	小 16 开	43.00
期货投资和期权(第二版)	赵曙东　著	16 开	42.00
管理学原理(第二版)	周三多　陈传明 等 编著	小 16 开	29.00
管理心理学	吕　柳　编著	16 开	37.00
统计学原理(第二版)	邢西治　编著	16 开	41.50
统计学原理学习指导与习题解析	邢西治　编	大 32 开	14.00
市场营销(第二版)	吴作民　孙雀密 陈　旭　编著	16 开	59.00
经济法律概论(第三版)	吴建斌　编著	小 16 开	46.00
国际商法新论(第四版)	吴建斌　著	小 16 开	39.80
国际商法学习指导(第二版)	吴建斌　吴兰德　编著	大 32 开	20.00
会计学概论(第二版修订)	杨雄胜　主编	小 16 开	38.50
高级财务会计	王跃堂　编著	16 开	36.00
高级管理会计(第二版)	冯巧根　著	16 开	48.00
财务会计(第二版)	陈丽花　主编	16 开	50.00

南京大学出版社地址:南京市汉口路 22 号　邮编:210093
订购热线:(025)83594756　83686452